21 世纪高职高专规划教材·电子商务系列

电子商务物流管理

主　编　刘晓军　杨建曾　林　楠
副主编　谢翠梅　谢　慧　王垚惠
参　编　刘　心　李雷雷　边兆凤
　　　　王清洋　常慧超　林凤学

清华大学出版社
北京交通大学出版社
·北京·

内容简介

本书根据电子商务物流管理职业岗位能力精选了十个项目，分别是电子商务与现代物流认知；电子商务物流运作模式；电子商务物流信息技术；电子商务采购与供应管理；电子商务仓储与库存管理；电子商务流通加工与包装管理；电子商务物流配送与运输管理；跨境电子商务与国际物流管理；电子商务物流供应链管理；电子商务物流绩效评价及成本控制。

本书根据学生的思维及学习过程规律，构建的模块包括项目说明、导入案例、任务分解、知识拓展、自我测试、项目实施等内容。其中，自我测试及答案帮助学生学习巩固知识，项目实施中的情境实训帮助教师训练学生的专业技能。

本书可作为高职高专院校电子商务专业、物流管理专业等经营管理类专业的教材，也可以作为财经类、工商管理类专业的参考教学读本，还可以作为国际贸易专业企业管理人员及相关人员的培训教材。

本书封面贴有清华大学出版社防伪标签，无标签者不得销售。
版权所有，侵权必究。侵权举报电话：010-62782989　13501256678　13801310933

图书在版编目（CIP）数据

电子商务物流管理 / 刘晓军，杨建曾，林楠主编. —北京：北京交通大学出版社 ：清华大学出版社，2021.3（2025.1 重印）

ISBN 978-7-5121-4428-6

Ⅰ．① 电… Ⅱ．① 刘… ② 杨… ③ 林… Ⅲ．① 电子商务-物流管理-高等职业教育-教材　Ⅳ．① F713.365.1

中国版本图书馆 CIP 数据核字（2021）第 044957 号

电子商务物流管理
DIANZI SHANGWU WULIU GUANLI

责任编辑：许啸东

出版发行：	清华大学出版社	邮编：100084	电话：010-62776969	http://www.tup.com.cn
	北京交通大学出版社	邮编：100044	电话：010-51686414	http://www.bjtup.com.cn

印　刷　者：北京虎彩文化传播有限公司
经　　　销：全国新华书店
开　　　本：185 mm×260 mm　　印张：18.25　　字数：456 千字
版 印 次：2021 年 3 月第 1 版　2025 年 1 月第 2 次印刷
定　　　价：49.00 元

本书如有质量问题，请向北京交通大学出版社质监组反映。对您的意见和批评，我们表示欢迎和感谢。
投诉电话：010-51686043，51686008；传真：010-62225406；E-mail：press@bjtu.edu.cn。

前　言

电子商务是我国发展最快、最富活力的行业之一。现今电商行业经营竞争日益激烈，企业对降低物流成本、提高利润提出了更高的要求，而对电子商务物流人才的需求更是企业未来进行竞争的决定性因素。为满足高等职业技术教育和各层次人员培训教育对电子商务物流管理人才培养的需求，由电子商务、物流管理企业的专家、教授等组成了编写委员会撰写本书。本书有如下特点。

1. 精选内容，体系科学

教材编写委员会在调查分析电子商务物流管理职业岗位群的基础上，梳理、归类和整合岗位职业行动能力和典型工作任务，精选了十个教学项目形成了本课程的实践教学内容体系，分别是电子商务与现代物流认知；电子商务物流运作模式；电子商务物流信息技术；电子商务采购与供应管理；电子商务仓储与库存管理；电子商务流通加工与包装管理；电子商务物流配送与运输管理；跨境电子商务与国际物流管理；电子商务物流供应链管理；电子商务物流绩效评价及成本控制。教学内容注重对学生职业技能和管理素质的培养，突出高职高专教育的"理论够用、重在实操"的特色。

2. 情境实训，提高技能

教材编写委员会采用项目引导、任务驱动的情境化教学模式设计能力模块，组织教材的内容编写，模块包括项目说明、导入案例、任务分解、知识拓展、自我测试、项目实施等。在项目实施模块下设置情境实训，从每个项目中找出三个能突出职业核心能力的内容对学生进行实训，使学生亲身经历电子商务物流管理的活动过程，调动学生的主观能动性，通过实践发挥学生的想象力和创造力，以形成积极的学习态度，巩固知识，强化训练，提高技能，实现高职高专培养技能型人才的目标。

3. 内容实用，针对性强

教材编写委员会在研究课程体系和教学内容时，有针对性地结合"电子商务师""采购师""物流师"等职业资格技能考试大纲的基础理论和职业能力部分进行编写，并组织学生在开课学期参加职业资格证书的考试，使学生学习有目标，为将来就业打好基础。

4. 案例教学，激发兴趣

书中使用了国家权威部门最新发布的电子商务物流管理案例资料进行分析研究，每个项目都有导入案例，在每个项目知识学习的基础上又有企业的经典应用案例分析，使学生感受电子商务物流管理的实用性和真实性，从而激发学生的学习积极性及探索知识的愿望。

5. 提供习题，帮助学习

书中每个项目都提供自我测试模块，内容包括单选题、多选题、问答题、计算题等，并提供参考答案，使学生对所学知识进行系统的练习，帮助学生巩固知识。

6. 提供课件，帮助教学

教师在教学中采用情境式、启发式、案例等教学方法，将知识转化为能力，能够开阔学生的思路，培养其探索精神，提高其独立思考的能力。本书还配有电子课件、案例、视频、习题和情境实训参考答案为教师授课提供帮助。

在本书的编写过程中，作者参阅、引用了国内外专家、学者的有关著作、论文、案例等，这些资料对本书的编写提供了很大的帮助，在此向相关文献的专家、学者表示诚挚的感谢！还有包括网络上各位专家、学者发表的观点和资料，由于作者或网址不详，无法一一注出，在此向他们表示诚挚的谢意！加之本书篇幅及编者水平和精力有限，本书中的错误和疏漏之处在所难免，请广大读者批评指正，以便使本书不断完善。

作　者

2021 年 1 月

目 录

项目一 电子商务与现代物流认知 1
 导入案例 戴尔的物流电子商务化 1
 任务一 认知物流 3
 任务二 认知电子商务 9
 任务三 认知电子商务物流 14
 知识拓展 物流的理论认识——物流学说 17
 经典应用 淘宝与物流的关系 18
 自我测试 19
 项目实施 21
  情境实训一 了解电商物流业的发展情况 21
  情境实训二 电商物流人员职业素养培训 22
  情境实训三 熟悉我国电商企业 22

项目二 电子商务物流运作模式 24
 导入案例 成功的亚马逊电子商务物流 24
 任务一 电子商务环境下物流模式的类型 25
 任务二 电子商务物流模式决策方法 32
 任务三 B2B 电子商务物流模式的选择 36
 任务四 B2C 电子商务物流模式的选择 38
 知识拓展 虚拟物流 40
 经典应用 京东商城自营物流 SWOT 分析 41
 自我测试 42
 项目实施 44
  情境实训一 学习著名电商企业物流运作模式的选择 44
  情境实训二 参观电商物流企业 44
  情境实训三 自主创业网上开店,选择物流模式方案设计 45

项目三 电子商务物流信息技术 46
 导入案例 沃尔玛快速响应的物流信息技术 46
 任务一 电子商务与物流信息化 47
 任务二 电子数据交换系统 50

I

任务三　自动识别条形码技术和销售时点信息系统……53
　　任务四　无线射频识别技术……57
　　任务五　地理信息系统……60
　　任务六　全球定位系统……61
　　任务七　物联网……63
　　知识拓展　EAN国际组织与EAN码……66
　　经典应用　为何菜鸟如此青睐自动化仓库……67
　　自我测试……68
　　项目实施……69
　　　情境实训一　物流信息技术的应用……69
　　　情境实训二　条形码技术及POS系统的操作……70
　　　情境实训三　自动化立体仓库的认知……70

项目四　电子商务采购与供应管理……72
　　导入案例　微软的电子化采购……72
　　任务一　电子商务采购平台模式……73
　　任务二　电子商务采购方式……76
　　任务三　智慧采购业务流程与管理……85
　　知识拓展　采购谈判用贸易术语……94
　　经典应用　便利店智慧采购平台"拼便宜"……95
　　自我测试……95
　　项目实施……97
　　　情境实训一　学习《中华人民共和国民法典》第三编及《联合国国际货物销售合同公约》……97
　　　情境实训二　电子招标……97
　　　情境实训三　采购谈判寻找供应商……98

项目五　电子商务仓储与库存管理……100
　　导入案例　美国夏晖集团的冷链物流及为麦当劳提供的物流服务……100
　　任务一　仓储管理认知……101
　　任务二　仓储与装卸搬运设施设备……106
　　任务三　货物的在库管理……115
　　任务四　库存管理与控制……122
　　知识拓展　跨境电商海外仓……131
　　经典应用　华为的库存管理……132
　　自我测试……133
　　项目实施……134
　　　情境实训一　仓储设施设备认知和使用……134
　　　情境实训二　库存控制计算……135

  情境实训三 仓储保管员、养护员的岗位职责和操作流程……136

项目六 电子商务流通加工与包装管理……138

  导入案例 惠普通过流通加工实现对供应链的重新构建……138
  任务一 流通加工作业管理……139
  任务二 货物的分拣作业……143
  任务三 包装作业管理……146
  任务四 包装标志……152
  知识拓展 包装中所涉及的知识产权……153
  经典应用 顺丰注重包装标准化，玩起包装魔术……154
  自我测试……155
  项目实施……156
    情境实训一 电商物品包装材料的选择……156
    情境实训二 包装储运指示标志的识别……157
    情境实训三 自动分拣作业系统……157

项目七 电子商务物流配送与运输管理……159

  导入案例 7-11便利店的配送系统……159
  任务一 配送作业管理……160
  任务二 电子商务快递收派作业管理……168
  任务三 电子商务物流运输管理……176
  知识拓展 绿色配送……183
  经典应用 当当网物流配送模式……184
  自我测试……184
  项目实施……186
    情境实训一 签订货物运输合同……186
    情境实训二 学习快递派送业务……186
    情境实训三 危险品运输……187

项目八 跨境电子商务与国际物流管理……188

  导入案例 美国联邦快递（FedEx）……188
  任务一 跨境电子商务与国际物流概述……189
  任务二 跨境电子商务物流模式……199
  任务三 国际货物运输保险……203
  任务四 国际货运代理……210
  知识拓展 海运提单……213
  经典应用 中国邮政速递物流助力跨境电子商务"走出去"……214
  自我测试……215
  项目实施……216

情境实训一　跨境货物的报关报检……216
　　情境实训二　跨境海上集装箱班轮运输……217
　　情境实训三　国际货运代理实训……219

项目九　电子商务物流供应链管理……220

　导入案例　宝洁-沃尔玛供应链协同管理模式……220
　任务一　供应链管理基础理论……222
　任务二　电子商务环境下供应链的设计……228
　任务三　电子商务环境下供应链管理……231
　知识拓展　供应链上的需求变异放大现象（牛鞭效应）……238
　经典应用　小米手机的供应链管理……238
　自我测试……240
　项目实施……241
　　情境实训一　JIT在供应链管理的应用……241
　　情境实训二　经典供应链案例分析……242
　　情境实训三　供应链综合管理软件在电商物流企业的应用……242

项目十　电子商务物流绩效评价及成本控制……244

　导入案例　苹果公司的物流供应链成本控制分析……244
　任务一　电子商务物流绩效考核评价……245
　任务二　电子商务物流服务与物流质量分析……254
　任务三　物流成本分析与控制……260
　任务四　物流风险管理与控制……268
　知识拓展　KPI……272
　经典应用　京东商城物流成本控制措施……273
　自我测试……274
　项目实施……276
　　情境实训一　物流绩效评价指标计算……276
　　情境实训二　采购风险的防范与控制……277
　　情境实训三　学习著名电子商务企业家和物流企业家创业……278

附录A　部分参考答案……279

项目一

电子商务与现代物流认知

项目说明

电子商务物流是融合电子商务和物流的内容及特点，在传统物流的基础上，结合电子商务中商流、信息流、资金流的特点而提出的，是电子商务环境下物流的新表现方式，是实现商品从生产者到消费者手中转移的重要保障。通过本项目的学习，使学生掌握电子商务与现代物流的基本概念；了解物流与电子商务之间的关系；掌握电子商务下物流的特点；能够应用相关理论知识，分析现代物流对电子商务发展的影响；熟知电子商务环境下的物流发展趋势及其应用。

导入案例

戴尔的物流电子商务化

戴尔是一家总部位于美国得克萨斯州朗德罗克的世界五百强企业，由迈克尔·戴尔于1984年创立，是全球IT界发展最快的公司之一，1996年开始通过网站www.dell.com采用网络直销手段销售戴尔计算机产品，成为世界500强中名列前茅的大公司。

戴尔的直销网站上提供了一个跟踪和查询消费者订货状况的接口，供消费者查询已订购的商品从发出订单到送到消费者手中全过程的情况。戴尔对待任何消费者（个人、公司或单位）都采用定制的方式销售，其物流服务也配合这一销售政策而实施。

一、戴尔的网络电子商务化销售物流的步骤

1. 订单处理

戴尔要接收消费者的订单，消费者可以拨打800免费电话叫通戴尔的网上商店进行网上订货，根据用户发出订单的数目，用户需要填写单一订单或多重订单状况查询表格，表格中各有两项数据需要填写，一是戴尔的订单号，二是校验数据，提交后，戴尔将通过因特网将查询结果传送给用户。

2. 预生产

从接收订单到正式生产，期间有一段等待零部件到货的时间，这段时间称为预生产。预生产的时间因消费者所订的系统不同而不同，主要取决于供给商的仓库中是否有现成的零部件。一般地,戴尔要确定一个订货的前置时间,即需要等待零部件并且将订货送到消费者手中的时间,该前置时间在戴尔向消费者确认订货有效时会告诉消费者。订货确认一般通过两种方式告知,即电话或电子邮件。

3. 配件预备与组装

当订单转到生产部门时,所需的零部件清单也就自动产生,相关职员将零部件备齐传送到装配线上。组装职员将装配线上传来的零部件组装成机,然后进入测试过程。

4. 测试和装箱

检测部分对组装好的计算机用特制的测试软件进行测试,通过测试的机器被送到包装间。测试完后的计算机被放到包装箱中,同时要将鼠标、键盘、电源线、说明书及其他文档一同装进相应的卡车运送给顾客。

5. 配送预备并发运

一般在生产过程结束的次日完成送货预备,但大订单及需要特殊装运作业的订单可能用的时间要长些。将顾客所订货物发出,并按订单上的日期送到指定的地点。戴尔设计了几种不同的送货方式,供顾客订货时选择。一般情况下,订货将在2~5个工作日送到订单上的指定地点,即送货上门,同时提供免费安装和测试服务。

二、电子商务化物流对戴尔公司的好处

电子商务化物流使戴尔公司既可以先拿到用户的预付款,又不占压着物流公司的流动资金,按单生产没有库存风险。戴尔的竞争对手一般保持着几个月的库存,而戴尔的库存只有几天,这些因素使戴尔的年均利润率超过50%。戴尔的电子商务型直销方式对用户的价值包括:

(1)用户的需求不管多么个性化都可以满足;

(2)戴尔精简的生产、销售、物流过程可以省去一些中间成本,因此戴尔的价格较低;

(3)用户可以享受到完善的售后服务,包括物流、配送服务,以及其他售后服务。

资料来源:http://biyelunwen.yjbys.com/fanwen/dianzishangwu/111877.html.

任务驱动:通过以上案例导入如下任务。

(1)什么是物流?物流有哪些功能?

(2)什么是电子商务?电子商务与物流的关系是怎样的?

(3)戴尔高效的物流配送是怎样运作的?其为戴尔带来哪些好处?

项目一 电子商务与现代物流认知

> 任务分解

任务一　认知物流

一、物流的发展与其内涵的变化

(一) 物流观念的产生阶段 (20世纪30年代)

随着市场供求状况进入买方市场,企业的利润已经进入了微利时代,企业降低生产领域成本的空间已经变得非常狭小,提高销售价格也不利于市场竞争,许多企业开始把寻求成本优势和价值源泉的目光转向生产前后的物流领域。

1. Physical distribution

"物流"一词最早出现在美国。1915年阿奇·萧在《市场流通中的若干问题》一书中就提到了"physical distribution"(实物分配),简称PD。实物分配包括销售中的物质资料和服务在从生产地点到消费地点的流动过程中所伴随的种种经济活动。这里只是若有若无地提及物流活动,而没有将物流看成独立系统。

2. Logistics management

1927年拉尔夫·布索迪在《物流时代》一书中,初次用logistics来称呼物流,此物流主要是指销售过程中的商品流通,为物流的概念奠定了基础。第二次世界大战期间,美国在对军火等进行战时供应时,首先采取了后勤管理(logistics management)这一名词,对军火的运输、补给、屯驻等进行全面管理。后勤管理的方法后来被引入商业部门,被称为商业后勤(business logistics),包括原材料的流通、产品分配、运输、购买与库存控制、储存、用户服务等业务活动,其涉及原材料物流、生产物流和销售物流等领域。

(二) 物流理论体系的形成和实践阶段 (20世纪50年代前后)

第二次世界大战结束后,降低流通成本更加重要,实物分配(PD)概念更系统化。不少企业已经建立了实体配送部门,负责交通运输、物料处理、运输设备的维修保养、仓库的规划和管理。

20世纪50—70年代,人们研究的对象主要是狭义的物流,是与商品销售有关的物流活动,即流通过程中的商品实体运动,因此通常采用的仍是"physical distribution"一词。之后,在这些职能上添加了客户订单处理、产成品控制、制造规划等职能,从而形成了现代物流观念上的实体配送部门。1956年日本派出"流通技术专门考察团"一行7人到美国考察,日本的物流之父平原直以"物的流通",简称"物流",代替了PD。

第二次世界大战后人们开始重视物流。1962年管理大师德鲁克在《财富》杂志上发表《经济的黑暗大陆》一文,指出:消费者在支付的商品价格中,约50%是与商品流通有关的费用,所以物流是降低成本的最后领域。物流是"一块未被开垦的处女地"。日本早稻田大学西泽修教授提出"物流冰山说",冰山的特点是大部分沉在水面以下我们看不到的黑色区域，而我们看到的不过是物流的一部分。

（三）物流理论的成熟与物流管理现代化阶段（20世纪60—80年代）

人们发现物流的价值——"第三利润源泉"。生产领域创造利润的"第一源泉"（物质资源的节约、降低物资消耗）和"第二源泉"（劳动消耗的降低、提高劳动生产率）已几乎开发殆尽，渐趋枯竭，人们逐渐将目光转向流通领域。商品流通由物流、商流和信息流组成，而商流和信息流一般不会创造新的价值，所以物流成了众人瞩目的焦点，成为企业的"第三利润源泉"。物流被看作"降低成本的最后边界"。

20世纪80年代人们对物流管理认识逐渐提高。1986年，美国物流管理协会改名为美国物流协会，理由是 physical distribution 的领域较狭窄，后勤管理较宽广。美国物流管理协会提出"logistics"概念，"物流是对货物、服务及相关信息从供应地到消费地有效率、有效益的流动和储存而进行的计划、执行和控制，以满足客户需求的过程。"

物流概念传入我国主要有两条途径：一是20世纪60年代末直接从日本引入"物流"这个名词，并沿用"PD"这一英文称谓；二是20世纪80年代初，物流随着欧美的市场营销理论传入我国。

（四）物流现代化阶段——供应链管理阶段（20世纪90年代以后）

20世纪80年代以后，通信卫星和计算机系统率先在美国的汽车公司中得以应用。克莱斯勒汽车公司通过通信卫星系统整合供应物流和销售物流，从此拉开了用信息系统整合供应链资源的序幕，使得物的流动更具目的性和经济性。

进入20世纪90年代，随着世界经济和科学技术的突飞猛进，计算机信息网络的日益普及，竞争日趋激烈，生产规模不断扩大，产品更新频繁，用户需求不断变化，原有的流通模式、管理方法和对流通的认识，已远远不能适应经济的快速增长，所有这些对物流服务提出了新的、更高的要求。物流的服务领域也不断扩大，逐步展为生产领域的物流管理、流通领域的配送和消费领域的服务。企业开始把着眼点放至物流活动的整个过程，研究供应链问题。供应链是围绕核心企业，通过对信息流、物流、资金流的控制，从采购原材料开始，制成中间产品以及最终产品，最后由销售网络把产品送到消费者手中，将供应商、分销商、零售商，直到最终用户连成一个整体的功能网链结构模式。

美国物流管理协会在对物流的定义中增加了供应链的概念，并进一步完善，2001年给出了如下定义：物流是供应链运作中，以满足客户要求为目的，对货物、服务及相关信息在原产地和销售地之间实现高效率和低成本的正向和反向的流动和储存所进行的计划、执行和控制的过程。在这里，明确地指出了物流是供应链流程的一部分，物流是为供应链服务的，从而使物流和供应链概念之间的关系更加清晰化。

2001年8月，由中国物流采购联合会起草，并由国家质量技术监督局发布了中华人民共和国国家标准《物流术语》，2006年又对《物流术语》进行了修订。《物流术语》对物流的定义是："物品从供应地向接收地的实体流动过程。根据实际需要，将运输、储存、装卸、搬运、包装、流通加工、配送、信息处理等基本功能实施有机结合。"

二、物流的价值和作用

（一）物流的价值

1. 时间价值

时间价值是指货物在运动过程中通过科学合理的运作，根据需要调整物品的运动时间创造的价值。例如，库存的作用表现在缩短时间、弥补时间差。

2. 空间价值

空间价值也称场所价值，指货物在运动过程中，通过场所、位置的变化而实现与创造的价值。

3. 形态价值

形态价值是指物流使物品形态发生变化所创造的价值。主要表现在物流活动中，流通加工、包装活动所创造的价值，也称为加工价值。

（二）物流的作用

1. 服务商流

商流过程中供需双方签订购销合同，商品所有权就从卖方转移到买方，而商品实体还没有移动，物流实际上是商流的后续服务。没有物流的服务作用，商流活动也就不能正常实现。

2. 保障生产

物流存在于整个生产过程中，从原材料采购、运输，到生产各个工艺流程之间原材料和半成品的流动，到产成品仓储储存、进入销售过程，都需要物流过程，因此，整个的生产过程，实际上就是系列化的物流活动。

3. 方便生活

现实生活中到处存在物流。不同国家通过运输可以使用各种商品，穿上世界名牌服装，使用法国香水；通过先进储藏技术，让新鲜的食品保持得更久；通过行李托运，让旅途更加休闲……应该说没有了物流，人类也会无法生存。

三、物流的分类

（一）按物流规模的影响层面划分

1. 宏观物流

宏观物流是从社会再生产总体角度研究的物流活动，如社会物流、行业物流、国际物流、国内物流、地区物流等。宏观物流主要研究物流总体构成、物流与社会的关系、物流在社会中的地位、物流与经济发展的关系、社会物流系统和国际物流系统的建立和运作等。宏观物流研究的主要特点是综观性和全局性。

2. 微观物流

微观物流是指消费者、生产者和企业所从事的实际的、具体的物流活动，是针对某具体产品、一个局部、一个环节的物流活动，如生产物流、供应物流、销售物流、回收物流、废弃物物流等。微观物流研究的主要特点是具体性和局部性。

（二）按照物流活动的空间范围划分

1. 地区物流

一个国家范围内的物流，一个城市的物流，一个经济区域的物流，都受相同的文化和社会因素的影响，有其独特的特点，也有着区域性的特点。

2. 国内物流

国内物流是国民经济发展的一个重要因素，具体体现在以下几个方面：物流基础设施的建设，制定各种交通政策法规，与物流活动有关的各种设施、装置、机械的标准化。

3. 国际物流

国际物流是现代物流系统中发展很快、规模很大的一个物流领域。任何一个国家，如果不投身于国际经济大协作的交流中，本国的经济技术就不可能得到很好的发展。

（三）按物流系统性质划分

1. 社会物流

社会物流的研究范畴是社会经济大领域，其研究内容包括：社会再生产过程中随之发生的物流活动，国民经济中的物流活动，如何形成服务于社会、面向社会又在社会环境中运行的物流，社会中物流的体系结构和运行情况。

2. 行业物流

行业物流是指以一个行业为范畴来考虑的物流，在同一行业中的各个企业既是市场上的竞争对手，又往往在物流领域中通过协商与协作，建立起统一的行业标准和运作规范，以降低整个行业的物流成本，促进行业物流系统的合理化、科学化、标准化。

3. 企业物流

企业物流是指在企业生产经营过程中，产品从原材料采购、生产、销售以及消费过程中形成的废弃物回收等一系列物流活动。企业物流是微观的、具体的物流活动。

（四）按照企业经营过程不同阶段物流所起的作用划分

1. 企业供应物流

企业供应物流是指生产企业向供应商订购原材料、零部件或其他物品时，物品在提供者与需求者之间的实体流动，包括采购、包装、运输、装卸、验货、入库、保管、供货信息及系统控制等引起的物流活动，它对企业生产的正常、高效率运行发挥着保障作用。企业供应物流不仅要实现保证供应的目标，而且要在低成本、少消耗、高可靠性的限制条件下来组织供应物流活动。

2. 企业生产物流

企业生产物流是指在生产工艺中的物流活动。一般是指原材料、燃料、外购件投入生产后，经过下料、发料，进入车间，制成半成品，经过加工变成成品，然后运送至成品库的物流活动。生产物流是企业物流的关键环节，从物流的范围分析，企业生产系统中物流的边界起于原材料、外购件的投入，止于成品仓库。它贯穿生产全过程，横跨整个企业（车间、工段），其流经的范围是全厂性的、全过程的。

3. 企业销售物流

企业销售物流是生产、流通企业出售商品时，物品从生产者或持有者转移至用户的物流活动。它是商品经过运输、储存、装卸搬运、包装、拣选、配送、销售，最后送达顾客，实现产品从生产地到用户的时间和空间转移的流动过程。企业销售物流是企业物流系统的最后一个环节，是企业物流与社会物流的又一个衔接点，通过包装、送货、配送等一系列物流并采取各种诸如少批量、多批次、定时、定量配送等特殊的物流方式与企业销售系统相配合，共同完成产成品的销售任务以实现企业销售利润的目的。

4. 企业回收物流

企业回收物流指不合格物品的返修、退货以及周转使用的包装容器从需方返回到供方所形成的物品实体流动。企业回收物流是与传统的正向物流方向正好相反的系统，即逆向物流。它的作用是将消费者不再需求的废弃物运回到生产和制造领域重新变成新商品或者新商品的某些部分。

5. 企业废弃物物流

企业废弃物物流是指对企业排放的无用物进行收集、分类、处理、消纳等的物流活动。废弃物物流不能直接给企业带来效益，但为保护环境而将其妥善处理，非常有发展潜力。

（五）按物流的内容划分

1. 一般物流

一般物流系统的建立、物流活动的开展必须具有普遍适用性的特点，这使得物流活动具有许多共同点和一般性。因此，把物流活动的共同点和一般性统称为一般物流。一般物流的研究着眼于探讨物流的一般规律，建立普遍适用的物流系统，以及研究物流的共同功能要素等诸多内容。

2. 特殊物流

特殊物流是指在专门范围、专门领域、特殊行业中，遵循一般物流规律基础，同时又带有特殊制约因素、特殊应用领域、特殊管理方式、特殊劳动对象、特殊机械装备特点的物流。其产生是由社会分工的逐步深化以及物流活动的合理化、精细化等共同影响作用的。

四、物流系统及物流系统的功能

（一）物流系统的概念

物流系统是指在一定的时间和空间里，由所需位移的物资、包装设备、装卸搬运机械、运输工具、仓储设施、人员和通信联系等若干相互制约的要素所构成的具有特定功能的有机整体。

（二）物流系统的功能要素

物流系统的功能要素指的是物流系统所具有的基本能力，这些基本能力有效地组合、联结在一起，形成了物流的总功能，便能合理、有效地实现物流系统的目的。

物流系统包括作业系统和信息系统，其中作业系统包括运输、仓储、包装、装卸搬运、流通加工、配送。

1. 运输功能

用设备和工具，将物品从一个地点向另一个地点运送，其中包括集货、分配、搬运、中转、装入、卸下、分散等一系列操作。运输是物流的核心业务之一，也是物流系统的一个重要功能。选择何种运输手段对于物流效率具有十分重要的意义，在决定运输手段时，必须权衡运输系统要求的运输服务和运输成本。可以以运输机具的服务特性作为判断的基准，如运费、运输时间、频率、运输能力、货物的安全性、时间的准确性、适用性、伸缩性、网络性和信息等。

2. 仓储功能

在物流系统中，仓储和运输是同样重要的构成因素。仓储功能包括对进入物流系统的货物进行堆存、管理、保管、保养、维护等一系列活动。

仓储作用主要表现在以下两个方面。

① 完好地保证货物的使用价值和价值。

② 为将货物配送给用户，在物流中心进行必要的加工活动而进行的保存。按照一定原则，将物品存放在适宜的场所和位置；按照一定要求，对物品进行必要的保养和维护。

3. 包装功能

包装是为在流通过程中保护产品、方便运输、促进销售，按一定技术方法而采用的容器、材料及辅助物等的总体名称。

包装分工业包装和商品包装两种。工业包装的作用是按单位分开产品，便于运输，并保护在途货物。商品包装的目的是便于最后的销售。因此，包装的功能体现在保护商品、单位化、便利化和商品广告等几个方面。前三项属于物流功能，最后一项属于营销功能。

4. 装卸、搬运功能

装卸是物品在指定地点以人力或机械装入运输工具或从运输工具上卸下，以垂直方向为主的空间位移。搬运是在同一场所内，对物品进行水平移动为主的物流作业。

装卸、搬运是随运输和保管而产生的必要物流活动，是对运输、保管、包装、流通加工等物流活动进行衔接的中间环节，以及在保管等活动中为进行检验、维护、保养所进行的装卸活动，如货物的装上、卸下、移送、分类等。

5. 流通加工功能

流通加工是物品从生产地到使用地的过程中，根据需要施加包装、分割、计量、分拣、刷标志、拴标签、组装等简单作业的总称。

流通加工的功能是物品从生产领域向消费领域流动的过程中，为了促进产品销售、维护产品质量和实现物流效率化，对物品进行加工处理，使物品发生物理或化学变化的功能。这种在流通过程中对商品进一步的辅助性加工，可以弥补企业、物资部门、商业部门生产过程中加工程度的不足。

6. 配送功能

配送是以配货、送货的形式完成商品物流服务，有利于社会经济资源的合理配置。它是对物品进行拣选、加工、包装、分割、组配等作业，并按时送达指定地点的物流活动。配送功能的设置，可采取物流中心集中库存、共同配货的形式，依靠物流中心的准时配送，使用户或服务对象实现零库存,而无须保持自己的库存或只需保持少量的保险储备,减少物流成本的投入。配送是现代物流的一个最重要的特征。

五、物流管理

(一)物流管理的含义

物流管理是指根据物质资料实体流动的规律,应用管理的基本原理和科学方法,对物流活动进行计划、组织、指挥、协调、控制和监督,使各项物流活动实现最佳的协调与配合,以降低物流成本,提高物流效率和经济效益的过程。

(二)物流管理的内容

1. 物流活动诸要素管理

从物流活动要素的角度出发,物流管理可分为运输管理、储存管理、装卸搬运管理、包装管理、流通加工管理、配送管理、物流信息管理、客户服务管理。

2. 物流系统诸要素管理

根据物流系统诸要素的组成,物流管理又可分为人的管理、物的管理、财的管理、设备的管理、方法的管理、信息的管理。

3. 物流活动具体职能管理

物流活动从职能上划分,主要包括物流计划管理、物流质量管理、物流技术管理、物流经济管理。

(三)物流管理的目标

快速响应,减少故障,最低库存,整合配送运输,改善物流质量,实现既定客户服务水平。

任务二 认知电子商务

一、电子商务的概念及发展情况

(一)电子商务的概念

电子商务(electronic commerce,E-Commerce)是在全球各地广泛的商业贸易活动中,在因特网开放的网络环境下,基于浏览器/服务器应用方式,买卖双方不谋面地进行各种商贸活动,实现消费者的网上购物、商户之间的网上交易和在线电子支付以及各种商务活动、交易活动、金融活动和相关的综合服务活动的一种新型商业运营模式。

(二)我国电子商务的发展

1. 萌芽期(1993—1999年)

1993年,我国成立了以国务院副总理为主席的国民经济信息化联席会议及其办公室,相继组织了金关、金卡、金税等"三金工程",其目标是建设中国的"信息准高速国道",属于国民经济信息化的起步工程。

1998年2月,由焦点科技运营的中国制造网(英文版)上线。3月,中国第一笔互联网网上交易诞生。10月,美商网(又名"相逢中国")获多家美国知名VC千万美元投资,是最早进入中国B2B电子商务市场的海外网站,开创了全球B2B电子商务的先河。同年12月,阿里巴巴在开曼群岛注册成立,次年3月其子公司阿里巴巴中国在杭州创建,并于同年6月在开曼群岛注册阿里巴巴集团。

1999年5月,"中国电子商务第一人"王俊涛创办"8848"网,并融资260万美元,成为国内首家B2C电子商务网站。8月,国内首家C2C电子商务平台"易趣网"上线。9月,招商银行启动一网通网上银行服务。10月,携程旅行网开通,正式开启国内在线酒店预订服务。11月,当当网成立。12月,中国建设银行推出网上支付。

这一个时期是中国电商萌芽的时期,虽然我们可以看到化工网、中国制造网的诞生本质并非真正意义上的电子商务,其展示、传递信息的功能远大于交易功能。

2. 调整期(2000—2002年)

2000年4月,慧聪国际推出了慧聪商务网(慧聪网),正式开启B2B时代。同月,艺龙并购百得勤及其电子商务网站,进军旅游服务业,开辟在线旅行预订服务。5月,卓越网成立,B2C开始进入人们的视野,越来越多的人开始关注B2C。6月,中国电子商务协会正式成立。12月,阿里巴巴获日本软银等境外财团联合投资2 500万美元,奠定了阿里巴巴电子商务王国的基础。

2002年3月,全球最大网络交易平台eBay以3 000万美元的价格购入易趣网33%的股份,更名为eBay易趣,并迅速发展成为国内最大的在线交易社区。7月,国家信息化领导小组第二次会议通过了《国民经济和社会发展第十个五年计划信息化重点专项规划》《关于我国电子政务建设的指导意见》以及《振兴软件产业行动纲要》,大力推进电子政务的发展。

3. 快速发展期(2003—2007年)

2003年5月,"非典"给电子商务带来了意外的发展机遇,各B2B、B2C电子商务网站会员数量迅速增加,并且部分实现盈利,C2C也由此酝酿变局。同月,阿里巴巴集团投资1亿元人民币成立淘宝网,进军C2C,并在此后的几年里,逐渐改变国内C2C市场格局,网购理念得到进一步普及,消费者的消费习惯逐渐改变,逐步转向网购。6月,eBay以1.5亿美元收购易趣剩余的67%股份,国内最大的C2C电子商务企业被全盘收购。10月,阿里巴巴推出支付宝,正式进军电子支付领域。12月,慧聪网在香港创业板上市,为国内首家B2B电子商务上市公司。

2005年1月,我国第一个专门指导电子商务发展的政策性文件《国务院办公厅关于加快电子商务发展的若干意见》出台,2月,支付宝推出保障用户利益的"全额赔付"制度,开创了国内电子支付的先河。4月,《中华人民共和国电子签名法》正式施行,这是我国信息化领域的第一部法律,奠定了电子商务市场良好发展态势的基础。

这一个时期,随着网民和电子商务交易的迅速增长,电子商务成为众多企业和个人新的交易渠道。在这段时期里,电子商务快速发展,支撑电子商务发展的一些基础设施和政策也在这期间得以发展起来。阿里巴巴先后建立淘宝网并推出支付宝,国家也先后出台了一些促进电子商务发展的重要措施,越来越多的企业在线下渠道之外开辟了线上渠道。2007年我国零售交易规模561亿元。网商的崛起将电子商务延伸至供应链环节，促进了物流快递和网上支付等电子商务支撑服务的兴起。

4. 转型升级时期（2008—2010年）

2008年，受到国际金融危机的影响，我国各地方政府纷纷出台政策，通过切实的财政扶持手段，普及中小企业电子商务应用。2010年京东商城获得老虎环球基金领投的总金额超过1.5亿美元的第三轮融资，京东、当当、卓越等B2C企业相继进军百货业。此外，垂直电商梦芭莎、好乐买、乐淘等获千万级别风险投资。与此同时，团购网站迅速兴起，成为电子商务行业融资升温的助推器。

这一时期，我国的电子商务仍然以较高的速度增长，电子商务不仅仅是互联网企业垄断的天下，数不清的传统企业和资金流入电子商务领域，逼迫电商企业不断转型升级，并形成了具有中国特色的网络交易方式。2008年，我国网民数量达到了2.53亿，互联网用户首次超过美国，跃居世界第一位。这一年，中国网络购物交易规模突破千亿，达到1 281.8亿元，仅淘宝一家就实现999.6亿元。

这一时期网民数量和物流快递行业突飞猛进，电子商务竞争异常激烈。B2B领域阿里巴巴、网盛的上市标志着该行业进入规范、稳步发展的阶段；淘宝的战略调整、百度的试水意味着C2C市场的不断优化和细分；PPG、红孩子、京东商城的崛起让更多的传统商家跟进，制造领域如方正、联想、海尔，家电零售业如苏宁、国美，食品类如中粮，服装类如李宁、七匹狼，纷纷进军电商领域，企业的经营思路也不断转型升级。这一时期团购网站迅速风行也成为电子商务行业融资升温的助推器，其低成本、盈利模式易复制的特点受到机构的关注。

5. 融合期（2011年至今）

2011年之后的电子商务变化更快、更大，营销方式、营销平台的变化日新月异。2011年腾讯推出微信，国家出台《第三方电子商务交易平台服务规范》；2012年唯品会上市，凡客走下神坛，淘宝"双十一"销售191亿元并形成了独特的"双十一"网购节；2013年菜鸟网络上线，融合物联网、云计算、网络金融等新技术为各类B2B、B2C、C2C企业提供开放的服务平台；蚂蚁金服推出余额宝，成为互联网时代的现金管理工具。

2014年，以京东、聚美、阿里为代表的国内巨头电商赴美上市，将中国电商巨头推向全球市场，打开了国际电商的财富大门，与此同时昔日团购网站纷纷倒下，面临大洗牌，而跨境购、互联网金融、O2O则悄然兴起。2015年"互联网+""移动电商""众筹电商""农村电商"成为电子商务的大热点，资本市场对其青睐有加，京东、天猫、淘宝不断布局其在农村的网点，调整策略，京东帮服务站和淘宝村模式相继出现，农村电商逐步走向成熟，进入实操阶段。2016年，"网红电商""社交电商""医药电商"火爆，可见这一时期的电商涉及的范围更多更广，与各个行业的融合也更深，尝试的经营模式、网络工具也更多更丰富，越来越多的电商聚焦消费者体验，赋能商家，升级消费。

二、电子商务的经营模式

1. 生产厂家直接对消费者（manufacturers to consumer，M2C）

生产厂家（manufacturers）直接对消费者（consumer）提供自己生产的产品或服务的一种商业模式，流通环节减少至一对一，销售成本降低，从而保障了产品品质和售后服务质量，没有商家与厂家交易的差价，消费者所购买的产品的提供者就是生产厂家，故购买商品的价格更低。

2. 生产厂家直接对经销商（manufacturers to business，M2B）

生产厂家直接面对经销商是驾驭在电子商务上的一种新型交易模式，是一个以节省厂家销售成本和帮助下游经销商采购链资源整合的运作模式。流通环节减少，生产厂家面对经销商，可以提高效率节省资金；交易过程简单，无须销售人员各地奔波，通过网络简单操作即可完成；经销商收货快、生产厂家回款快。

3. 企业与企业之间的电子商务（business to business，B2B）

B2B 电子商务是指以企业为主体，在企业之间进行的电子商务活动。进行电子商务交易的供需双方都是商家（企业、公司），他们使用了 Internet 的技术或各种商务网络平台，完成商务交易，其代表是阿里巴巴电子商务模式。B2B 主要是针对企业内部以及企业（B）与上下游协力厂商（B）之间的资讯整合，并在互联网上进行企业与企业间的交易。借由企业内部网（Intranet）建构资讯流通的基础，及外部网络（Extranet）结合产业的上、中、下游厂商，达到供应链（SCM）的整合。B2B 电子商务为企业带来更低的价格、更高的生产效率和更低的劳动成本以及更多的商业机会。

4. 企业与消费者之间的电子商务（business to consumer，B2C）

B2C 就是企业透过网络销售产品或服务给消费者。这是消费者利用因特网直接参与经济活动的形式，类同于商业电子化的零售商务，即企业通过互联网为消费者提供一个新型的购物环境——网上商店，消费者通过网络在网上购物、在网上支付，其代表是亚马逊、天猫、京东电子商务模式。这种模式节省了客户和企业的时间和空间，大大提高了交易效率，特别是对工作忙碌的上班族，这种模式可以为其节省宝贵的时间。

5. 消费者与企业之间的电子商务（consumer to business，C2B）

C2B 是商家通过网络搜索合适的消费者群，真正实现定制式消费。对消费者而言，这是一种理想化的消费模式。先有消费者对产品提出需求，后有生产企业按需求组织生产。通常情况为消费者根据自身需求定制产品和价格，或主动参与产品设计、生产和定价，产品、价格等彰显消费者的个性化需求，生产企业进行定制化生产。

6. 消费者与消费者之间的电子商务（consumer to consumer，C2C）

C2C 是指消费者与消费者之间的互动交易行为，这种交易方式是多变的。C2C 商务平台就是通过为买卖双方提供一个在线交易平台，使卖方可以主动提供商品上网拍卖，而买方可以自行选择商品进行讲价，其代表是 eBay、淘宝电子商务模式。例如，消费者可同在某一竞标网站或拍卖网站中，共同在线上出价而由价高者得标；或由消费者自行在网络新闻论坛或 BBS 上张贴布告以出售二手货品，甚至是新品。

7. 企业与政府之间的电子商务（business to government，B2G）

企业与政府通过网上电子平台可以快速完成各项事务。例如，企业对政府网上发布的采购清单以电子方式回应，对政府的招标工程进行竞标投标，网上报税缴税，EDI 报关，电子通关等；政府部门通过网络电子平台实施各项事务管理。例如，各级政府管理条例和各类信息的发布，各种管理系统信息的查询、咨询及意见收集等。

8. 新型的 ABC 电商模式

随着电子商务的不断发展，人们为信誉而担忧，这时出现了一种新型的 ABC 电子商务模式，是由代理商（agents）、商家（business）和消费者（consumer）共同搭建的集生产、经营、消费为一体的电子商务平台，其相互之间可以转化。

三、电子商务的构成要素

电子商务的构成要素是由从事电子商务的主体、客体、电子市场、商务活动和信息流、商流、资金流、物流、知识流和服务流等基本要素组成。电子商务是实施整个贸易活动的电子化，是一组电子工具在商务活动中的应用，是电子化的购物市场，是从售前到售后支持的各个环节实现的电子化、自动化。可见，电子商务不仅包含了信息流、资金流、商流，而且包括了物流。

1. 商流

物品在流通过程中引起的商品所有权转移称为商流。其内容包括商品企划、采购、销售管理、通路管理、存货管理、消费者服务等。

2. 物流

物流代表实体物品的移动。其内容包含产品开发、制造、储运、保管、供应商管理与物流管理等。

3. 资金流

资金流代表资产的表现，即因为资产所有权的移动而造成的金钱的移动，其包括应收款、应付款、会计、财务与税务。

4. 信息流

信息流指信息的交换，即为达到上述三项流动而造成的资讯交换，其包括各项的信息交换与经营决策、管理分析。

四、电子商务的功能

电子商务的功能包括网上信息发布、网上洽谈、网上订购、网上支付、电子账户、货运代理、意见征询、交易管理。

五、电子商务交易运作过程

（一）交易前

交易前的信息发布、寻找交易机会、了解贸易环境、选择交易对象、贸易洽谈、合同签订等。

（二）交易中

交易中贸易伙伴之间及其与银行、运输、税务、海关等各种中介机构的各种电子单证交换（EDI 应用）等。

（三）交易后

交易后的产权转移、物流启动、电子商务、追踪货物、合同履行、完成交易。

任务三　认知电子商务物流

一、电子商务物流的概念

电子商务物流（E-Logistic）是基于商流、信息流、资金流网络化的物资或服务的配送活动，包括软体商品（或服务）的网络传送和实体商品（或服务）的物理传送。它是在传统物流基础上，结合电子商务中商流、信息流、资金流的特点而提出的，是电子商务环境下物流的新的表现方式。

二、电子商务物流的特点

（一）信息化

物流信息收集的数据库化和代码化，物流信息存储的数字化，物流信息处理的电子化和计算机化，物流信息传递的标准化和实时化使用条码、数据库等技术。

（二）自动化

自动化的基础是信息化，核心是机电一体化，外在表现是无人化，效果是省力化。物流自动化设施包括条码/语音/射频自动识别系统、自动分拣系统、自动存取系统、货物自动跟踪系统等。

（三）网络化

物流领域网络化的基础也是信息化，是电子商务下物流活动的主要特征之一。网络化有两层含义：一是物流配送系统的计算机通信网络，包括物流配送中心与供应商或制造商的联系要通过计算机网络，另外与下游顾客之间的联系也要通过计算机网络。二是组织的网络化，如物流与供需方之间的联网、物流内部各部门之间的联网。网络化便于信息交流沟通，提高物流工作效率。

（四）智能化

智能物流是利用集成智能化技术，使物流系统能模仿人的智能，具有思维、感知、学习、推理判断和自行解决物流中某些问题的能力，如自动化立体库、机器人等相关技术的应用提高了物流现代化的水平。智能化是物流自动化、信息化的一种高层次应用，物流的智能化已成为电子商务下物流发展的一个新趋势。

（五）柔性化

柔性化的物流是为了适应生产、流通和消费的需求而发展起来的一种新型物流模式。它要求物流配送中心根据消费者需求"多品种、多批次、小批量、短周期"的特色，灵活组织和实施物流作业，表 1-1 为电子商务物流与传统物流的差别。

表1-1 电子商务物流与传统物流的差别

比较类别	传统物流	电子商务物流
服务理念	以规模为中心	以客户为中心
配送体系	单一性配送网	网状网络配送体系
技术支持	传统管理技术	网络管理技术
信息响应	信息传递迟缓、响应慢	信息化程度高、反应迅速
管理特征	刚性化	柔性化
合作程度	格局分散	强调协同合作

三、电子商务物流系统

电子商务物流系统是指在一定的空间内，所有需位移的物资与包装设备、装运搬运机械、运输工具、仓储设备、人员和通信联系设施等若干相互制约的动态要素所构成的具有特定功能的有机整体。电子商务物流系统的构成如下。

1. 物流作业系统

运输系统、储存保管系统、装卸搬运系统、流通加工系统。

2. 物流信息系统

人员，计算机硬件、软件，网络通信设备及其他办公设备组成的人机交互系统。

四、电子商务物流管理

电子商务物流管理是一个整合性物流管理平台，它将供、产、销各个环节中的信号、数据、消息、情况等通过信息技术进行系统的智能采集和分析处理，并配合决策支持技术，对企业物流体系中涉及的各部门进行有效的组织和协调，从而实现企业物流管理和决策的高效率和高质量，以及低物流成本的目标。

它的主要功能包括发货仓库和在途的库存量的及时监控，运输货物在途状况的追踪查询，物流运送各个环节的自动预警机制和整个流程自动化的提高。利用电子商务技术优化物流管理，首先完成企业内部业务流程一体化，然后再向企业外的合作伙伴延伸，实现信息共享，最终达到生产、采购、库存、销售以及财务和人力资源管理的全面集成，令物流、信息流、资金流发挥最大效能，把理想的物流运作变为现实。

五、电子商务与物流的关系

（一）电子商务对物流企业的影响

1. 电子商务的出现引发了流通模式的变革

电子商务在促进我国物流业由传统模式向现代模式的转变中，发挥着不可替代的作用。随着网络技术与应用的不断发展，电子商务与物流的关系越来越紧密，一方面，网络技术的不断发展给物流的发展提供了一个非常广阔的发展前景和技术支持，可以说没有网络就没有现代的物流；另一方面，网络又给现代物流提供了新的发展方向和新的客户需求，现代物流已经成为网络不可分割的一部分并支撑现代网络的商业应用。

2. 电子商务对物流产业的发展有着很大的影响

通过互联网，物流公司能够被更大范围内的货主客户主动找到，能够在全国乃至世界范围内拓展业务；贸易公司和工厂能够更加快捷地找到性价比最适合的物流公司；网上物流致力把世界范围内最大数量的有物流需求的货主企业和提供物流服务的物流公司都吸引到一起，提供中立、诚信、自由的网上物流交易市场，帮助物流供需双方高效达成交易。

3. 电子商务要求物流实现信息化、自动化和智能化

电子商务的发展要求物流实现信息化，因为电商的优点是保证企业能与客户一起就产品的设计、质量、包装、售后服务等进行交流。这就要求物流系统中每一个功能环节的即时信息支持，在信息化的基础上，物流才能实现自动化，从而大大提高物流的效率。

电子商务要求物流实现智能化，以提高物流的现代化水平。电子商务对物流的最大影响就是提高运输速度以缩短客户在网络中产生的产品虚拟可得性与实际产品可得性之间的差距。

4. 电子商务改变物流企业的竞争状态

在传统经济活动中，物流企业之间的竞争往往是依靠本企业提供优质服务降低物流费用等方面来进行的。在电子商务时代，这些竞争内容虽然依然存在，但有效性却大大降低了，原因在于电子商务需要一个全球性的物流系统来保证商品实体的合理流动，而单个企业难以达到这一要求，这就要求物流企业在竞争中形成一种协同竞争的状态，在相互协同实现物流高效化、系统化的前提下相互竞争。

5. 电子商务促进物流基础设施的改善、物流技术与物流管理水平的提高

电子商务高效率和全球性的特点要求改善物流基础设施，同时也要求提高物流技术水平，来提高物流的效率。此外，物流管理水平的高低直接决定和影响着物流效率的高低，也影响着电子商务高效率优势的实现问题。只有提高物流的管理水平，建立起科学合理的管理制度，将科学的管理手段和方法应用于物流管理当中，才能确保物流的畅通进行，实现物流的合理化和高效化，促进电子商务中物流的发展。

（二）物流对电子商务的影响

1. 物流是电子商务的重要组成部分

电子商务概念刚刚提出的时候，美国就通过利用各种机械化、自动化工具及计算机和网络通信设备，使物流管理日趋完善。同时，美国作为一个发达国家，其技术创新的本源是需求，即通过需求来拉动技术创新。作为电子商务前身的 EDI 技术就是为了简化烦琐、耗时的订单处理过程，以加快物流速度。

电子商务的提出最终更是为了解决信息流、商流和资金流处理上的烦琐对现代化物流过程的延缓，以进一步提高现代化的物流速度。

2. 物流是实现电子商务的保证

物流保障生产。生产是商品流通之本，生产从原料的采购开始，在生产的各工艺流程之间需要有原材料、半成品的物流过程，以实现生产的流动性；整个生产过程通过降低费用来降低成本、优化库存结构、减少资金占压、缩短生产周期，保障现代化生产的高效运行。

物流服务于商流。在电子商务条件下，顾客通过网络购物完成商品所有权的交割过程，但电子商务活动并未结束，只有商品和服务真正到达顾客手中，商务活动才告终结。在整个电子商务中，物流实际上是以商流的后续者和服务者的姿态出现的。没有现代化的物流，轻松的商务活动只会退化为一纸空文。

3. 物流是电子商务的支点

电子商务已经成为21世纪的商务工具，它像杠杆一样撬起了传统产业和新兴产业，在商务活动过程中，现代物流产业成为了这个杠杆的支点。不管电子商务有多大诱惑力，交易量有多大，都需要线下的物流完成货物的配送。任何一个电商企业如果不能保证送货的及时性，其电子商务活动必然失败，所以，电子商务需要物流的支撑与配合。

4. 物流是实现电子商务跨区域配送的重点

在B2B电子商务交易模式中，如果出现跨区域物流，物流费用将会大大增加。在B2B电子商务交易模式中，物流成本在商品交易成本中占很大的比重，尤其是在跨国交易中，没有良好的物流系统为双方服务，这种成本增加的幅度会更大。因此，最理想的解决方法就是借助于第三方物流来完成商品的配送。

5. 物流是实现以"顾客为中心"理念的根本保证

电子商务的出现，在最大程度上方便了最终消费者。他们不必到拥挤的商业街挑选自己所需的商品，而只要坐在家里，上网浏览、查看、挑选，就可以完成购物活动。物流是电子商务实现以顾客为中心理念的最终保证，缺少现代化物流技术与管理，电子商务给消费者带来的便捷等于零，消费者必然会转向他们认为更为可靠的传统购物方式上。

随着网络技术与应用的不断发展，电子商务与物流的关系越来越紧密。一方面，网络的不断发展给物流的发展提供了一个非常广阔的发展前景和技术支持，可以说没有网络就没有现代的物流；另一方面，网络又给现代物流提供了新的发展方向和新的客户需求，现代物流已经成为网络不可分割的一部分并支撑着现代网络的商业应用。

物流的理论认识——物流学说

一、物流成本的"冰山说"

日本早稻田大学的西泽修教授在研究物流成本时发现，现行的财务会计制度和会计核算方法都不可能掌握物流费用的实际情况，因而人们对物流费用的了解是一片空白，甚至有很大的虚假性。他把这种情况比作"物流冰山"。成本中心学说指出"物流是降低成本的宝库"或"冰山的水下部分"，正是尚待开发的领域，是物流的潜力所在。

二、"黑暗大陆"学说

1962年4月，美国管理学家彼得·德鲁克在《财富》杂志上发表了题为《经济领域的黑暗大陆》的文章。由于流通领域中物流活动的模糊性尤其突出，是流通领域中人们更认识不清的领域，因此这篇文章被公认为是首次明确提出物流领域的潜力，具有划时代的意义，以此标志着企业物流管理领域的正式启动。

三、"第三利润源"学说

"第三利润源"学说最初是由日本早稻田大学教授西泽修提出来的。1970年，西泽修教授把其著作《流通费用》的副标题写作"不为人知的第三利润源泉"。"第三利润源"学说提出：生产领域创造利润的"第一源泉"（物质资源的节约）和"第二源泉"（劳动消耗的降低）已几乎开发殆尽，渐趋枯竭，人们转向流通领域。商品流通由物流、商流和信息流组成，而商流和信息流一般不会创造新的价值，所以物流成了众人瞩目的焦点，成为企业的"第三利润源泉"。物流被看作"降低成本的最后边界"。

四、"效益背反"学说

"效益背反"学说表明在物流系统中的功能要素之间存在着损益的矛盾，即物流系统中的某一个功能要素的优化和利益发生的同时，必然会存在系统中的另一个或另几个功能要素的利益损失，这是一种此消彼长、此盈彼亏的现象，往往导致整个物流系统效率的低下，最终损害物流系统的功能要素的利益。虽然在许多领域中这种现象都是存在着的，但在物流领域中，这个问题似乎尤其严重。

五、"服务中心"学说

鲍尔索克斯在其著作《物流管理——供应链过程的一体化》中指出："物流活动存在的唯一目的是要向内外顾客提供及时而又精确的产品递送。因此，顾客服务是发展物流战略的关键要素"。"当物流活动发展到顾客合作的程度时，就能以增值服务的形式开发更高水准的服务。""服务中心"学说代表了美国和欧洲等一些国家学者对物流的认识，即物流活动最大的作用，并不在于为企业节约消耗，降低成本或增加利润，而在于提高企业对用户的服务水平，进而提高企业的竞争能力。

六、"成本中心"说

成本中心的含义是物流在整个企业战略中，只对企业营销活动的成本发生影响，物流是企业成本重要产生点，因而，解决物流的问题，并不主要是为了搞合理化、现代化，不主要在于支持保障其他活动，而是通过物流管理和物流的一系列活动降低成本。所以，成本中心既是指主要成本的产生点，又是指降低成本的关注点，物流是"降低成本的宝库"等说法正是这种认识的形象阐述。

淘宝与物流的关系

一、淘宝的物流配送流程

（1）买家在网上寻找自己需要的货物并联系卖家，在淘宝网上下订单。卖家根据买家的订单将货物找好，拿到快递公司位于该地区的收发货网点或是快递公司的快递人员上门收取运输货物，并将货物打包且按照客户在订单上留下的信息填写快递公司给予的发货单，由此形成托运关系。

（2）快递人员收取货物后将本店的所有货物集中后通过货车等运输工具将其运往该快

递公司区域集货网点。再由区域集货网点将所有货物进行整理，将只需区域性配送的货物整理出来，进行直接配送运输，将需要跨省、跨地域运输的货物运往公司位于该地的分发货仓库。

（3）分发货仓库负责将来自该地区的所有集货网点的货物进行扫描分拨，将所有货物按照配送区域、不同种类及不同运输工具进行堆放。再由货物的运单性质选择货物的运输方式。对于快递公司而言绝大多数的货物都是汽车运输或航空运输。分发货仓库将分拨后的货物进行装车，对货运实行拼车运输，以整车的形式发出。公司的运输部门按照货物运达的城市选择相应的运输路线，以寻求方便快捷的运输需求。

（4）买家所在的同一快递公司的分发货仓库在收到发来的货物后将货物卸车扫描，对货物进行检查整理归类、分区，对所有货物进行检查核对，将分拨后的货物按地区配送需要分发给买家所在地的区域集货网点。

（5）区域集货网点在收到货物后再次将其细分，将货物分派后送往离买家最近的收发货网点。

（6）收发货网点的快递员最后再联系买家，将货物准确无误地送到买家手中，并由买家进行货物签收，最终实现整个物流流程的结束。

二、淘宝与物流的关系

淘宝网等平台式购物网站力推诚信保障体系，降低了消费者转向网购的心理门槛，推动网络购物应用在网民中的渗透。淘宝网目前已经发展成为亚太地区最大的 C2C 购物网站，日交易规模达 600 万笔。C2C 物流配送是指物流配送企业针对客户的需求，进行一系列分类、编码、整理、配货等理货工作，按照约定的时间和地点将确定数量和规格要求的商品传递到用户的活动及过程。淘宝网主要业务在于网上零售商品，目前它也是国内比较大的拍卖网站，也是全亚洲最大的购物网站。由于消费者的折扣及方便心理，业务量大的都是体积小的商品，决定了淘宝物流配送小规模、多频次的格局。

淘宝网物流模式与淘宝网交易网站平台、物流公司、卖家、买家息息相关。这条产业链中，物流、信息流、商流、资金流实现了完整的电子信息化，只有将货物的实体流动实现好，才能使整个产业链的价值得以实现。

三、淘宝网卖家如何选择物流

淘宝网为客户提供更安全和高效的网络交易平台，离不开物流的支持。通过参考"网货物流推荐指数"，淘宝网与圆通速递、中通速递、韵达快递、EMS 等公司合作。这些物流公司在服务质量、服务价格等方面参差不齐。由于观念的差异或配送设施的差距，消费者往往会因为第三方物流公司的过错而迁怒于购物网站，如会因为商品或包装在运输过程中有破损而去责怪那些本身信誉很好的购物网站。

自我测试

一、单选题

1. 货物在运动过程中，通过场所、位置的变化而实现与创造的价值是（   ）。
    A. 空间价值   B. 时间价值   C. 形态价值   D. 货物价值

2. 物流活动中通过流通加工活动、包装活动所创造的价值属于（　　）。
   A. 商品价值　　　B. 形态价值　　　C. 时间价值　　　D. 空间价值

3. 从社会再生产总体角度研究的物流活动，如社会物流、行业物流、国际物流、国内物流、地区物流等是（　　）。
   A. 宏观物流　　　B. 微观物流　　　C. 企业供应物流　　　D. 企业销售物流

4. （　　）是指生产企业向供应商订购原材料、零部件或其他物品时，物品在提供者与需求者之间的实体流动。包括采购包装、运输、装卸、验货、入库、保管、供货信息及系统控制等而引起的物流活动。
   A. 企业生产物流　　B. 企业供应物流　　C. 企业回收物流　　D. 特殊物流

5. 1970 年，西泽修教授在其著作《流通费用》中指出：生产领域创造利润的"第一源泉"和"第二源泉"已几乎开发殆尽，渐趋枯竭。人们转向流通领域。商品流通由物流、商流和信息流组成，而商流和信息流一般不会创造新的价值，所以（　　）成了众人瞩目的焦点，成为企业的"第三利润源泉"。
   A. 物质资源的节约　　　　　　B. 劳动消耗的降低
   C. 物流　　　　　　　　　　　D. 商品的包装

6. 物流的基本功能包括运输、储存、（　　）、搬运与装卸、流通加工、配送、信息处理等。
   A. 网上咨询　　　B. 包装　　　C. 合同签订　　　D. 货到付款

7. 企业出售产品时，物品在供方与需方之间的实体流动，称为（　　）。
   A. 供应物流　　　B. 生产物流　　　C. 回收物流　　　D. 销售物流

8. 将物流分为正向物流和逆向物流属于（　　）分类。
   A. 物流在供应链中的作用　　　B. 物流的社会化作用
   C. 货物的流向　　　　　　　　D. 物流的内容

9. 电子商务物流的特点是信息化、网络化、智能化、柔性化、整合和集成化以及（　　）。
   A. 自动化　　　B. 机械化　　　C. 规范化　　　D. 移动化

10. 电子商务物流管理具有计划、组织、协调、（　　）、领导与激励和决策等管理职能。
    A. 控制　　　B. 管理　　　C. 规划　　　D. 执行

二、多选题

1. 物流是物品从供应地向接收地的实体流动过程。根据实际需要，将（　　）等基本功能实施有机结合。
   A. 运输、储存　　　　　　B. 装卸、搬运、包装
   C. 流通加工、配送　　　　D. 信息处理

2. 物流的价值包括（　　）。
   A. 商品价值　　　B. 空间价值　　　C. 形态价值　　　D. 时间价值

3. 电子商务物流的特点有（　　）。
   A. 信息化、自动化　　　　B. 网络化
   C. 智能化　　　　　　　　D. 柔性化

4. 关于物流的理论学说有"黑暗大陆"学说、物流成本的"冰山说"，还有（　　）。
   A. "黑暗大陆"学说　　　　B. "成本中心"学说关
   C. "第三利润源"学说　　　D. "服务中心"学说

5. 随着网络技术与应用的不断发展，电子商务与物流的关系越来越紧密，物流对电子商务的影响包括（　　）。

　　A. 物流是实现电子商务的保证　　　B. 物流是电子商务的重要组成部分
　　C. 物流是电子商务支点　　　　　　D. 物流是实现电子商务跨区域配送的重点

三、问答题

1. 什么是物流管理？物流管理的内容有哪些？
2. 什么是电子商务？电子商务有哪些功能？
3. 什么是电子商务物流？电子商务物流有哪些特点？
4. 电子商务交易运作过程是怎样的？物流是怎样影响电子商务的？
5. 物流系统的功能要素有哪些？

项目实施

情境实训一　了解电商物流业的发展情况

一、实验目的

通过搜索电子商务物流业发展现状的相关资料，能够应用相关理论知识分析现代物流对电子商务发展的影响程度；学习和了解我国物流业的发展历程；探寻我国物流业与世界物流业发展水平的差距；关注行业发展，善于思考行业热点现象或问题，思考我国物流业的发展趋势。

二、实训步骤

（1）教师通过案例、视频等讲解物流的发展情况、物流的功能、物流管理的内容；讲解电子商务物流的发展、作用；电子商务与物流的关系等。

（2）学生上网通过搜索引擎查找有关电子商务物流业的发展内容，根据实训任务要求，撰写实验报告。新建一个的 Word 或 PPT 文档并以"学号+姓名+实训任务"命名，将实验结果（包括实验内容中要求的截图和实验思考题答案）保存并通过网络上传。

三、实训任务

（1）什么是物流？物流有哪些功能？

（2）解释以下"物流学说"：

①"成本中心"学说；

②"黑暗大陆"学说；

③"第三利润源"学说；

④"服务中心"学说；

⑤"效益背反"学说；

⑥"物流成本冰山"学说。

（3）使用权威信息平台搜索国有、民营、外资各一个代表性的电子商务物流企业，访问其网站，将其信息数据详细记录下来，概述这些企业物流成功的奥秘，对它的物流服务进行分析，指出其各自的优势、劣势是什么。提示：

国有：中国邮政、中远物流、中铁物流等；

民营：顺丰、德邦、新邦、大田、宅急送、韵达、大同、圆通、申通、中通等；

外资物流企业：美国联邦快递 FedEx 和联合包裹公司 UPS、德国邮政 DHL、丹麦马士基 Moeller 等。

（4）通过对国内、国外、民营三种不同的物流企业的分析对比，简述我国物流业的现状及发展趋势。

（5）阅读理解中华人民共和国国家标准《物流术语》（GB/T 18354—2006）。

情境实训二　电商物流人员职业素养培训

一、实验目的

通过电子商务物流人员职业素养培训，了解电子商务物流企业岗位及岗位职责；明确电子商务物流人员的职业道德标准及业务能力要求；培养学生诚实、守信、善于沟通和合作的团队意识，学会组建电子商务物流优秀团队。

二、实训步骤

（1）教师以电子商务企业的物流管理相关工作岗位的任职要求和职业能力为导向，向学生讲解电子商务物流人员的职业道德标准及应具备的业务能力。

（2）教师列出电商物流人员的职业标准，让学生对自己进行打分评价，找出自己的优势和不足，以在今后学习中加强专业学习，提高自身的素质。

（3）根据实训任务要求，撰写实验报告。新建一个的 Word 或 PPT 文档并以"学号+姓名+实训任务"命名，将实验结果（包括实验内容中要求截图和实验思考题答案）保存并通过网络上传。

三、实训任务

（1）电子商务物流管理专业的相关工作岗位有哪些？其岗位任职要求和职业能力分别是什么？

（2）你认为作为电子商务物流管理人员的职业道德标准是什么。

（3）上网查找有关案例，分析企业员工对企业忠诚有什么意义。

（4）假如你到一家电商物流企业应聘你喜欢的职业岗位，请你就其岗位应具备的职业道德、业务能力及个人优势等方面写一份应聘简历。

情境实训三　熟悉我国电商企业

一、实训目的

通过本次实训，上网查找电商企业，使学生能够运用网络工具收集资料；了解知名电商企业的创立及发展情况，掌握电子商务的特点，熟悉我国电商行业及现状；运用所学知识分析实际问题，学会撰写分析报告；通过小组擂台赛提高学生团队协作意识，为学好本课程打好基础。

二、实训步骤

（1）教师讲解电子商务的概念、特点、功能等基础知识；并通过案例分析我国电商企业的运营情况。

（2）每位同学上网查找著名电商企业（如阿里巴巴集团、京东、天猫、苏宁易购、库巴网、麦网、卓越亚马逊、红孩子、沱沱工社、中百商网、凡客等），了解其创立、发展情况、提供的网上服务等。

（3）将全班学生进行分组，并确定组长；每个学习小组成员上网寻找电商企业，学习了解这些电商企业的创立、发展情况、提供的商品及服务等；将查找到的企业名称记录下来。

（4）利用课前 5 分钟，两个学习小组轮换说电商企业名称，进行擂台赛。

三、实训任务

（1）什么是电子商务？电子商务的经营模式有哪些？

（2）电子商务的交易过程是怎样的？

（3）物流是怎样影响电子商务的？

（4）上网查找一个著名电商企业，说明其创立、发展情况及其物流运作情况等。

（5）电商企业名称擂台赛。每个学习小组将查找的电商企业名称在课前 5 分钟轮换说出，进行擂台赛，让全班同学了解电商企业。

项目二

电子商务物流运作模式

项目说明

物流模式是从一定的观念出发,根据现实的需要构建相应的物流管理系统,采用某种形式的物流解决方案,形成有目的、有方向的物流网络。通过本项目的学习,使学生明确自营物流、物流联盟、第三方物流、第四方物流等物流模式的概念及特点;具有基本的电子商务物流模式实际应用的现实感知;具备一定的 B2B/B2C/C2C 物流模式分析与应用能力;掌握电子商务物流模式选择应考虑的基本因素;明确电子商务物流模式选择对促进电子商务发展的现实意义与作用。

导入案例

成功的亚马逊电子商务物流

亚马逊公司(Amazon)成立于 1995 年,是美国最大的一家网络电子商务公司,位于华盛顿州的西雅图。亚马逊公司是网络上最早开始经营电子商务的公司之一,其最初的物流配送模式选择的是外包。

在电子商务中亚马逊将其国内的配送业务委托给美国邮政和 UPS,将国际物流委托给国际海运公司等专业物流公司,自己则集中精力发展主营和核心业务。这样可以减少投资,降低经营风险,又能充分利用专业物流公司的优势,节约物流成本。

一、为邮局发送商品提供便利,减少送货成本

在送货中,亚马逊采取一种被称为"邮政注入"的方式来减少送货成本。所谓"邮政注入"就是使用自己的货车或由独立的承运人将整卡车的订购商品从亚马逊的仓库送到当地邮局的库房,再由邮局向顾客送货。这样就可以免除邮局对商品的处理程序和步骤,为邮局发送商品提供便利条件,也为自己节省了资金。据一家与亚马逊合作的送货公司估计,靠此种"邮政注入"方式节省的资金相当于头等邮件普通价格的 5%~17%,十分可观。

二、根据不同商品类别建立不同的配送中心,提高配送中心作业效率

亚马逊的配送中心按商品类别设立,不同的商品由不同的配送中心进行配送。这样做有利于提高配送中心的专业化作业程度,使作业组织简单化、规范化,既能提高配送中心作业的效率,又可降低配送中心的管理和运转费用。

三、采取"组合包装"技术，扩大运输批量

当顾客在亚马逊的网站上确认订单后，就可以立即看到亚马逊销售系统根据顾客所订商品发出的是否有现货，以及选择的发运方式、估计的发货日期和送货日期等信息。如前所述，亚马逊根据商品类别建立不同配送中心，所以顾客订购的不同商品是从位于美国不同地点的不同的配送中心发出的。

任务驱动：通过以上案例导入如下任务。

（1）什么是电子商务物流模式？其有哪些类型？分别有什么特点？

（2）电商企业选择物流模式应考虑哪些因素的影响？

（3）结合案例分析亚马逊的成功物流模式是怎样运作的。亚马逊的电子商务物流外包有什么意义。

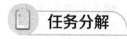

任务分解

任务一　电子商务环境下物流模式的类型

一、自营物流模式

（一）自营物流模式的概念

企业自身经营物流称为自营物流，也称第一方物流。企业自营物流模式意味着电子商务企业自行组建物流配送系统，经营管理企业的整个物流运作过程。在这种方式下企业也会向仓储企业购买仓储服务，向运输企业购买运输服务，但是这些服务都只限于一次或一系列分散的物流功能，而且是临时性的纯市场交易的服务，物流公司并不按照企业独特的业务流程提供独特的服务，即物流服务与企业价值链的松散联系。

采取自营模式的电子商务企业主要有两类：一类是资金实力雄厚且业务规模较大的电子商务公司；另一类是传统的大型制造企业或批发企业经营的电子商务网站。很多药业企业、家电企业、大型制造企业以及连锁商家等凭着在全国范围内多年的经营，都有庞大的商品营销渠道，自身拥有良好的物流网络与相当现代化的物流技术和管理经验。随着网络经济发展，这些企业在经营电子商务时可通过不断整合自身资源，吸收外界资源，搞好自身物流网络建设，形成适合自我的物流配送体系，如海尔集团培育物流运营成为其新的增长点，不少跨国企业，如雀巢公司等都将国内的物流配送业务交给海尔来完成。

（二）自营物流模式的特点

1. 自营物流模式的优点

（1）安全性。自营物流可以控制从采购、生产到销售的全过程，掌握最详尽的资料。如果交由第三方物流企业，势必会触及企业的采购计划，进一步到生产计划，甚至新产品的开发计划等商业机密，企业自营物流可以保护企业的商业机密。

（2）准确和及时。自营物流可以有效协调物流活动的各个环节,保证供货的准确和及时,保证顾客服务的质量,维护企业和顾客间的长期关系。

（3）降低成本。据统计,73%的企业拥有自己的汽车车队,73%的企业拥有仓库,33%的企业拥有自动化装卸设备,3%的企业拥有自己的铁路专用线,如金星啤酒。企业自营物流可以有效利用原有的资源,盘活原有物流资源,带动资金流转,为企业开拓更多的利润空间。

2. 自营物流模式的缺点

（1）投资成本高。必须投入大量资金用于运输、仓储等基础物流设备以及人力资本,占用大量的流动资金,减少了对核心业务的投资,从而削弱企业抵御市场风险的能力。规模效益不明显,长期处于不盈利境地,投资回收时间较长。

（2）管理难控制。需要较强的物流管理能力,建成后需要具有专业化的物流管理能力人才。对大多数企业来说,从事不擅长物流业务活动,需要花费更多时间、精力和资源去从事辅助性的工作,而且效率较低。

（3）专业化程度低。一方面导致物流成本过高,产品在市场上的竞争能力下降;另一方面,由于规模有限,物流配送的专业化程度非常低,不能满足企业的需要。

（4）效益评估难。物流成本核算存在很大困难。由于企业采用内部各职能部门彼此独立地完成各自物流的方式,没有将物流剥离独立进行核算,企业很难准确计算产品的物流成本,难以进行准确的效益评估。

（三）自营物流应具备的条件

（1）业务集中在企业所在城市,送货方式比较单一。

（2）覆盖面很广的代理、分销、连锁店,企业业务集中在覆盖范围内。

（3）规模比较大、资金雄厚、货物配送量大的企业。

二、第三方物流模式

（一）第三方物流模式的概念

第三方物流（third party logistics,3PL 或 TPL）是由供方与需方以外的物流企业提供物流服务的业务模式,即由第三方来承担企业物流活动的一种物流形态。第三方物流,是相对于"第一方"发货方和"第二方"收货方而言的,是由第三方专业公司承担企业物流活动的一种物流形态,它通过与第一方或第二方的合作来提供其专业化的物流服务。它不拥有商品,不参与商品买卖,而是为顾客提供以合同约束,以结盟为基础的,系列化、个性化、信息化的物流代理服务。第三方物流是物流专业化的重要形式,它的发展程度体现了一个国家物流产业发展的整体水平。我国第三方物流服务商的由来如下。

（1）起源于运输企业。利用传统的运输资源基础,扩展更为全面的综合物流功能,偏重于运输服务,典型企业如中外运、中远、中海等。

（2）起源于仓储企业。以传统的资源和已展开的配送业务为基础,扩展更全面的综合物流服务,偏重于仓储业务和区域、市内配送,典型企业有中储、中商、中物资、中粮等。

（3）起源于货运代理企业。一般是不拥有固定资产或物流设施的代理公司,以代理业务为基础。他们与许多供应商有来往,具有把不同物流服务项目组合,以满足客户需求的能力。如中外运下属的许多货代公司等。

(4)起源于托运人。是从大公司的物流组织演变而来,通常具有物流专业知识和一定的资源,这些供应商具有管理母公司物流的经验。

(5)起源于财务或信息服务公司。这些公司提供如运费支付、审计、成本会计与控制和监控,跟踪和存货管理等管理服务。

(二)第三方物流的特点

1. 关系合同化

传统的外协提供的是一项或一系列分散的物流,如仓储公司仅提供仓储服务;3PL 根据合同提供多功能、全方位的服务,与客户是长期战略伙伴关系。

2. 功能专业化

3PL 熟悉市场运作、专业化的物流设施和信息、长年的客户关系网、专业的人才。第三方物流企业一般都是具有一定规模的物流设施设备(库房、站台、车辆等)及专业经验、技能的批发、储运或其他物流业务的经营企业。

3. 服务个性化

3PL 按照客户的业务流程来"定身量做"服务。第三方物流企业的服务内容包括设计物流系统、EDI 能力、报表管理、货物集运、选择承运人、货代人、海关代理、信息管理、仓储、咨询、运费支付和谈判等。在国内,ECVV 商业服务网提供第三方物流服务的物流公司。

4. 信息网络化

3PL 实现数据快速、准确传递,提高物流活动的自动化水平,使用信息技术与企业进行交流。

(三)电商企业选择第三方物流的好处

1. 企业集中精力于核心业务,提高核心竞争力

由于任何企业的资源都是有限的,很难成为业务上面面俱到的专家,要想在激烈竞争的市场中占据一席之地,企业必须学会整合资源,借助第三方物流的专业化优势增强企业核心竞争力。

2. 提高企业物流效率

对于大部分企业来说,物流并不是自己最擅长的业务,而第三方物流企业可以利用自己庞大的配送网络、专业化的物流技术和业务管理,达到提高物流效率的目的。

3. 减少企业固定资产投资

作为自营物流,企业需要投入巨额资金用于改造或新建仓库,购买物流基础设备,建设信息系统等,而使用第三方物流企业,可以减少设施设备投资,还可解放仓库和车队的资金占用,加速资本周转,为企业创造更多的机会。

4. 提升企业形象

第三方物流供应商与企业之间的关系,不是竞争对手,而是战略伙伴,他们通过"量体裁衣"式的设计,以及灵活多样的增值服务,为企业创造了更多价值,协助企业树立良好的品牌形象,在同行业竞争中脱颖而出。

（四）第三方物流服务的运作模式

1. 以提高服务附加值为目标的基础物流服务

第三方物流的这种服务模式是指面向局部区域或单项功能需求的用户提供的外部物流服务形式，如干线运输、仓储、包装等。从具体提供的物流服务中实际上已经包含了一些增值服务，如代交付、代收款、代结账等。由于这些工作很琐碎、不起眼而往往被人们忽视，但是这些附加服务确实能给客户带来价值增值。

这种模式的特点：第三方物流服务一般只具有单项或一系列分散的物流功能，如合同运输服务、合同仓储服务等。这种非一次性合同物流服务往往带有客户的一些附带要求，如临时保管、装卸、配送、交付、收款等。第三方物流企业与客户之间通过长期合同或非一次性交易实现物流服务，兑现对客户要求的承诺。

这种物流服务模式可以涵盖从初级产品（如原材料）到高级产品（如电器产品等）的运输、仓储等功能性物流服务，对所需的通用或专用技术、网络组织能力要求都不高。但这种物流服务模式只限于基础的业务，技术性壁垒和组织性壁垒都比较低，业务极易模仿。因此，一旦该市场中有其他经营者提供着相近的物流服务项目，第三方物流企业就会受到市场竞争的较大冲击。

2. 以获取规模效益为目标的定制物流服务

第三方物流的定制服务模式是第三方物流企业通过合同方式向客户企业提供的带有大量定制特点的一系列物流服务。

这种模式的特点是物流业务量大，按客户要求提供定制化的物流服务，在第三方物流服务企业和客户企业之间建立长期合作合同基础上的战略联盟关系。大量定制服务模式的规模效益比较明显，所以这种第三方物流服务模式的客户企业较少，甚至只以一家客户为主就足以维持生存与发展。一般为主要客户服务的时间较长。因此采用这种模式，把为客户服务的业务搞精比争取新的客户业务更为重要。

在电子商务时代，这种定制化的物流服务模式可以被实力相对较强的企业所采用，该模式注重第三方物流的实力及其与客户企业长期关系的建立及维持，并可以通过增值服务、信息技术、信息共享等方式巩固与客户的长期关系，以实现"共赢"的绩效。

3. 以培育新的客户群为目标的个性化物流服务

第三方物流服务需求方对物流功能的需求具有多样性的特征，特别是中小型企业，由于其自身的物流作业功能有限，对物流服务的需求更具有其特殊性，这是一个巨大的潜在的客户群。为这些中小企业提供包括运输、仓储、商务附加值在内的"量体裁衣"式的个体化物流服务，不但可以有效支持第三方物流自身的增长，更可以增加物流服务功能的附加收入。同时，按照社会专业分工的要求，第三方物流企业承担了中小型工商企业的物流作业功能，使中小企业能够集中于核心业务，在资源、财力、规模不足的条件下，也能享受高质量、低成本的物流服务，促进了中小企业的发展。

这种第三方物流服务模式对第三方物流企业的要求不高，但由于我国中小型工商企业分布广泛，组织和产业结构不合理，低水平重复建设，在相当多的行业内产品供大于求、结构性过剩，产业关联度较低，缺乏社会化、专业化的分工合作，严重影响了第三方物流服务的发展。因此，第三方物流企业需开展必要的宣传，强化自身的营销模式，建立较高的品牌效应，使广大中小企业认识到第三方物流可能给自己带来的效益。

三、物流联盟模式

（一）物流联盟模式的概念

物流联盟是指两个或两个以上的企业为实现特定的物流目标而采取长期战略契约关系。企业通过物流联盟的方式组建物流配送体系，来弥补自身能力的不足，从而达到联盟参与方的共赢，但合作企业仍保持各自的独立性。

（二）物流联盟模式的特点

1. 物流伙伴关系

物流联盟为了达到比单独从事物流活动更好的效果，在企业间形成了共同投资、共担风险、共享收益、相互信任的物流伙伴关系。

2. 冲突减少，相互依赖

联盟企业间有很强的依赖性，企业明确自身的优势及担当的角色，分工明晰，内部对抗和冲突减少，使供应商集中精力为客户服务，最终提高了企业竞争能力和竞争效率，满足企业跨地区、全方位物流服务的要求。

3. 联盟动态性

企业间只是在物流方面通过契约形成优势互补、要素双向或多向流动的中间组织。只要合同结束，双方又变成追求自身利益最大化的单独个体。

四、第四方物流模式

（一）第四方物流模式的概念

第四方物流是 1998 年美国埃森哲咨询公司率先提出的，专门为第一方、第二方和第三方提供物流规划、咨询、物流信息系统、供应链管理等活动。第四方物流是一个供应链的集成商，它帮助企业实现降低成本和有效整合资源，提供独特的和广泛的供应链解决方案，并不实际承担具体的物流运作活动。

第四方物流企业必备的条件：拥有技术过硬的供应链管理人员；有良好的信息共享平台；有足够的供应链管理能力；拥有良好的全球化地域覆盖能力和资源支持能力。

（二）第四方物流模式的特点

1. 对整个供应链及物流系统进行整合规划

第三方物流的优势在于运输、储存、包装、装卸、配送、流通加工等实际的物流业务操作能力，缺点是缺乏对整个供应链及物流系统进行整合规划的能力。而第四方物流的核心竞争力就在于对整个供应链及物流系统进行整合规划的能力，也是其降低客户企业物流成本的根本所在。

2. 具有对供应链服务商进行资源整合的优势

第四方物流作为有领导力量的物流服务提供商，可以通过其影响整个供应链的能力，整合最优秀的第三方物流服务商、管理咨询服务商、信息技术服务商和电子商务服务商等，为客户企业提供个性化、多样化的供应链解决方案，为其创造超额价值。

3. 具有信息及服务网络优势

第四方物流公司的运作主要依靠信息与网络，其强大的信息技术支持能力和广泛的服务网络覆盖支持能力是客户企业开拓国内外市场、降低物流成本所极为看重的，也是取得客户的信赖、获得大额长期订单的优势所在。

4. 具有人才优势

21世纪的竞争是供应链与供应链之间的竞争，而供应链各节点企业的协同管理又难度更大。第四方物流有智能管理人才，他们具有全面综合管理能力和协调能力、能提供一整套完善的供应链解决方案，使供应链运作更协调、竞争力更强。

（三）第四方物流和第三方物流的关系

（1）第四方物流偏重于通过对整个供应链的优化和集成来降低企业运行成本；第三方物流则偏重于通过对物流运作和物流资产的外部化来降低企业的投资和成本。

（2）第四方物流是在第三方物流的基础上发展而来的，它在概念上不同于第三方物流，但第四方物流不能独立于第三方物流而存在。

（3）第四方物流和第三方物流是一种协同服务的关系，分离的第四方物流和第三方物流很难成为解决供应链价值的最佳途径，第四方物流的思想必须依靠第三方物流的实际运作来实现并得到验证。

（4）第三方物流希望得到第四方物流在优化供应链流程与方案方面的指导，它们的价值在于"共生"。

（四）第四方物流运营方式

1. 协同运作型

第四方物流和第三方物流共同开发市场；向第三方提供一系列服务，包括技术、供应链策略技巧、进入市场能力和项目管理专长；第四方物流会在第三方物流公司内工作，双方要么签有合同，要么结成战略联盟。

2. 方案集成型

为货主服务，是和所有第三方物流提供商及其他提供商联系的中心；对本身和第三方物流的资源、能力和技术进行综合管理，为客户提供全面的、集成的供应链方案；可以集成多个服务供应商的能力和客户的能力。

3. 行业创新型

为多个行业开发和提供供应链解决方案，并以供应链整合和同步为重点。

（五）第四方物流的主体

1. 第三方物流

物流运作、信息技术应用、多用户管理、强大的物流覆盖面、物流支持能力。

2. 咨询公司

供应链方案制定、管理知识、物流管理、控制、协调能力、培养高素质的物流和供应链管理人才资源支持。

3. IT 服务提供者

物流信息系统设计、信息交流支持、IT 硬件支持、打造信息交流平台等。

五、物流一体化模式

（一）物流一体化模式的概念

物流一体化是在第三方物流的基础上发展起来的。所谓物流一体化，就是以物流系统为核心的，由生产企业，经由物流企业、销售企业，直至消费者供应链的整体化和系统化。它是指物流业发展的高级和成熟阶段。物流业高度发达，物流系统完善，物流业成为社会生产链条的领导者和协调者，能够为社会提供全方位的物流服务。

物流一体化是物流产业化的发展形式，它必须以第三方物流充分发育和完善为基础。物流一体化的实质是一个物流管理的问题，即专业化物流管理人员和技术人员，充分利用专业化物流设备、设施，发挥专业化物流运作的管理经验，以求取得整体最优的效果。物流一体化的趋势为第三方物流的发展提供了良好的发展环境和巨大的市场需求。

（二）物流一体化的发展

20 世纪 90 年代，西方发达国家如美国、法国、德国等国提出物流一体化现代理论，并应用和指导其物流发展，取得了明显效果。在这种模式下物流企业通过与生产企业建立广泛的代理或买断关系，使产品在有效的供应链内迅速移动，使参与各方的企业都能获益，使整个社会获得明显的经济效益。这种模式还表现为用户之间广泛交流供应信息，从而起到调剂余缺、合理利用、共享资源的作用。

在电子商务时代，这是一种比较完整意义上的物流配送模式，它是物流业发展的高级和成熟的阶段。物流一体化的发展可进一步分为以下三个层次。

1. 物流自身一体化

物流自身一体化是指物流系统的观念逐渐确立，运输、仓储和其他物流要素趋向完备，子系统协调运作，系统化发展。

2. 微观物流一体化

微观物流一体化是指市场主体企业将物流提高到企业战略的地位，并且出现了以物流战略作为纽带的企业联盟。

3. 宏观物流一体化

宏观物流一体化是指物流业发展到这样的水平：物流业占到国家国民总产值的一定比例，处于社会经济生活的主导地位，它使跨国公司从内部职能专业化和国际分工程度的提高中获得规模经济效益。

（三）物流一体化模式的优点

1. 稳定的契约关系

物流一体化是基于供应链管理的思想，以建立物流系统为核心，从生产，经由物流、销售，直至消费者的供应链的整体系统化。在该模式下，物流企业和销售企业是稳定的契约关系，与生产企业是代理关系，从而将生产企业的货物或信息进行统一处理后，按照订单要求配送到店铺。

2. 提高整个物流系统运作效率和顾客体验感受

降低了企业的物流成本；易于形成协同竞争、共同发展的价值观；有利于企业集中精力发展核心竞争力。

任务二　电子商务物流模式决策方法

一、电子商务企业选择物流模式应考虑的因素

不同的物流模式各有优劣，企业在选择物流模式时，无法用一个统一的标准。企业应根据自己的需要和资源条件来进行物流决策，综合考虑以下主要因素，慎重选择适合自身的物流模式。

（一）物流对企业成功的影响程度和企业对物流的管理能力

若物流对企业成功的重要度高，企业处理物流的能力相对较弱，则采用第三方物流；若物流对企业成功的重要度较低，同时企业处理物流的能力也弱，则外购物流服务；物流对企业成功的重要度很高，且企业处理物流能力也强，则自营物流。

（二）企业对物流控制力的要求

越是竞争激烈的产业，企业越是要强化对供应和分销渠道的控制，此时企业应该自营物流。一般来说，主机厂或最终产品制造商对渠道或供应链过程的控制力比较强，往往选择自营物流，即作为龙头企业来组织全过程的物流活动和制定物流服务标准。

（三）企业产品自身所具有的物流特点

对于大宗工业品原料的回运或鲜活产品的分销，则应利用相对固定的专业物流服务供应商和短渠道物流；对全球市场的分销，宜采用地区性的专业物流公司提供支援；对产品线单一的或为主机厂做配套的企业，则应由龙头企业统一自营物流；对于技术性较强的物流服务如口岸物流服务，企业应采用委托代理的方式；对非标准设备的制造商来说，企业自营虽有利可图，但还是应该交给专业物流服务公司去做。

（四）企业规模和实力

一般说来，大中型企业由于实力较雄厚，有能力建立自己的物流系统，制订合适的物流需求计划，保证物流服务的质量。另外，还可以利用过剩的物流网络资源拓展外部业务（为别的企业提供物流服务）。而小企业则受人员、资金和管理资源的限制，物流管理效率难以提高。此时，企业为把资源用于主要的核心的业务上，就适宜把物流管理交给第三方专业物流代理公司。

（五）物流系统总成本

在选择是自营还是物流外协时，必须弄清物流系统总成本的情况。计算公式为：物流系统总成本=总运输成本+库存维持费用+批量成本+总固定仓储费用+总变动仓储费用+订单处

理和信息费用+顾客服务费用。

这些成本之间存在着背反现象：减少仓库数量时，可降低保管费用，但会带来运输距离和次数的增加而导致运输费用增加。如果运输费用的增加部分超过了保管费用的减少部分，总的物流成本反而增大。所以，在选择和设计物流系统时，要对物流系统的总成本加以论证，最后选择总成本最小的物流系统。

（六）第三方物流的客户服务能力

在选择物流模式时，第三方物流在满足客户企业对原材料及时需求的能力和可靠性，以及对客户企业的零售商和最终顾客需求的反应能力等方面应该作为首要考虑的因素。

二、选择物流模式的步骤

（1）组成跨职能的团队。
（2）设定目标。
（3）确定客户服务需求。
（4）制定选择标准。
（5）列出物流企业候选名单。
（6）物流企业候选人征询。
（7）现场考察。
（8）物流企业候选者资格评审。

三、选择物流模式的方法

（一）PEST 分析法

电子商务企业在选择物流模式时应考虑企业外部环境因素的影响，用于分析电商企业所处的宏观环境对于企业选择物流模式所带来的影响。

1. P（politics），政治要素

政治要素是指对组织经营活动具有实际与潜在影响的政治力量和有关的法律、法规等因素。当政治制度与体制、政府对组织所经营业务的态度发生变化时，当政府发布了对企业经营具有约束力的法律、法规时，企业的经营战略必须随之做出调整。

法律环境主要包括政府制定的对企业经营具有约束力的法律、法规，如反不正当竞争法、税法、环境保护法以及外贸法规等。处于竞争中的企业必须仔细研究政府和商业有关的政策和思路，如研究国家的税法、反垄断法以及取消某些管制的趋势，同时了解与企业相关的一些国际贸易规则、知识产权法规、劳动保护和社会保障等。这些相关的法律和政策能够影响各个行业的运作和利润。

2. E（economic），经济要素

经济要素是指一个国家的经济制度、经济结构、产业布局、资源状况、经济发展水平以及未来的经济走势等。企业应重视的经济变量有经济形态、可支配收入水平、利率规模经济、消费模式、政府预算赤字、劳动生产率水平、股票市场趋势、地区之间的收入和消费习惯差别、劳动力及资本输出、财政政策、贷款的难易程度、居民的消费倾向、通货膨胀率、货币市场模式、国民生产总值变化趋势、就业状况、汇率、价格变动、税率、货币政策等。

由于企业是处于宏观大环境中的微观个体，经济环境决定和影响其自身战略的制定，经济全球化还带来了国家之间经济上的相互依赖性，企业在各种战略的决策过程中还需要关注、搜索、监测、预测和评估本国以外其他国家的经济状况。

3. S（society），社会要素

社会要素是指组织所在社会中成员的民族特征、文化传统、价值观念、宗教信仰、教育水平以及风俗习惯等因素。构成社会环境的要素包括人口规模、年龄结构、种族结构、收入分布、消费结构和水平、人口流动性等。其中人口规模直接影响着一个国家或地区市场的容量，年龄结构则决定消费品的种类及推广方式。

每一个社会都有其核心价值观，它们常常具有高度的持续性，这些价值观和文化传统是历史的沉淀，通过家庭繁衍和社会教育而传播延续，因此具有相当的稳定性。而一些次价值观是比较容易改变的。每一种文化都是由许多亚文化组成的，它们由共同语言、共同价值观念体系及共同生活经验或生活环境的群体所构成，不同的群体有不同的社会态度、爱好和行为，从而表现出不同的市场需求和不同的消费行为。

4. T（technology），技术要素

技术要素不仅仅包括那些引起革命性变化的发明，还包括与企业生产有关的新技术、新工艺、新材料的出现和发展趋势以及应用前景。最迅速的变化是在技术领域，如微软、惠普、通用电气等高技术公司的崛起改变着世界和人类的生活方式。

（二）功能分析法

功能分析法就是电子商务企业在物流运输、仓储、配送等基本功能分析的基础上，对电子商务企业自身的物流服务能力进行评估，以此决定是采用自营物流、第三方物流还是物流联盟的模式。功能分析法决策过程图如图2-1所示。

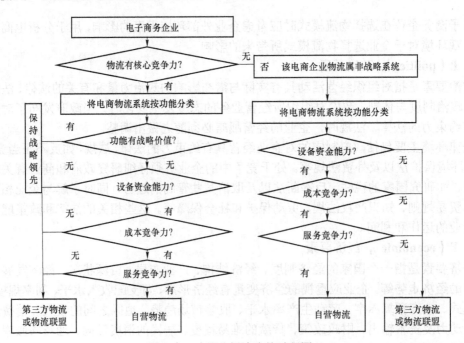

图2-1　功能分析法决策过程图

如果选择第三方物流，电子商务企业通常是向第三方物流企业购买一项或几项功能性物流服务，如运输或仓储。由于物流服务的分散性、临时性，物流公司很难为电子商务企业量身定制个性化物流服务。从决策过程来看，功能分析法更侧重于物流功能的分析，而将物流功能战略分析，特别是物流成本和服务水平放在较次要位置。

（三）SWOT 分析法

SWOT 分析法是竞争分析常用的方法之一。它是将与企业密切相关的优势因素（strengths）、劣势因素（weaknesses）、机会因素（opportunities）和威胁因素（threats）通过调查罗列出来，并依照一定的次序按矩阵形式排列起来，依据企业发展的战略目标，找出对本企业配送活动及发展有着重大影响的内部及外部因素，并根据所确定的标准，对这些因素进行评价，从中判定出企业的优势与劣势、机会和威胁。在此基础上，选择适合自己的物流配送模式。B2C 电商企业应用 SWOT 分析法选择物流模式时主要考虑如下因素。

1. S（strengths），潜在的内部优势

如果企业在物流人才，物流配送成本，物流配送技术、装备、设施以及物流配送策略等方面有优势，可选择自营物流。

2. W（weaknesses），潜在的内部劣势

如果物流设施落后，缺乏专业的物流管理人才和先进的物流管理经验，配送成本高等，则只能选择第三方物流。

3. O（opportunities），潜在的外部机会

如果宏观经济政策对物流业有大的鼓励和扶持、物流配送业务量的增长趋势很大时，可选择自营物流等。

4. T（threats），潜在的外部威胁

如果经济环境不理想，竞争对手的物流成本大幅下降，高级物流管理人才的供求存在矛盾等，可以选择第三方物流或物流联盟。

（四）安索夫矩阵图

安索夫博士于1957年提出以产品和市场为两大基本面向，区别出四种产品/市场组合和相对应的营销策略，这是应用最广泛的营销分析工具之一，它的四象限矩阵图之后扩展到了各个领域。电商企业在选择物流模式时，至少应该考虑物流服务对本企业的影响程度和本企业经营物流的能力，其决策参考模型如图 2-2 选择物流模式矩阵图所示。

根据图 2-2 所示进行分析，结果如下。

（1）若物流对企业成功的影响程度高，企业处理物流的能力相对较弱，则宜采用物流联盟，寻求强有力的合作伙伴，以期弥补自己的物流劣势。

（2）若物流对企业成功的影响程度较低，同时企业处理物流的能力也弱，则宜采用第三方物流服务。

（3）若物流对企业成功的影响程度高，且企业处理物流能力也强，则宜采用自营物流模式。

（4）若物流对企业成功的影响程度低，但企业处理物流的能力强，即企业存在物流能力盈余现象，宜采用物流联盟，成为合作关系的领导，以充分利用物流资源。

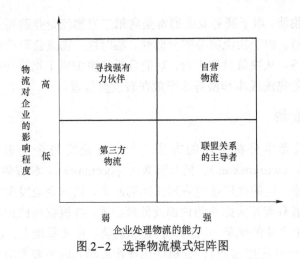

图 2-2　选择物流模式矩阵图

任务三　B2B 电子商务物流模式的选择

一、B2B 电子商务物流概念

B2B（business to business）电子商务物流是指企业与企业间基于电子商务化和网络化的信息流、商流、资金流下的物资或服务的配送活动。企业间的电子商务物流主要有两种情况：一是原材料、半成品或零部件的采购或工程发包；二是成品的批发销售。生产企业的原材料主要采用供方物流。

中国的中小企业 B2B 电子商务运营商市场中，阿里巴巴营业收入规模占据首位。随着越来越多垂直 B2B 电商平台和跨境 B2B 电商平台的出现，核心中小企业 B2B 电商运营商之外的"其他" B2B 运营商市场份额总体有一定增长，B2B 市场企业竞争加剧。

B2B 线下物流竞争激烈。对于 B2B 电子商务模式而言，线下的服务原本并不属于电子商务企业本身经营的主要范围，但是由于线上的交易行为需要通过线下的物流配送活动来实现和推动，而良好的线下服务体验直接影响到客户切身感受和其后续的购买行为。如果终端的服务没有达到客户的期待，那么长期合作的企业关系就会受到巨大的影响，因此，更多的 B2B 企业将线下的物流配送服务纳入其战略发展中。

二、B2B 选择物流模式考虑的因素

（一）企业服务的主要区域

国内买家和国外买家的物流需求会有不同，不同服务区域可能会面临不一样的交通、储运等硬件条件。

（二）物流业务量的大小

对服务于物流量大、特定区域的企业，可考虑自建物流，因为 B2B 电子商务一般交易

额度大，具有一定规模优势，自建物流系统可以为客户提供更好的服务。

（三）企业原有物流基础

不少老企业本身有完善的物流网络，开展电子商务可以共用原物流系统。这些企业有部分物流设施，如仓库、配送中心等，条件合适同样可以自行组建物流系统。

三、B2B 电子商务企业物流模式的选择

（一）B2B 网站企业自建配送物流模式

企业或网站在各地的网民密集地区设置自己的配送点，在获得消费者的购物信息后，由配送点的人员为消费者送货上门。这种物流模式可以满足消费者的"即购即得"的购物心理需求，但它也存在如下的问题。

（1）配送点的布局、人员的配备数量、商品的库存量等很难合理地确定。

（2）由于要满足用户的即时需求，对配送时效有严格的要求。很显然，高配送费用需要更大的商品配送规模。

（二）邮政特快专递（EMS）物流模式

实现电子商务的企业或商家从网站或虚拟网站上获得消费者的购物清单和家庭地址等信息，然后到附近的邮局办理特快专递手续将商品寄出，消费者收到邮局的取货通知，到所在地邮局将商品取回，或由邮递员直接将商品送到顾客家中。采用 EMS 方式具有方便、快捷的特点。但是这种方式存在以下的问题。

（1）EMS 服务收费偏高，如果这部分费用由企业或商家负担，则其经营利润会大大降低；如果由消费者承担，则对于小件低价商品，消费者肯定难以接受。

（2）EMS 难保消费者在期望的时间内将商品快速送到。

（三）借助第三方物流企业模式

第三方物流就是电子商务主体将一部分或全部物流活动委托外包给外部的专业物流公司来完成。物流公司本身不拥有商品，而是与企业或商家签订合作协定或结成合作联盟。

第三方物流服务是专业化的、多功能的和全方位的，运送速度快。但是如果送货量太小，送货费用一般比 EMS 服务还要高。这种管理模式要求专业物流公司要在基础设施、人员素质、信息系统等方面加强建设。

对第三方物流企业的评价一般包括：物流供应商竞争力评价；物流供应商自有资产与非自有资产评价；物流供应商服务地理范围评价；物流服务成本评价；第三方物流服务水平评价等。

（四）B2B 网站企业与传统商业结合的模式

传统商业特别是连锁经营商业具有得天独厚的资源优势，如丰富合理的商品种类、高附加值的服务、高效的配送体系等，这些正是电子商务主体所欠缺的。电子商务与传统连锁经营的结合能够充分发挥二者的优势，实现资源共享，优势互补。

任务四　B2C 电子商务物流模式的选择

一、B2C 电子商务物流概念

B2C（business to consumer）电子商务物流是指企业与消费者间基于电子商务化和网络化的物资或服务的配送活动。物流配送企业采用先进的信息化技术，针对社会需求，严格、守信用地按用户的订货要求，进行一系列分类编配、整理、分工、配货等理货工作，定时、定点、定量地交给各类用户，满足其对商品的需求。

B2C 电子商务在我国的发展非常迅速，各种类型的购物网站通过互联网平台为消费者提供了丰富多样的商品，给人们生活带来极大的便利，足不出户就可以通过各种各样的网上商店买到所需的商品。近年来 B2C 网上交易量增长很快，把商品从网站配送至顾客手中的物流一直是 B2C 电子商务发展的主要障碍，特别是在每年 11 月 11 日（"双 11"）促销期间，B2C 企业爆仓事件频发，线下物流配送环节是当前网络购物市场发展的一大瓶颈。

二、B2C 电子商务对物流配送的要求

（一）物流配送信息化

信息化体现在物流配送信息收集的数据库化和代码化、信息处理的电子化和计算机化、信息传递的标准化和实时化、信息存储的数字化等，只有实现物流配送的信息化，先进的技术设备才能应用于物流领域，才可能实现物流配送作业流程的自动化。因此，条码技术、数据库技术、电子订货系统、电子数据交换等技术必然在物流配送中得到普遍的应用。

（二）配送流程自动化

物流配送自动化可以扩大物流作业能力，提高劳动生产率，减少物流作业的差错等。自动化的设施非常多，如条码/语音/射频自动识别系统、自动分拣系统、自动存取系统、自动导向车、货物自动跟踪系统等。只有自动化技术普及，才能快速地对配送需求做出反应，并准确高效地把商品送到消费者手中，电子商务的优越性才能体现出来。

（三）物流服务系列化

现代物流除了传统的储存、运输、包装、流通加工服务外，在外延上向上扩展至市场调查与预测、采购及订单处理，向下延伸至配送、物流咨询、物流方案的选择与规划、库存控制策略建议、货款回收与结算等。

（四）物流管理柔性化

柔性化原是生产领域为实现"以顾客为中心"而提出的，但要真正做到柔性化，即真正根据消费者需求的变化来灵活调节生产工艺，没有配套的柔性化，物流配送系统是不可能实现的。它要求配送中心根据消费者需求"多品种、小批量、多批次、短周期"的特点，灵活组织和实施物流作业。

三、B2C 电子商务企业物流模式的选择

（一）电商网站自营物流配送体系模式

由 B2C 网站自己筹资组建物流配送系统。从客户网上订单的签订到货物最终到达用户手中采用一条龙服务，没有第三者的参与。它的一般做法是在网民较密集地区设置仓库中心和配送点，采用此模式的一般是大型生产企业和连锁经营企业，如海尔集团、沃尔玛连锁超市，也包括天猫商城、京东商城等。

随着电子商务服务多元化的发展，以及产业链上下游控制的内在需要，近年来逐渐呈现出线上电子商务平台向线下实体平台扩张的趋势。这在弥补纯线上平台服务能力的同时，也使得电子商务平台的赢利模式由单一走向多元化，电子商务企业在走过价格战、比拼产品品类这些粗放式的早期行业竞争之后，B2C 网上超市自建配送队伍拼产品更拼服务。在物流行业整体水平不高的情况下，自建物流成为大型 B2C 电商企业提升快递服务质量的首选方式，如京东商城掀起的自建物流风潮。B2C 电子商务企业自建物流存在如下问题。

1. 自建物流增大企业资金压力

首先需要斥资开发适合本企业的物流管理信息系统，物流管理信息系统是 B2C 电子商务企业自建物流体系的核心，没有物流管理信息系统的物流体系，就像一台没有 CPU 的电脑；其次需要增加固定资产投资，仓储设备、运输设备、人力成本三方面的投入将占用企业的大部分资本，相应地减少其他重要部门的投入，最终可能导致企业的市场竞争能力被削弱。

2. 自建物流是全新的领域

对于 B2C 电子商务企业而言，物流是一个全新的经营领域，自建物流无疑是个巨大的挑战。对于网络零售业而言，企业的商业边界不仅取决于其网络商业边界，更取决于其线下的物流网络覆盖范围，所以商业边界扩张到的地方物流服务也必须要跟上，包括相应的物流基础设施、设备、操作人员和运营团队。同时，企业自营物流必然会迫使企业从事不擅长的物流业务活动，庞大的物流人员队伍也增加了 B2C 电子商务企业的管理难度，企业的专业管理团队不得不转移时间去应对陌生的领域，这将占用核心业务的时间和精力投入，结果往往差强人意，新的领域没有大的收获，核心业务的优势也逐渐丧失。

3. 自建物流配送专业化程度较低

为保证客户体验，为客户提供个性化配送服务，国内许多电商企业不得不在核心城市自建物流配送队伍。但是，这些服务往往仅限于范围较小的区域内，不能形成规模效应，往往单均成本较高。同时，由于个别企业往往订单量有限，物流配送的专业化程度不高，所以不能充分满足企业降低成本、提高效率的需要，也无法提高企业的竞争力。

（二）利用第三方物流配送模式

B2C 网站将物流配送业务完全外包给专业的物流公司来运作，自己很少干预甚至不干预。理论上物流应该采取外包的形式，因为从社会宏观角度讲，专业分工越来越细，会使得有限的资源得以被最大化利用，其优势如下。

① 可以节省大量的人力、物力及时间成本，因此也就使 B2C 企业有了较多的时间和精

力来改善和提高网站的服务质量,有助于集中力量发挥其核心竞争力。

② 第三方物流企业能更好地根据市场需要进行技术创新,使之提供的服务与电子商务的要求相匹配。

③ 可利用第三方物流企业的专业物流技术,缩短交货期,进而改进电子商务企业的企业形象,赢得更多顾客。

(三)利用我国邮政服务配送模式

利用我国邮政服务配送是被国内大多数 B2C 网站所采取的模式。它是网站根据消费者网上的购物清单和地址信息,将商品包装并到网站附近的邮局办理邮递手续。一般网站都会提供普通递送以及特快专递两种方式,同时列出各自的送货时间以及收费标准,让用户自行选择。中国邮政在我国覆盖范围极广,利用邮政可以将业务覆盖全国的每一个市县乡镇,这是其他物流方式所不具备的巨大优势。

(四)共同配送模式

共同配送模式指为提高物流效率对某一地区的用户进行配送时,多个配送企业联合起来,在配送中心的统一计划、统一调度下展开的配送。这是一种企业之间为实现整体配送合理化,降低物流成本,以互惠互利为原则,互相提供便利的物流配送服务的协作型配送模式,其核心在于充实和强化配送的功能。

共同配送的优势在于实现配送资源的有效配置,弥补配送企业功能的不足,促使企业配送能力的提高和配送规模的扩大,更好地满足客户需求,提高配送效率,降低配送成本。缺点是不同企业商品的不同、管理规定的不同、经营意识的不同、相互的猜忌等可能从另一个方面带来阻碍。

虚拟物流

虚拟物流(virtual logistics)是以计算机网络技术进行物流运作与管理,实现企业间物流资源共享和优化配置的物流模式。它是多个具有互补资源和技术的成员企业,为了实现资源共享、风险共担、优势互补等特点的战略目标,在保持自身独立性的条件下,建立的较为稳定的合作伙伴关系。

虚拟物流的概念最初是由美国的 Stuart 等人于 1996 年提出的。Stuart 认为虚拟物流是利用日益完善的通信网络技术及手段,将分布于全球的企业仓库虚拟整合为一个大型物流支持系统,以完成快速、精确、稳定的物资保障任务,满足物流市场的多频度、小批量订货需求。Miles 和 Gregory 认为虚拟物流本质上是"即时制"在全球范围内的应用,是小批量、多频度物资配送过程。它能使企业在世界任何地方以最低的成本跨国生产产品,以及获得所需物资,以赢得市场竞争速度和优势。其后国内的学者也开始研究虚拟物流,虚拟物流的要素有主要包括以下几方面。

① 虚拟物流组织。它可以使物流活动更具市场竞争的适应力和盈利能力。
② 虚拟物流储备。它可以通过集中储备、调度储备来降低成本。
③ 虚拟物流配送。它可以使供应商通过最接近需求点的产品，并运用遥控运输资源实现交货。
④ 虚拟物流服务。它可以提供一项虚拟服务降低固定成本。

京东商城自营物流 SWOT 分析

京东是一家中国自营式电商企业。京东商城是中国 B2C 市场最大的 3C 网购专业平台，京东商城自营物流旗下设有京东商城、京东金融、拍拍网、京东智能、O2O 及海外事业部等，拥有遍及全国各地 1 500 万注册用户，1 200 多家供应商，拥有 11 大类数万个品牌 30 余万种优质商品，日订单处理量超过 12 万单，已占据中国网络零售市场份额 35.6%。京东商城在上海建立的"亚洲一号"物流中心，总面积达到 24 万平方米。

SWOT 分析法（也称 TOWS 分析法、道斯矩阵）即态势分析法，20 世纪 80 年代初由美国旧金山大学的管理学教授韦里克提出，在分析时，对企业内外部条件各方面内容，包括企业的优势（strengths）、劣势（weaknesses）、机会（opportunities）和威胁（threats）进行综合和概括，经常被用于企业战略制定、竞争对手分析等场合。京东商城自营物流 swot 分析如下。

一、优势（strengths）

（1）节省开支，公司内部人员做物流比较放心，可以给客户贴心的感觉。
（2）可以使企业掌握对物流的控制力。
（3）可以保持旺盛的竞争力。
（4）自营物流可以使物流、资金流、商品流、信息流结合得更加紧密，从而提高物流作业的效率，减少资金占用。

二、劣势（weaknesses）

（1）企业自营物流增加了企业的投资负担，削弱了企业抵御市场风险的能力。
（2）企业配送效率低下，管理难于控制。
（3）初期投入太高，在初期自建物流未完善之前，系统管理跟不上，专业化程度不够高。
（4）存储货物过多，难以管理等。

三、机遇（opportunities）

（1）网民群体扩张速度很快，网络覆盖的范围也越来越广泛。
（2）物流配送逐步发展完善。
（3）越来越多的投资人对自营物流感兴趣，可以帮助 B2C 网站更好地对物流和仓储进行投入与发展。

四、威胁（threats）

（1）竞争对手和其他的物流公司所造成的竞争压力很大。
（2）未来会有越来越多的 B2C 网站加入这个物流模式中，因此京东商城压力很大。

电子商务物流管理

自我测试

一、单选题

1. （　　）不拥有商品，不参与商品买卖，而是为顾客提供以合同约束，以结盟为基础的、系列化、个性化、信息化的物流服务，由供方与需方以外的物流企业提供运输、仓储、配送等物流服务的业务模式。
   A. 1PL　　　　B. 2PL　　　　C. 3PL　　　　D. 5PL

2. 两个或两个以上的企业为实现特定的物流目标而采取长期战略契约关系，来弥补自身能力的不足，从而达到参与方共赢，但合作企业仍保持各自的独立性，这种物流模式属于（　　）。
   A. 自营物流模式　　　　　　B. 第三方物流模式
   C. 物流联盟模式　　　　　　D. 第四方物流模式

3. （　　）是一个供应链的集成商，它帮助企业实现降低成本和有效整合资源，提供独特的和广泛的供应链解决方案，并不实际承担具体的物流运作活动。
   A. 第一方物流　　　　　　　B. 第二方物流
   C. 第三方物流　　　　　　　D. 第四方物流

4. 以物流系统为核心的，由生产企业，经由物流企业、销售企业，直至消费者供应链的整体化和系统化，它是指物流业发展的高级和成熟的阶段，这种物流模式属于（　　）。
   A. 物流一体化模式　　　　　B. 第三方物流模式
   C. 物流联盟模式　　　　　　D. 自营物流模式

5. （　　）是指物流业发展到这样的水平：物流业占到国家国民总产值的一定比例，处于社会经济生活的主导地位，它使跨国公司从内部职能专业化和国际分工程度的提高中获得规模经济效益。
   A. 物流自身一体化　　　　　B. 微观物流一体化
   C. 宏观物流一体化　　　　　D. 电商和物流一体化

6. （　　）是指物流系统的观念逐渐确立，运输、仓储和其他物流要素趋向完备，子系统协调运作，系统化发展。
   A. 物流自身一体化　　　　　B. 微观物流一体化
   C. 宏观物流一体化　　　　　D. 电商企业一体化

7. 若物流对企业成功的影响程度较低，同时企业处理物流的能力也弱，则宜采用（　　）。
   A. 第三方物流服务　　　　　B. 物流联盟
   C. 自营物流　　　　　　　　D. 第一方物流

8. 若物流对企业成功的影响程度高，且企业处理物流能力也强，则宜采用（　　）。
   A. 第三方物流服务　　　　　B. 物流联盟
   C. 自营物流　　　　　　　　D. 第一方物流

9. 现代物流除了传统的储存、运输、包装、流通加工服务外，在外延上向上扩展至市场调查与预测、采购及订单处理，向下延伸至配送、物流咨询、物流方案的选择与规划、库存控制策略建议、货款回收与结算等，这种物流配送特点是指（　　）。

　　A. 物流配送信息化　　　　　　B. 配送流程自动化

　　C. 物流服务系列化　　　　　　D. 物流管理柔性化

10.（　　）是指企业与企业间基于电子商务化和网络化的信息流、商流、资金流下的物资或服务的配送活动。

　　A. M2B　　　　B. M2C　　　　C. B2B　　　　D. B2C

二、多选题

1. 自营物流模式的优点有（　　）。

　　A. 安全性　　　　　　　　　　B. 准确和及时

　　C. 降低成本　　　　　　　　　D. 不用投资

2. 第三方物流的特点有（　　）。

　　A. 关系合同化　　　　　　　　B. 功能专业化

　　C. 服务个性化　　　　　　　　D. 信息网络化

3. 物流联盟模式的特点有（　　）。

　　A. 物流伙伴关系　　　　　　　B. 冲突减少相互依赖

　　C. 联盟动态性　　　　　　　　D. 自营物流

4. 第四方物流企业必备的条件有（　　）。

　　A. 拥有技术过硬的供应链管理人员

　　B. 有良好的信息共享平台

　　C. 有足够的供应链管理能力

　　D. 拥有良好的全球化地域覆盖能力和资源支持能力

5. B2B 电子商务企业可供选择的物流模式有（　　）。

　　A. B2B 网站企业自建配送物流模式

　　B. 邮政特快专递（EMS）物流模式

　　C. 借助第三方物流企业模式

　　D. B2B 网站企业与传统商业结合的模式

三、问答题

1. 什么是自营物流模式的概念？自营物流模式有哪些特点？自营物流应具备什么条件？

2. 什么是第三方物流？第三方物流有什么特点？电商企业选择第三方物流有哪些好处？

3. 3PL 和 4PL 有怎样的关系？第四方物流运营方式有哪些？

4. B2B 电子商务企业选择物流模式应考虑哪些因素的影响？其可应用的物流模式的类型有哪些？

5. B2C 电子商务对物流配送有哪些要求？

电子商务物流管理

项目实施

情境实训一　学习著名电商企业物流运作模式的选择

一、实训目的

通过本次实训，使学生掌握电商企业物流模式的类型及特点；明确选择物流模式的影响因素；了解现实中电商企业物流运作过程等。查询著名电商企业的物流运作模式，学会运用所学的各种物流模式的特点，达到物流速度最快、为顾客服务最好的目标。

二、实训步骤

（1）教师讲解 B2B、B2C 等电商物流模式的特点，选择各种物流模式应考虑各种因素影响等；

（2）上网通过搜索引擎查找著名电商企业物流运作情况的有关内容进行学习，完成实训任务。

三、实训任务

上网收集三个著名电商企业（国内、内外）的物流运作模式（自营物流、第三方物流等），要求查找的内容包括简单的企业介绍、发展历程、从事电子商务物流的资料，比较其物流运作模式的差异，分析其中的原因，并提交分析报告。

提示：解读全球知名企业都是物流运作好的企业，如沃尔玛、亚马逊都是披着零售外衣的物流公司，其中沃尔玛是渠道启动的供应链；零售巨头沃尔玛被专业人士称为"伪装成零售企业的物流企业"，它"天天低价"的内涵是规模化采购+整合物流低成本运营。亚马逊是一家电商平台公司+一家云计算服务公司+一家最牛的物流公司。宝洁（P&G）是制造驱动的供应链；小米是粉丝驱动的供应链；了解"独占全球鳌头的戴尔计算机"；了解"海尔物流模式"；了解"通用的销售需求链"；了解"美特斯邦威的虚拟经营模式"；了解"TCL 销售网络的信息化改造"等。

情境实训二　参观电商物流企业

一、实验目的

电商物流管理课程是实践性、应用性很强的职业技能课程，本课程面向的企业职业岗位群也很多，如采购员、订单管理员、仓储主管、商品检验员、理货管理员、仓储设备管理员、拣货配送员、车辆调度员等，通过工学结合、校企合作企业的参观见识，初步形成一定的学习能力和课程实践能力，并培养学生诚实、守信、善于沟通和合作的团队意识，通过理论、实训、实习相结合的教学方式，让学生养成"边讲边学、边学边做、做中学、学中做"的学习习惯，实现学生在校学习与企业实际工作的零距离对接，提高学生职业素养和就业能力。

二、实训步骤

（1）教师讲解物流园区或仓库的平面安排和布置、货区的有效布置等；在设计物流园区或仓库的时候要注意其与运输的接口、收货与运货接口；关注收发货物的体积和频率；按订单进行分拣的空间；存储空间；回收区域、办公区域、后勤区域等，学习后再通过对企业的参观学习，了解企业的物流园区或是仓库的规划和设计。

(2)教师联系校企合作企业,如邮政、顺丰、菜鸟等电商物流快递企业,共同制订参观的计划,包括参观目的、学习项目、参观路线、安全教育等。

(3)将学生分成学习小组,分组参观学习有助于组织管理。

(4)实地参观,参观自动化立体库、电商快递流程、快件分拣系统、快件配送等。

三、实训任务

(1)学习物流园区的规划和设计。通过参观电商物流企业,观察物流现场(物流园区、配送中心、仓库、分拣作业区等)是怎样规划设计的?请画出规划图,并指出其规划的好处与不足。

(2)通过参观看到了哪些物流设施和设备(各种装卸搬运设备,如叉车、起重机等;各种承载器具,如托盘、集装箱等),解释仓库常用设备的原理、用途等。

(3)通过这次参观有什么体会。

情境实训三 自主创业网上开店,选择物流模式方案设计

一、实验目的

通过学习国内外电商企业及其物流的运作,鼓励学生利用业余时间网上开店(如淘宝网等开店),亲身体验电商经营,分析选择物流模式,学习物流运作,总结积累电商物流经验,为将来工作打好基础。

二、实训步骤

(1)学习在互联网上怎样开店,学习开店的步骤。

(2)组建创业团队,制订网上开店计划方案,对开店的目的、供应商的选择、物流模式的选择、网络营销、开店费用等进行计划预算。

(3)由各组成员根据任务描述共同商议确定成本因素、服务因素、环境因素、内部因素等;运用 SWOT 分析方法,对团队创业进行优势、劣势、机会、威胁等进行环境分析。

(4)由各组成员对可供选择的物流模式进行评分,选择物流模式,撰写物流模式评价选择和快递服务商选择报告。

(5)各组派代表上讲台分享网上开店物流模式选择 PPT,师生点评,教师组织学生课堂讨论,论证方案的可行性,并修订方案。

三、实训任务

如果当前你准备开一个"网上商店",请论述:

(1)你会选择经营哪类商品?为什么?(请分析其产品的市场需求、竞争环境等)

(2)为你的"网上商店"可能购物的消费者类型进行定位。

(3)为了保证你的"网上商店"货源的供应,你计划采用哪种采购方式并组织好货源的供应。

(4)什么是 SWOT 分析方法,结合网上开店计划方案,分析在创业过程中的优势、劣势、机会、威胁是什么。每个创业团队上交一份自主创业计划方案(开店的目的、经营业务、供应商的选择、网络营销、开店费用等)。

(5)为了保证你的"网上商店"在线零售的成功,必须有线下的物流做保证,根据自主创业网上开店经营方案用因素分析评分法选择物流模式(你认为自营物流和物流外包分别有哪些优势和劣势;你的"网上商店"想采用哪种物流运作模式,其物流流程是怎样的。)

项目三

电子商务物流信息技术

项目说明

物流信息化是现代物流发展的关键,是物流系统的灵魂。物流信息技术是现代信息技术在物流各作业环节中的应用,包括条形码、地理信息系统、全球卫星定位系统、EDI电子数据交换、智能交通系统、物联网等,是物流现代化的重要标志。通过本项目的学习,使学生掌握主要的物流信息技术类型的概念及特点;具有基本的电子商务物流信息技术实际应用的现实感知;能够结合实际情况分析物流信息技术对现代物流发展的影响程度;具有一定的分析物流信息技术对现代物流发展影响的逻辑思路;关注电子商务物流信息前沿技术的发展态势,勤于思考电子商务物流信息技术行业热点现象或问题,具备一定的电子商务物流信息技术分析与应用能力。

导入案例

沃尔玛快速响应的物流信息技术

沃尔玛的成功很大程度上是因为比竞争对手至少提前10年将尖端科技和物流系统进行了巧妙搭配,控制公司物流,提高配送效率,以速度和质量赢得用户的满意度和忠诚度。

一、建立全球第一个物流数据处理中心

沃尔玛在全球第一个实现集团内部24小时计算机物流网络化监控,使采购、库存、订货、配送和销售一体化。例如,顾客到沃尔玛店里购物,然后通过POS机打印发票,与此同时负责生产计划、采购计划的人员以及供应商的电脑上就会同时显示信息,各个环节就会通过信息及时完成本职工作,从而减少了很多不必要的时间浪费,加快了物流的循环。

二、独领风骚的卫星通信系统

早在20世纪80年代沃尔玛就建立起自己的商用卫星系统。在强大的技术支持下,如今的沃尔玛已形成了"四个一":

"天上一颗星"——通过卫星传输市场信息;

"地上一张网"——有一个便于用计算机网络进行管理的采购供销网络;

"送货一条龙"——通过与供应商建立计算机化连接,供货商自己就可以对沃尔玛的货架进行补货;

"管理一棵树"——利用计算机网络把顾客、分店或山姆会员店和供货商像一棵大树有机地联系在一起。

三、沃尔玛新飞越：全球实施信息技术

全球最大的零售商沃尔玛公司要求其前100家供应商，向其配送中心发送货盘和包装箱时使用无线射频识别（RFID）技术，在单件商品中投入使用。沃尔玛供应商每年使用50多亿张电子标签，沃尔玛公司每年可节省83.5亿美元。

沃尔玛在全世界已安装了约5 000多个RFID系统，实际年销售额约为9.64亿美元。凭借这些信息技术，沃尔玛如虎添翼，取得了长足的发展，沃尔玛运用科技手段促进业务发展为各界树立了成功的典范。

在高科技基础上，沃尔玛可以把成本降到最低，实现"天天平价"的目的。同时与供应商的关系更加密切：供应商可以进入沃尔玛的这套电子数据交换系统中，了解到自己的产品销售情况，从而有计划地组织生产，大大降低因盲目生产导致产品积压而带来的损失。

资料来源：http://wlzb.chinawuliu.com.cn/zylt/ShowArticle.asp?ArticleID=1013.

任务驱动：通过以上案例导入如下任务。

（1）什么是物流信息技术？现代物流信息技术有哪些？分别有什么用途？

（2）什么是RFID？它在仓储与配送中有什么作用？

（3）沃尔玛运用哪些物流信息技术控制公司的物流，以此来提高配送效率的。在强大的技术支持下，沃尔玛形成了哪"四个一"？

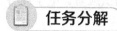

任务一 电子商务与物流信息化

一、电子商务物流信息的含义与特征

（一）电子商务物流信息的概念

电子商务物流信息是由电子商务引起并能反映物流活动实际特征的，可被人们接受和理解的各种消息、情报、文书、资料、数据等的总称。

（二）电子商务物流信息的特征

1. 电子商务物流信息涉及面广、信息量大

信息发生的来源、处理场所、转达对象分布在很广大的地区，如果这个大范围中未能实现统一管理或标准化，信息便缺乏通用性。高峰时与平时的信息量差别很大。

2. 电子商务物流信息种类多

不仅本系统内部各个环节有不同种类的信息，而且由于物流系统与其他系统，如生产系统、销售系统、消费系统等密切相关，因此还必须收集这些类别的信息。这就使物流信息的

分类、研究、筛选等难度增加。

3. 电子商务物流信息贯穿于采购、生产、销售、消费等全过程

货主与物流从业者及有关企业之间物流信息相同,在各供应链连接点的信息再输入情况较多。

4. 电子商务物流信息动态性强

电子商务物流信息的价值衰减速度很快,这就对信息工作及时性要求较高。在大系统中,强调及时性,信息收集、加工、处理应速度快。

二、电子商务与物流信息化

(一)物流信息化的含义

物流信息化是指物流企业运用现代信息技术对物流过程中产生的全部或部分信息进行采集、分类、传递、汇总、识别、跟踪、查询等一系列处理活动,以实现对货物流动过程的控制,从而降低成本、提高效益的管理活动。物流信息化是现代物流的灵魂,是现代物流发展的必然要求和基石。

(二)电子商务与物流信息化的关系

1. 电子商务提高了物流业的地位,对物流信息化提出迫切要求

在电子商务环境里,物流公司既是生产企业的仓库,又是用户的实物供应者。电子商务为物流业带来了很好的机遇,也提出了信息化要求。

2. 电子商务促进物流信息技术的进步

电子商务对于商流、资金流、信息流的准确性和及时性要求很高,物流作为四流中唯一具有物质实体流动过程的环节,对信息化水平提出了更高的要求。

3. 物流信息化是电子商务的重要组成部分

电子商务的任何一笔交易都包含着信息流、商流、资金流和物流,随着电子商务的推广与应用,物流的重要性对电子商务的影响日益明显。过去人们对电子商务过程的认识只限于信息流、商流和资金流的信息化、网络化,而忽视了物流的电子化过程。物流信息化可以提高物资的利用率,提高现代化的物流速度。

三、电子商务物流信息系统

(一)物流信息系统的概念

电子商务物流信息系统是一个以人为主导,利用计算机软硬件、网络通信设备,特别是因特网等IT技术,结合各类机械化、自动化物流工具设备,进行物流信息的收集、传递、加工、储存、更新和维护,实现对实体物流综合管理的数字化、智能化、标准化和一体化,物流业务处理指挥信息化与网络化,以提高整体物流活动的效率和效益,降低整体物流成本,支持企业的现代管理并取得竞争优势的集成化人机系统。

（二）电子商务物流系统的特点

1. 功能集成化

电子商务物流系统着重将物流与供应链的其他环节进行集成，包括物流渠道与商流渠道的集成、物流渠道之间的集成、物流功能的集成、物流环节与制造环节的集成等。物流系统的竞争优势主要取决于它的功能整合与集成的程度。

2. 组织网络化和规模化

因特网的无边际特点导致了电子商务客户区域的离散性和不确定性。显然，过于分散的配送网络不利于物流企业实施集中的批量配送。但随着现代通信技术和网络技术的发展，构建跨地区的物流网络已经成为可能。为了保证对产品提供快速、全方位的物流支持，电子商务物流系统就需要建立全国性、规模性的物流网络，保证整个物流配送网络有最优化的库存水平及库存分布。

3. 手段现代化、流程自动化

电子商务下的物流系统使用先进的技术、设备与管理为销售提供服务，生产、流通和销售的规模越大、范围越广，物流配送技术、设备及管理越现代化。而物流系统流程自动化是指运送规格标准、仓储、货箱排列装卸、搬运等按照自动化标准作业，商品按照最佳路线配送等。

4. 经营市场化

电子商务物流系统的具体经营采用市场机制。无论企业自营物流，还是委托第三方物流企业承担物流工作，都必须保证整个物流系统以最小的投入得到最佳的物流服务效果。在电子商务下，物流业要以服务市场为主要宗旨。从当前的物流现状看，物流系统不仅要为本地区服务，还要做长距离的服务。因此如何满足市场需求便成为物流系统中的中心课题。

5. 服务系列化

在电子商务下，物流系统除强调物流配送服务功能的恰当定位与完备化、系列化以及传统的仓储、运输、包装和流通加工等服务外，还在外延上扩展至市场调查与预测、采购及订货处理，向下延伸至物流配送咨询、物流系统方案的选择与规划、库存控制策略协议、货款回收与结算、教育培训等增值服务，而且在内涵上提高了以上服务对决策的支持作用。

6. 系统具有复杂性、动态性

电子商务物流系统与传统物流系统相比更为复杂，这主要是由电子商务自身特点所决定。电子商务要求物流系统提供更加完备、迅速和灵活的服务，并随时保持物流系统的畅通。符合电子商务快速和灵活要求的物流系统将比以前的物流系统更为复杂，而且需要具有一定的柔性，可随时根据环境和需求的变化进行动态调整。

（三）常用典型的电子商务物流信息系统

1. 电子自动订货系统

企业间利用通信网络和终端设备，以在线连接的方式进行订货作业和订货信息交换系统。

2. 销售时点信息系统

通过自动读取设备如收银机，在销售时直接读取商品信息（商品名、单价、数量、时间、店铺、顾客等），并通过网络传送至有关部门进行分析加工，以提高经营效率的系统。

3. 运输管理信息系统

为提高运输企业能力而采用现代信息技术手段建立的管理信息系统。

4. 决策支持系统

辅助决策者通过数据、模型和知识，以人机交互方式进行半结构化或非结构化决策的计算机应用系统。它是管理信息系统的高级发展。

任务二　电子数据交换系统

一、电子数据交换的概念及内容

（一）电子数据交换的概念

电子数据互换（electronic data interchange，EDI），中国港、澳及海外华人称作"电子资料联通"。它是一种在公司之间传输订单、发票等作业文件的电子化手段。它通过计算机通信网络将贸易、运输、保险、银行和海关等行业信息，用一种国际公认的标准格式，实现各有关部门或公司与企业之间的数据交换与处理，并完成以贸易为中心的全部过程，它是20世纪80年代发展起来的一种新颖的电子化贸易工具，是计算机、通信和现代管理技术相结合的产物。国际标准化组织（ISO）将EDI描述为：将贸易（商业）或行政事务处理按照一个共同认可的标准变成结构化的事务处理或信息数据格式，从计算机到计算机的电子传输。

（二）EDI 电子传输的核心内容

（1）EDI电子传输的核心内容是商业信息和商业单证，如订单、发票、付款通知、付款凭证、交货凭证等。

（2）EDI使商业伙伴之间的关系更加密切，从而使企业销售人员的角色发生微妙变化，如网上在线订单系统和网上在线客户信息系统会对拥有庞大对外销售的行业产生重要影响。

（三）EDI 的组成

1. EDI 标准

EDI标准是由各企业、各地区代表共同讨论、制订的电子数据交换统一标准，可以使各组织之间的不同文件格式通过共同的标准获得彼此之间文件交换的目的。

2. EDI 硬件

EDI硬件是由计算机、调制解调器、电话线等组成的。

3. EDI 软件

EDI软件具有将用户数据库系统中的信息译成EDI的标准格式以供传输交换的能力。EDI软件包括转换软件、翻译软件、通信软件、通信网络等。

二、EDI 技术特点

（一）单证格式化

EDI传输的是企业间格式化的数据，如订购单、报价单、发票、货运单、装箱单、报关单等，这些信息都具有固定的格式与行业通用性，像信件、公函就不属于 EDI 的范畴。

（二）报文标准化

EDI 传输的报文符合国际标准或者是行业标准，这是计算机能自动处理的前提条件。

（三）处理自动化

EDI 信息传递的路径是从自己的计算机到数据通信网络，再到商业伙伴的计算机，信息的最终用户是计算机应用系统，它自动处理传递来的信息，因此，这种数据传递是机器到机器、应用到应用，无须人工干预。

（四）软件结构化

EDI 的功能软件由五个模块构成，分别是报文生成与处理模块、标准报文格式转换模块、通信模块、内部接口模块、用户界面模块。这五个模块构成了 EDI 商业化软件。

（五）运作规范化

EDI 以报文的方式交换信息是有效、规范的，报文是电子凭证之一，EDI 单证报文具有法律效力已被普遍接受。

三、EDI 技术应用

（一）EDI 行业应用模式

企业收到一份 EDI 订单，则系统自动处理该订单，检查订单是否符合要求；然后通知企业内部管理系统安排生产；向零配件供销商订购零配件等；有关部门申请进出口许可证；通知银行并给订货方开出 EDI 发票；向保险公司申请保险单等。从而使整个物流信息活动过程在最短时间内准确地完成。一个真正的 EDI 系统将订单、发货、报关、商检和银行结算合成一体，从而大大加速了贸易的全过程。以上应用模式中 EDI 主要应用在物流行业，其涉及物流信息传递一般须涉及的部门。这种模式非常适合应用于供应链或大型第三方物流或第四方物流中。

（二）EDI 中心模式

1. EDI 中心的组成

EDI 中心一般由以下四部分组成。

（1）公用 EDI 服务手段。支持 EDIFACT 报文的翻译、验证、核查跟踪等功能。

（2）通信接口。中心提供多种存取方式的接口。

（3）公共业务服务。用户委托的 EDI 业务，可以通过 FAX、柜台服务，进行现有纸面单证的 EDI 处理。

（4）EDI 最终用户系统。提供最终用户系统的 EDI 应用系统解决方案。

2. EDI 中心的功能

EDI 中心的功能一般包括以下六个方面。

（1）邮箱管理。信件的收发管理，信件的分送管理等。

（2）回执响应功能。返回信件被收件人收取，或未在指定时间内取走等回应通知。

（3）分类区件。由使用者选择，可依照信件的种类及送件人的地址等分类方式取件。

（4）断点重发功能。用户可以重复操作。

（5）编制管理报表。如送件人清单、收件清单及回执清单等，客户的基本信息管理及客户关系管理。

（6）提供信息增值服务等。

（三）China EDI 模式

在 China EDI 模式下，EDI 运营商往往是国家的大型通信公司或网络公司，在其核心业务外往往受国家委托或盈利驱使提供诸如 EDI 等增值业务。物流企业也可以采用这种模式实现 EDI 技术。这种模式综合了各个行业的特点，其 EDI 服务功能大而全，企业选择这种模式在可靠性、安全性方面较强。

China EDI 是中国 EDI 专用网，中国公用电子数据交换业务网（China EDI）是面向社会各行业的公用 EDI 网络。由 13 个 EDI 节点组成，提供信箱总容量为 3 万个。在全国 3 个大城市设立了 EDI 服务中心，为用户提供单证开发、技术培训、系统集成服务，可作为专用 EDI 网的公共转接和交换中心。

Chian EDI 具有多种 EDI 标准格式的转换功能，支持中文报文，提供信箱管理，存储转发，用户检索以及文件跟踪、确认，防篡改，防冒领等 EDI 通信的安全功能。目前，China EDI 应用范围涉及电子报关、电子报税、银行托收、港口集装箱运输、铁路货运，以及制造业、商业订单等。

四、EDI 的作用

（一）降低纸张消费

EDI 是实现计算机到计算机的自动传输和自动处理，无人工处理，减少了许多重复劳动。

（二）提高工作效率

能使贸易双方更迅速交易，EDI 传输的是格式化的标准文件，并具有格式校验功能，具有存储转发功能。

（三）安全保密功能

EDI 传输的文件具有跟踪、确认、防篡改、防冒领、电子签名等一系列安全保密功能。

（四）EDI 文本具有法律效力

EDI 与现有的一些通信手段如传真、电子信箱（Email）等的区别是：EDI 传输的是格式化标准文件，并具有格式校验功能，而传真和电子邮箱等传送的是自由格式的文件。EDI 实现的是两个企业之间业务系统数据的自动传输和自动处理，其对象是企业的业务系统，而

项目三 电子商务物流信息技术

传真和电子邮箱等的用户是人，接收到的报文必须人为干预。EDI 对于传送的文件具有跟踪、确认、防篡改、电子签名等一系列安全保密功能，而传真没有这样的功能。虽然电子信箱具有一些安全保密功能，但它比 EDI 技术的层次低。EDI 文本具有法律效力，而传真和电子信箱没有。

五、物流 EDI

物流 EDI 是指货主、承运业主以及其他相关的单位之间，通过 EDI 系统进行物流数据交换，并以此为基础实施物流作业活动的方法。物流 EDI 的优点在于供应链组成各方基于标准化的信息格式和处理方法通过 EDI 共同分享信息、提高流通效率、降低物流成本。

物流 EDI 参与单位有货主（如生产厂家、贸易商、批发商、零售商等）、承运业主（如独立的物流承运企业等）、实际运送货物的交通运输企业（铁路企业、水运企业、航空企业、公路运输企业等）、协助单位（政府有关部门、金融企业等）和其他的物流相关单位（如仓库业者、专业报送业者等）。物流 EDI 模型的主要步骤如下。

（1）发送货物业主（如生产厂家）在接到订货后制订货物运送计划，并把运送货物的清单及运送时间安排等信息通过 EDI 发送给物流运输业主和接收货物业主（如零售商），以便物流运输业主预先制订车辆调配计划和接收货物业主制订货物接收计划。

（2）发送货物业主依据顾客订货的要求和货物运送计划下达发货指令、分拣配货、打印出物流条形码的货物标签（shipping carton marking，SCM）并贴在货物包装箱上，同时把运送货物品种、数量、包装等信息通过 EDI 发送给物流运输业主和接收货物业主，依据请示下达车辆调配指令。

（3）物流运输业主在向发送货物业主取运货物时，利用车载扫描读数仪读取货物标签的物流条形码，并与先前收到的货物运输数据进行核对，确认运送货物。

（4）物流运输业主在物流中心对货物进行整理、集装，做成送货清单并通过 EDI 向收货业主发送发货信息。在货物运送的同时进行货物跟踪管理，并在货物交纳给收货业主之后，通过 EDI 向发货业主发送完成运送业务信息和运费请示信息。

（5）收货业主在货物到达时，利用扫描读数仪读取货物标签的物流条形码，并与先前收到的货物运输数据进行核对确认，开出收货发票，货物入库。同时通过 EDI 向物流运输业主和发送货物业主发送收货确认信息。

任务三　自动识别条形码技术和销售时点信息系统

一、条形码的概念和特点

（一）条形码的概念

条形码（bar code）技术或称为 BC 技术是在计算机应用中产生并发展起来的。条形码是由一组规则排列的条、空以及对应的字符组成的标记。"条"指对光线反射率较低的部分，

"空"指对光线反射率较高的部分，这些条和空组成的数据表达一定的信息，并能够用特定的设备识读，转换成与计算机兼容的二进制和十进制信息，是一种自动识别术的应用。条形码自动识别技术系统由条形码标签、条形码生成设备、条形码识读器和计算机组成。

条形码起源于 20 世纪 40 年代，应用于 20 世纪 70 年代，普及于 20 世纪 80 年代。条形码技术是在计算机应用和实践中产生并发展起来的广泛应用于商业、邮政、图书管理、仓储、工业生产过程控制、交通等领域的一种自动识别技术。

（二）条形码的特点

1. 制作和操作简单

条形码符号制作容易，扫描操作简单易行。

2. 信息采集速度快

普通计算机键盘录入速度是 200 字符/分，而利用条形码扫描的录入信息的速度是键盘录入的 20 倍。

3. 采集信息量大

利用条形码扫描，依次可以采集几十位字符的信息，而且可以通过选择不同码制的条形码增加字符密度，使采集的信息量成倍增加。

4. 可靠性强

键盘录入数据，误码率为三百分之一，利用光学字符识别技术，误码率约为万分之一。而采用条形码扫描录入方式，误码率仅为百万分之一，首读率可达 98%以上。

5. 灵活、使用

条形码符号作为一种识别手段可以单独使用，也可以和有关设备组成识别系统实现自动化识别，还可以和其他控制设备联系起来实现整个系统的自动化管理。同时，在没有自动识别设备时，也可以实现手工键盘输入。

6. 自由度大

识别装置与条形码标签相对位置的自由度要比光学字符识别大得多。

7. 设备结构简单、成本低

条形码符号识别设备的结构简单，容易操作，无须专门训练。与其他自动化技术相比，推广应用条形码技术所需费用较低。

二、条形码种类

条形码可分为纸质条形码和金属条形码；连续型条形码和非连续型条形码；双向条形码和单向条形码；一维条形码和二维条形码等。

（一）一维条形码

一维条形码只是在一个方向（一般是水平方向）表达信息，而在垂直方向则不表达任何信息，其一定的高度通常是为了便于对准阅读器。其特点是：数据容量较小，30 个字符左右；只能包含字母和数字；条形码尺寸相对较大（空间利用率较低）；条形码遭到损坏后便不能阅读。目前使用频率最高的几种码制是 EAN 码（国际物品条形码）、UPC 码（通用产品条形码）、39 码、Code 93 码、库德巴码、交插 25 码和 128 码。

一维条形码于20世纪40年代起源，其所携带的信息量有限，如商品上的条形码仅能容纳13位（EAN-13码）阿拉伯数字，更多的信息只能依赖商品数据库的支持，离开了预先建立的数据库，这种条形码就没有意义了，因此在一定程度上也限制了条形码的应用范围。一维条形码如图3-1所示。

图3-1　一维条形码

（二）二维条形码

二维条形码是将一维条形码存储信息的方式在二维空间上扩展，从而存储更多的信息，故称为二维条形码（2-dimensional bar code）。二维条形码包括PDF417码、Code49码、Code 16K码、Data Matrix码、MaxiCode码等，主要分为堆积或层排式和棋盘或矩阵式两大类。

二维条形码作为一种新的信息存储和传递技术，从诞生之时就受到了国际社会的广泛关注。经过几年的努力，现已应用在国防、公共安全、交通运输、医疗保健、工业、商业、金融、海关及政府管理等多个领域。二维条形码有以下特点。

（1）信息容量大。例如，PDF417码除可以表示字母、数字、ASCII字符外，还能表达二进制数。

（2）错误纠正能力。一维条形码通常具有校验功能以防止错读，一旦条码发生污损将被拒读。而二维条形码不仅能防止错误，而且能纠正错误，即使条码部分损坏，也能将正确的信息还原出来。

（3）印制要求不高。普通打印设备均可打印，传真件也能阅读。

（4）可用多种阅读设备阅读。PDF417码可用带光栅的激光阅读器、线性及面扫描的图像式阅读器阅读。

（5）尺寸可调以适应不同的打印空间。

（6）码制公开已形成国际标准。

二维条形码如图3-2所示。

图3-2　二维条形码

三、物流条形码的用途

（一）自动分拣

铁路运输、航空运输、邮政通信等许多行业都存在货物的分拣搬运问题，大批量的货物需要在很短的时间内分门别类、准确无误地装到指定的车厢或航班上，采用人工方式常常出错，解决办法就是将预先打印好的条形码贴在发送的物品上，并在每个分拣点装一台条形码扫描器。

（二）仓储保管

可以在物流条形码中加入产品数量、保质期、重量、体积等很多信息，并经扫描录入计算机，有利于商品的保管和销售。

（三）货物跟踪

利用条形码技术，将承运货物上的运单号码编成条形码，印刷在运单上，在货物运输过程中的每个处理环节使用扫描设备采集货物上的条形码，并将采集的数据传输到跟踪查询网。顾客可以在网上使用运单号查询运输进展。

四、销售时点信息系统

销售时点信息系统（point of sale，POS），是指通过自动读取设备（如收银机）在销售商品时直接读取商品销售信息（如商品名、单价、销售数量、销售时间、销售店铺、购买顾客等），并通过通信网络和计算机系统传送至有关部门进行分析加工以提高经营效率的系统。POS 系统最早应用于零售业，以后逐渐扩展至金融、旅馆等服务行业，利用 POS 系统的范围也从企业内部扩展到整个供应链。POS 系统的运行如下。

（1）店铺销售商品都贴有表示该商品信息的条形码或光学识别（OCR）标签。

（2）在顾客购买商品结账时，收银员使用扫描读数仪自动读取商品条形码标签或 OCR 标签上的信息，通过店铺内的微型计算机确认商品的单价，计算顾客购买总金额等，同时返回给收银机，打印出顾客的购买清单和付款总金额。

（3）各个店铺的销售时点信息通过 VAN 以在线联结方式即时传送给总部或物流中心。

（4）总部、物流中心和店铺利用销售时点信息来进行库存调整、配送管理、商品订货等作业。通过对销售时点信息进行加工分析来掌握消费者的购买动向，找出畅销商品和滞销商品，并以此为基础，进行商品品种配置、商品陈列、价格设置等方面的作业。

（5）在零售商与供应链的上游企业（批发商、生产厂家、物流业者等）结成协作伙伴关系（也称为战略关系）的条件下，零售商利用 VAN 在线联结的方式把销售时点信息即时传送给上游企业，这样上游企业可以利用销售现场的最及时准确的销售信息制订经营计划、进行决策。

任务四　无线射频识别技术

一、射频识别技术的概念

射频识别（radio frequency identification，RFID）俗称电子标签，它是利用无线电波射频信号自动识别目标对象并获取相关数据的一种非接触自动识别技术，该系统用于控制、检测和跟踪物体。RFID 是射频技术（RF）中比较成熟的一种，于 20 世纪 80 年代中期开始投入商业应用。RFID 在本质上是物品标识的手段，它被认为最终将取代现今应用非常广泛的传统条形码，成为物品标识的最有效方式。

二、射频识别系统的组成及工作原理

（一）射频识别系统的组成

1. 标签

每个标签具有唯一的电子编码，高容量电子标签有用户可写入的存储空间，附着在物体上标识目标对象。

2. 天线

在读写器及 RFID 单元间传输 RF 信号的天线。有的是由一根天线来同时完成发射和接收；有的是由一根天线来完成发射而另一根天线来承担接收。

3. 读写器

可设计为手持式或固定式，是一种接收从 RFID 单元上返回的 RF 信号并将解码的数据传输到主机系统以供处理的机器。

（二）射频技术的工作原理

（1）标签进入磁场后，读写器发出射频信号，标签凭借感应电流所获得的能量发出存储在芯片中的产品信息（无源标签或被动标签），或者标签主动发送某一频率的信号（有源标签或主动标签）。

（2）读写器读取信息并解码后，传送至中央信息系统进行有关数据处理。

（3）RFID 在本质上是物品标识的手段，它被认为将最终取代现今应用非常广泛的传统条形码，成为物品标识的最有效方式，RFID 系统的组成及其工作原理图如图 3-3 所示。

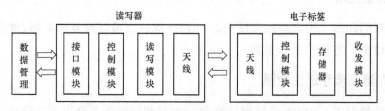

图 3-3　RFID 系统的组成及其工作原理图

三、RFID 系统的分类

（1）根据 RFID 系统完成的功能不同，可以粗略地把 RFID 系统分成四种类型：EAS 系统、便携式数据采集系统、网络系统和定位系统。

（2）射频识别技术依其采用的频率不同可分为低频系统和高频系统两大类。

（3）根据读取电子标签数据的技术实现手段，可将其分为广播发射式、倍频式和反射调制式三大类。

（4）从电子标签内保存的信息注入的方式可将其分为集成电路固化式、现场有线改写式和现场无线改写式三大类。

（5）根据电子标签内是否装有电池为其供电，又可将其分为有源系统、无源系统和半有源系统三大类等。

RFID 标签可分为无源标签或被动标签（passive tag），即自身没有能量；以及有源标签或主动标签（active tag），即自身拥有能量。对于无源标签，当标签进入磁场后，如果接收到读写器发出的特殊射频信号，就能凭借感应电流所获得的能量发送出存储在芯片中的产品信息，读写器读取信息并解码后，送至中央信息系统进行有关数据处理。对于有源标签，能主动发送某一频率的信号，读写器读取信息并解码后，送至中央信息系统进行有关数据处理。

四、射频技术的特点

（一）快速扫描

条形码一次只能有一个条形码受到扫描；RFID 辨识器可同时辨识读取数个 RFID 标签。

（二）体积小型化、形状多样化

RFID 在读取上并不受尺寸大小与形状限制，不需为了读取精确度而配合纸张的固定尺寸和印刷品质。

（三）抗污染、耐久性能好

传统条形码的载体是纸张，因此容易受到污染，但 RFID 对水、油和化学药品等物质具有很强抵抗性。此外，由于条形码是附于塑料袋或外包装纸箱上，所以特别容易受到折损；RFID 卷标是将数据存于芯片中，因此可以免受污损。

（四）可重复使用

现今的条形码印刷上去之后就无法更改，RFID 标签则可以重复地新增、修改、删除 RFID 卷标内储存的数据，方便信息的更新。

（五）无屏障阅读穿透性能强

在被覆盖的情况下，RFID 能够穿透纸张、木材和塑料等非金属或非透明的材质，并能够进行穿透性通信。而条形码扫描机必须在近距离而且没有物体阻挡的情况下，才可以辨读条形码。

（六）数据的记忆容量大

一维条形码的容量是 50 字节，二维条形码最大的容量可储存 2 000～3 000 字节，RFID 最大的容量则有数兆字节。随着记忆载体的发展，数据容量也有不断扩大的趋势。

（七）安全性

由于 RFID 承载的是电子式信息，其数据内容可经由密码保护，使其内容不易被伪造及变造。

五、射频技术的应用

（一）RFID 在零售系统的应用

1. 分销系统

厂家货物抵达装运公司的集散中心，在卸货区有 RFID 系统，不需开包检查货物。应用软件提供货物说明，货物在此直接转上零售系统货车。

2. 零售系统

商场运用自己的系统跟踪这批货物。货物抵达商场，商场的 RFID 系统开始工作：自动记录送到的每一商品，自动更新确认存货量（仓库、货架）。

3. 消费者

消费者从某货架取走商品，该货架向商场的自动补货系统发出信息。消费者购物出门，RFID 系统在出口处自动辨认货物，顾客只需刷卡即可。

（二）RFID 在企业物流中的应用

1. 采购物流

供应商给货物加识别标签，供应商出货，RFID 系统自动检验并更新库存记录，生产商用自己的系统跟踪这批货物。

2. 物流运输

该系统的运输功能是靠贴在集装箱和装备上的射频识别标签实现的。RFID 接收转发装置通常安装在运输线的一些检查点上（如门柱上、桥墩旁等），以及仓库、车站、码头、机场等关键地点。接收装置收到 RFID 标签信息后，联通接收地的位置信息上传至通信卫星，再由卫星传送给运输调度中心，送入中心信息数据库中。

3. 进厂物流

货物抵达生产商处，生产商的 RFID 系统开始工作：自动检验商品，记录送达货物，提供信息系统入库和进入生产线的货物数量，库存、分拣管理。

4. 库存管理

在库存管理中，可以通过射频技术以及由其所组成的系统，及时地掌握和了解各种货物的库存数量，通过网络系统传输给管理中心，以便及时进行决策。可见射频技术不但可以大大提高物流的效率,而且也可以大大地降低物流的作业成本。

5. 销售物流

生产商给商品加标签,商品从车间或仓库流出,成品库的 RFID 系统开始工作,出库的 RFID 系统开始工作,向总系统反馈信息、运输、货物跟踪等管理。

任务五 地理信息系统

一、地理信息系统的概念

地理信息系统(geographic information system,GIS)是一种能把图形管理系统和数据管理系统有机地结合起来,对各种空间信息进行收集、存储、分析和可视化表达的信息处理与管理系统。地理信息系统是将计算机硬件、软件、地理数据以及系统管理人员组织而成的对任一形式的地理信息进行高效获取、存储、更新、操作、分析及显示的集成。GIS 提供的信息产品不仅仅是简单的文字和数据,而且还有一幅幅空间图形或图像。大到地球、国家、省市,小到村镇、街道乃至地面上的一个点位,GIS 都能以直观、方便、互动的可视化方式,实现数据信息的快速查询、计算、分析和辅助决策。

二、地理信息系统的特征

(1)具有采集、管理、分析和输出多种地理信息的能力,具有空间性和动态性。

(2)由计算机系统支持进行空间地理数据管理,并由计算机程序模拟常规的或专门的地理分析方法,作用于空间数据,产生有用信息,完成人类难以完成的任务。

(3)计算机系统的支持是地理信息系统的重要特征,使得地理信息系统能快速、精确、综合地对复杂的地理系统进行空间定位和过程动态分析。

三、地理信息系统在物流管理中的应用

(一)设施定位模型

用于确定一个或多个设施的位置。在物流系统中,仓库和运输路线共同组成了物流网络,仓库处于网络的节点上,节点决定着线路,如何根据供求的实际需要并结合经济效益等原则,在既定区域内设立多少个仓库,每个仓库的位置,每个仓库的规模,以及仓库之间的物流关系等,运用此模型均能很容易地得到解决。

(二)车辆路线模型

用于解决一个起始点、多个终点的货物运输中,如何降低物流作业费用,并保证服务质量得到解决。

(三)网络物流模型

用于解决寻求最有效的分配货物路径问题,也就是物流网点的布局问题。

项目三 电子商务物流信息技术

（四）配送区域划分模型

根据各个要素的相似点把同一层上的所有或部分要素分为几个组，用以解决确定服务范围和销售市场范围等问题。

（五）空间查询模型

查询以某一商业网点为圆心某半径内配送点的数目，以此判断哪一个配送中心距离最近，为安排配送做准备。

任务六 全球定位系统

一、全球定位系统的概念

全球定位系统（global positioning system，GPS）是利用多颗通信卫星对地面海、陆、空的目标状况进行全方位实时三维精确测定的卫星导航与定位系统。美国从 20 世纪 70 年代开始研制，历时 20 年，耗资 200 亿美元，于 1994 年全面建成。GPS 在物流领域可以应用于汽车自定位、跟踪调度，铁路运输管理。现今在我们的日常生活中，无论是手机还是终端大多都装有一个 GPS 全球卫星定位系统。GPS 成功地应用于大地测量、工程测量、航空摄影、运载工具导航和管制、地壳运动测量、工程变形测量、资源勘测、地球动力学等多种学科，取得了很好的经济效益和社会效益。

中国北斗卫星导航系统（BeiDou navigation satellite system，BDS）是中国自行研制的全球卫星导航系统，是继美国全球定位系统、俄罗斯格洛纳斯卫星导航系统（GLONASS）之后的第三个成熟的卫星导航系统。北斗卫星导航系统于 2012 年 12 月 27 日起提供连续导航定位与授时服务。北斗卫星导航系统由空间段、地面段和用户段三部分组成，可在全球范围内全天候、全天时为各类用户提供高精度、高可靠定位、导航、授时服务，并具短报文通信能力。

二、GPS 的组成及工作原理

（一）GPS 的组成

空间部分——GPS 卫星；地面控制部分——地面监控系统；用户设备部分——GPS 信号接收机。

（二）GPS 的基本定位原理

GPS 是利用分布在 2 万千米高空的多颗人造卫星不间断地发送自身的星历参数和时间信息来完成的，用户接收到这些信息后，经过计算求出接收机的三维位置、三维方向以及运动速度和时间信息来完成的。接收到三个卫星后，即可计算出平面坐标（经纬度）值，收到四颗则加上高度值，五颗以上更可提高准确度，这就是 GPS 的基本定位原理。GPS 24 小时提供高精度的世界范围的定位和导航信息。对地面或接近地面的目标进行定位（包括移动速度和方向）和导航的系统，具有在海、陆、空进行全方位实时三维导航与定位能力。

三、GPS 的技术特征

具有全天候、高精度、自动化、高效益等特点，具体如下：
（1）地图窗口中以不同比例尺直观地查看指定车辆的位置及查询相关的信息；
（2）多窗口同时监控，并可打印当前窗口内容；
（3）监控车辆位置、状态、运动轨迹的实时显示；
（4）地图上任意位置的信息动态提示；
（5）地图的快速显示、缩放和查询；
（6）监控车辆的远程控制，包括强制发回位置、车辆控制器控制（如开关门、防盗等）询问、通知信息发送等，调度指令可在车载微型打印机上打印出来，或显示在车载终端上。

四、GPS 技术的应用

（1）用于汽车自定位、跟踪调度、陆地救援。据统计和预测，全世界在车辆导航上的投资平均每年增长 60.8%，车辆导航成为未来全球 GPS 系统应用的主要领域之一。我国很多物流服务企业的车队都已经配备了 GPS 以便对车辆实时定位和导航。

（2）用于内河及远洋船队最佳航程和安全航线的测定、航向的实时调度、监测及水上救援。在我国，全球卫星定位系统最先应用于远洋运输船舶，三峡工程也已规划利用 GPS 系统来改善航运条件、提高航运能力。

（3）用于空中交通管理、精密进场着陆、航路导航和监视。国际民航组织提出 21 世纪的未来导航系统将是以卫星技术为基础的航空通信、导航、监视和空中交通管理系统，它利用全球导航卫星实现飞机航路、终端和进场导航。

（4）用于铁路运输管理。我国开发的基于 GPS 的计算机管理信息系统，可以收集全路列车、机车、车辆、集装箱及所运货物的动态信息，实现列车、货物追踪管理。

（5）用于军事物流。GPS 系统是为军事目的而建立的，在军事保障等方面的应用相当普遍，以美国为例，其在世界各地驻扎的军队无论是在战时还是平时都借助 GPS 系统保障后勤补给以及满足军队的相关要求。

五、GPS 在物流中的应用

（一）车辆跟踪功能

实时显示车辆的实际位置，对车辆进行实时定位、跟踪、报警、通信等。掌握车辆基本信息，对车辆进行远程管理，有效避免空载现象。

（二）货物配送路线规划功能

进行自动路线规划，即由驾驶员确定起点和终点，由计算机软件自动设计最佳行驶路线，包括最快的、最简单的、通过高速公路路段次数最少的路线等。

（三）在车辆使用方、运输公司和接货方的应用

1. 车辆使用方

运输公司将自己的车辆信息开放给合作客户，让客户在网上能实时查看车辆分布和运行情况，找到适合的车辆。货物发出后，发货方可随时通过互联网或是手机来查询车辆运输情况和位置，掌握在途信息。

2. 运输公司

运输公司通过互联网实现对车辆的动态监控和货物的合理配载，以加强车辆管理，减少费用。

3. 接货方

接货方通过发货方所提供的相关资料，在互联网上实时查看货物信息，掌握货物在途情况和运输时间，以此来提前安排货物的接收、停放以及销售等环节。

任务七 物联网

一、物联网的起源

Peter T. Lewis 在 1985 提出了这个概念；比尔·盖茨在 1995 年出版的《未来之路》一书中提及物互联；1998 年麻省理工学院提出了当时被称作 EPC 系统的物联网构想；1999 年，Auto-ID 公司 Ashton 教授在研究物品编码（RFID）技术时最早提出；2005 年 11 月 17 日，世界信息峰会上，国际电信联盟发布了《ITU 互联网报告 2005：物联网》，其中指出"物联网"时代的来临；2009 年 1 月 IBM 首席执行官彭明盛提出"智慧地球"构想，其中物联网为"智慧地球"不可缺的一部分。

自我国提出"感知中国"以来，物联网被正式列为国家五大新兴战略性产业之一，写入《政府工作报告》，物联网在中国受到了全社会极大的关注，其受关注程度是在美国、欧盟，以及其他各国不可比拟的。物联网的概念与其说是一个外来概念，不如说它已经是一个"中国制造"的概念，它的覆盖范围与时俱进，已经超越了 1999 年 Ashton 教授和 2005 年 ITU 报告所指的范围，物联网已被贴上"中国式"标签。

二、物联网的概念

物联网（internet of things，IoT）是物物相连的互联网，是通过射频识别（RFID）、红外感应器、全球定位系统、激光扫描器等信息传感设备，按约定的协议，把任何物品与互联网相连接，进行信息交换和通信，以实现对物品的智能化识别、定位、跟踪、监控和管理的一种网络。物联网有以下两层含义：一是物联网的核心和基础仍然是互联网，是在互联网基础上的延伸和扩展的网络；二是其用户端延伸和扩展到了任何物品与物品之间，进行信息交换和通信，也就是物物相息，是新一代信息技术的重要组成部分，也是"信息化"时代的重要发展阶段。

物联网通过智能感知、识别技术与普适计算等通信感知技术，广泛应用于网络的融合中，

也因此被称为继计算机、互联网之后世界信息产业发展的第三次浪潮。物联网已经成为各国综合国力竞争的重要因素，我国在"十二五"规划中将物联网作为战略性的新兴产业，发展尤为重要。

三、物联网的原理

物联网是在计算机互联网的基础上，利用 RFID、无线数据通信等技术，构造的一个覆盖世界万事万物的"internet of things"。在这个网络中，物品（商品）能够彼此进行"交流"，而无须人的干预。其实质是利用射频自动识别（RFID）技术，通过计算机互联网实现物品（商品）的自动识别和信息的互联与共享。而 RFID，正是能够让物品"开口说话"的一种技术。在"物联网"的构想中，RFID 标签中存储着规范而具有互用性的信息，通过无线数据通信网络把它们自动采集到中央信息系统，实现物品（商品）的识别，进而通过开放性的计算机网络实现信息交换和共享，实现对物品的"透明"管理。

物联网的体系结构。根据物联网对信息感知、传输、处理的过程将其划分为三层结构，即感知层、网络层和应用层，物联网体系结构如图 3-4 所示。

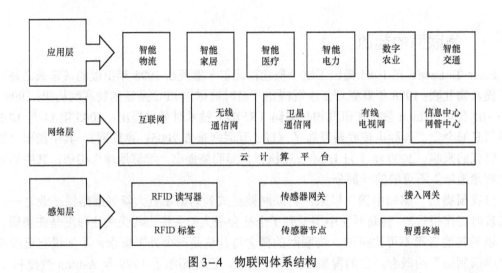

图 3-4 物联网体系结构

（一）感知层

感知层主要用于对物理世界中的各类物理量、标识、音频、视频等数据的采集与感知。数据采集主要涉及传感器、RFID、二维码等技术。

（二）网络层

网络层主要用于实现更广泛、更快速的网络互联，从而把感知到的数据信息可靠、安全地进行传送。目前能够用于物联网的通信网络主要有互联网、无线通信网、卫星通信网与有线电视网。

（三）应用层

应用层主要包括应用支撑平台子层和应用服务子层。应用支撑平台子层用于支撑跨行业、跨应用、跨系统之间的信息协同、共享和互通。应用服务子层包括智能交通、智能家居、智能物流、智能医疗、智能电力、数字环保、数字农业、数字林业等领域。

四、物联网的特征

物联网的本质概括起来主要体现在以下三个方面。

（一）互联感知

物联网利用 RFID、传感器、二维码等随时随地获取物体的信息；是能够对需要联网的物体实现互联互通的互联网络。

（二）识别与传递

纳入物联网的"物"一定要具备自动识别与物物通信（M2M）的功能，通过各种电信网络与互联网的融合，将物体的信息实时准确地传递出去。

（三）智能化

利用云计算、模糊识别等各种智能计算技术，对海量数据和信息进行分析和处理，对物体实施智能化的控制，网络系统应具有自动化、自我反馈与智能控制的特点。

五、物联网在物流的应用

物流领域是物联网相关技术最有现实意义的应用领域之一。物联网的建设，进一步提升物流智能化、信息化和自动化水平，推动物流功能整合，对物流服务各环节运作将产生积极影响。具体地讲，物联网在物流的应用主要体现在以下几个方面。

（一）生产物流环节

基于物联网的物流体系可以实现整个生产线上的原材料、零部件、半成品和产成品的全程识别与跟踪，减少人工识别成本和出错率。应用产品电子代码（electronic product code，EPC）技术就能通过识别电子标签来快速从种类繁多的库存中准确地找出工位所需的原材料和零部件，并能自动预先形成详细补货信息，从而实现流水线均衡、稳步生产。

（二）运输环节

物联网能够使物品在运输过程中的管理更透明，可视化程度更高。通过给在途运输的货物和车辆贴上 EPC 标签，运输线的一些检查点上安装上 RFID 接收转发装置，企业就能实时了解货物目前所处的位置和状态，实现运输货物、线路、时间的可视化跟踪管理。此外，还能帮助实现智能化调度，提前预测和安排最优的行车路线，缩短运输时间，提高运输效率。

（三）仓储环节

将物联网技术（如 EPC 技术）应用于仓储管理，可实现仓库的存货、盘点、取货的自动化操作，从而提高作业效率，降低作业成本。入库储存的商品可以实现自由放置，提高了仓库的空间利用率；通过实时盘点，能快速、准确地掌握库存情况，及时进行补货，提高了库存管理能力，降低了库存水平；同时按指令准确高效地拣取多样化的货物，减少了出库作业时间。

（四）配送环节

在配送环节，采用 EPC 技术能准确了解货物的存放位置，大大缩短拣选时间，提高拣选效率，加快配送的速度。通过读取 EPC 标签，与拣货单进行核对，提高了拣货的准确性。此外，可确切了解目前有多少货箱处于转运途中、转运的始发地和目的地，以及预期的到达时间等信息。

（五）销售物流环节

当贴有 EPC 标签的货物被客户提取，智能货架会自动识别并向系统报告。通过网络，物流企业可以实现敏捷反应，并通过历史记录预测物流需求和服务时机，从而使物流企业更好地开展主动营销和主动式服务。

EAN 国际组织与 EAN 码

EAN 就是管理除北美以外的对货物、运输、服务和位置进行唯一有效编码并推动其应用的国际组织，是国际上从事物流信息标准化的重要国际组织。而美国统一代码委员会（UCC）是北美地区与 EAN 对应的组织，两个组织加强合作，达成了 EAN.UCC 联盟，以共同管理和推广 EAN.UCC 系统，意在全球范围内推广物理信息标准化。其中推广商品条码技术是其系统的核心，它为商品提供了用标准条码表示的有效的、标准的编码，而且商品编码的唯一性使得它们可以在世界范围内被跟踪。

EAN 开发的对物流单元和物流节点的编码，可以用确定的报文格式通信，国际化的 EAN.UCC 标准是 EDI 的保证，是电子商务的前提，也是物流现代化的基础。

EAN 码（European article number）由前缀码、厂商识别码、商品项目代码和校验码组成。前缀码是国际 EAN 组织标识各会员组织的代码，我国为 690~699；厂商代码是 EAN 编码组织在 EAN 分配的前缀码的基础上分配给厂商的代码；商品项目代码由厂商自行编码；校验码是为了校验代码的正确性。在编制商品项目代码时，厂商必须遵守商品编码的基本原则，对同一商品项目的商品必须编制相同的商品项目代码，对不同的商品项目必须编制不同的商品项目代码，保证商品项目与其标识代码一一对应，即一个商品项目只有一个代码，一个代码只标识一个商品项目。我国的通用商品条码与其等效，我们日常购买的商品包装上所印的条码一般就是 EAN 码。另外，图书和期刊作为特殊的商品也采用了 EAN13 表示 ISBN 和 ISSN。前缀 977 被用于期刊号 ISSN，图书号 ISBN 用 978 为前缀（预留 979），我国被分配使用 7 开头的 ISBN 号，因此我国出版社出版的图书上的条码全部为 9787 开头。

为何菜鸟如此青睐自动化仓库

阿里巴巴集团同银泰集团联合复星集团、富春控股、中国邮政、EMS、顺丰速运、天天快递、"三通一达"（申通、圆通、中通、韵达）、宅急送、汇通，以及相关金融机构耗资千亿共同组建了菜鸟网络科技有限公司。

物流市场的扩大，对"效率"越来越高的要求不断促使着智能物流的发展。近年来，除了各种频发的收购风波，各大物流、电商、线下超市都抓紧时间为仓库自动化布局，如阿里巴巴、京东、天猫、顺丰等。作为阿里巴巴的关联公司，菜鸟网络平台日均处理包裹 4 200 万个，是其他自营电商物流公司的十多倍。菜鸟网络的新一代无人值守物流系统，由智能分系统、智能播种分拣系统和机器人自动分拨系统三部分组成。在整个仓库作业流程中，该系统能实现无人操作，提高效率，降低运营成本。为何菜鸟如此青睐自动化仓库？

（1）自动识别包裹实现货找人。传送带上一段距离就有一个传感器，其可识别纸箱上的条形码，决定纸箱下一步的去向，支持路线合并和分流，一个订单对应的包裹会被传送到不同货架装入商品。该方案大幅降低了分拣员的劳动强度，提高了包裹生产的时效性（10 分钟出库）和准确率（100%）。

（2）自动封箱机等自动机器人。菜鸟自动化仓库通过自动封箱机实现了纸箱打开、贴码、封装等步骤的自动化，节省了大量人力，缩短了商品打包时间。

（3）大数据智能选择适合的纸箱。一个订单对应的商品数量和种类不同，意味着它需要不同大小的纸箱。菜鸟仓库在不同商品入库之前就知道其尺寸和特性，基于此自动为一个订单分配最适合的纸箱，节省包装成本，更环保。

（4）大数据智能调度商品存储。结合大数据，菜鸟自动化仓库可预测哪些商品即将畅销和不再畅销，进而对其存放的仓库和货架进行智能调度，最大化减少了商品物流节点，缩短了商品传送路径，提升了仓储和物流效率。

传送带自动识别包裹路径是物联网技术，自动封箱机是工业机器人技术，智能选择纸箱和调度商品则是大数据技术，这些物流信息技术是目前大热的技术，可以提高作业效率，降低成本，代表了未来仓储以及物流的三大关键技术：物联网、机器人和大数据。

资料来源：https://www.50yc.com/information/redian/6853.

自我测试

一、单选题

1. 由电子商务引起并能反映物流活动实际特征的，可被人们接受和理解的各种消息、情报、文书、资料、数据等的总称是（　　）。
   A. 电子商务　　　　　　　　B. 电子商务物流
   C. 电子商务物流信息　　　　D. 条形码

2. （　　）是指物流企业以业务流程重组为基础，使用现代物流信息技术，控制和集成企业物流活动的所有信息，实现企业内外信息资源共享和有效利用，以提高企业的经济效益和核心竞争力。
   A. 仓储　　B. 物流信息化　　C. 采购　　D. 物流

3. （　　）是通过计算机通信网络将贸易、运输、保险、银行和海关等行业信息，用一种国际公认的标准格式，实现各有关部门或公司与企业之间传输订单、发票、付款通知、付款凭证、交货凭证等作业文件的数据交换与处理，并完成以贸易为中心的全部过程的信息技术。
   A. POS　　B. EDI　　C. Bar Code　　D. RFID

4. （　　）是在计算机应用中产生并发展起来的。条形码是由一组规则排列的条、空以及对应的字符组成的标记。"条"指对光线反射率较低的部分，"空"指对光线反射率较高的部分，这些条和空组成的数据表达一定的信息，并能够用特定的设备识读，转换成与计算机兼容的二进制和十进制信息，是一种自动识别术的应用。
   A. POS　　B. EDI　　C. Bar Code　　D. RFID

5. （　　）是指通过自动读取设备（如收银机）在销售商品时直接读取商品销售信息（如商品名、单价、销售数量、销售时间、销售店铺、购买顾客等），并通过通信网络和计算机系统传送至有关部门进行分析加工以提高经营效率的系统。
   A. POS　　B. EDI　　C. Bar Code　　D. RFID

6. （　　）是通过利用无线电波射频信号自动识别目标对象并获取相关数据的一种非接触自动识别技术，该系统用于控制、检测和跟踪物体。
   A. POS　　B. EDI　　C. Bar Code　　D. RFID

7. 从电子标签内保存的信息注入的方式可将其分为（　　）。
   A. 集成电路固化式、现场有线改写式和现场无线改写式
   B. 低频系统和高频系统
   C. 广播发射式、倍频式和反射调制式
   D. 有源系统、无源系统和半有源系统

8. （　　）是将计算机硬件、软件、地理数据以及系统管理人员组织而成的对任一形式的地理信息进行高效获取、存储、更新、操作、分析及显示集成的信息处理与管理系统。
   A. GIS　　B. EDI　　C. GPS　　D. RFID

9. 利用多颗通信卫星对地面海、陆、空的目标状况进行全方位实时三维精确测定的卫星导航与定位系统是（　　）。

　　　　A. GIS　　　　B. EDI　　　　C. GPS　　　　D. RFID
　　10.（　　）通过智能感知、识别技术与普适计算等通信感知技术，广泛应用于网络的融合中，也因此被称为继计算机、互联网之后世界信息产业发展的第三次浪潮。
　　　　A. GIS　　　　B. IOT　　　　C. GPS　　　　D. RFID

二、多选题

1. 电子商务物流信息的特征有（　　）。
　　A. 电子商务物流信息涉及面广、信息量大
　　B. 电子商务物流信息种类多
　　C. 电子商务物流信息贯穿于采购、生产、销售、消费等的全过程
　　D. 电子商务物流信息动态性强
2. 常用典型的电子商务物流信息系统有（　　）。
　　A. 电子自动订货系统　　　　　　B. 销售时点信息系统
　　C. 运输管理信息系统　　　　　　D. 决策支持系统
3. RFID 在企业物流中可应用于（　　）。
　　A. 采购物流　　B. 物流运输　　C. 库存管理　　D. 销售物流
4. 地理信息系统在物流管理中可应用于（　　）。
　　A. 设施定位模型　　　　　　　　B. 车辆路线模型
　　C. 网络物流模型　　　　　　　　D. 配送区域划分模型和空间查询模型
5. GPS 在物流中可应用（　　）。
　　A. 车辆跟踪功能　　　　　　　　B. 货物配送路线规划功能
　　C. 在车辆使用方、运输公司　　　D. 接货方的应用

三、问答题

1. 一维条形码和二维条形码有什么不同？物流条形码有什么用途？
2. 什么是销售时点信息系统（POS）？POS 系统的运行步骤是怎样的？
3. 什么是射频识别技术？射频识别系统由几部分组成？射频识别技术有什么特点？
4. GPS 是由哪几部分组成的？GPS 技术可应用于哪些领域？
5. 什么是物联网？物联网有哪些特点？物联网可应用于哪些方面？

项目实施

情境实训一　物流信息技术的应用

一、实训目的

通过有关物流信息技术应用案例和视频的学习，能够引导学生建立起与相应的理论知识的联系，促进其对物流信息技术应用的理解与认识；通过小组讨论，启发学生利用自己的思维方式和阅历开阔思路，培养探索精神，提高独立思考的能力，从而让学生了解物流信息技术在物流过程及生活中的应用。

二、实训步骤

（1）教师提供有关案例（或用本书提供的案例）学习电商物流企业物流信息化的应用。

（2）通过视频（京东亚洲一号库、菜鸟网络、亚玛逊自动化系统等网上视频）学习各种物流信息技术的应用。

（3）各学习小组讨论有关物流信息技术（条形码、EDI 技术、射频识别技术、地理信息系统、GPS 等）在物流活动和生活中还有哪些用途，选择具有代表性和典型性的情境或事件，以小组为单位在全班汇报讨论的结果，让全体同学了解信息技术在现代工作生活中的应用。

三、实训任务

（1）列举 3～5 个实例说说物流信息技术在物流活动及生活中的用途。

（2）在网上查找 2～3 个案例说明企业在条形码、射频识别技术、地理信息系统、全球定位系统（GPS）技术方面的应用。

（3）在网上查找中国北斗卫星导航系统（BeiDou navigation satellite system，BDS）的研发历程及现在的应用，并说明中国拥有 BDS 技术的意义。

情境实训二 条形码技术及 POS 系统的操作

一、实训目的

通过学习条形码技术，掌握条形码的种类、条形码的特点；熟悉物流条形码在自动分拣、仓储保管、货物跟踪方面的用途。通过学习 POS 系统即销售时点信息系统，掌握在物流配送中心和店铺等利用销售时点信息来进行库存调整、配送管理、商品订货等作业过程的应用。

二、实训步骤

（1）学习条形码概念、种类和特点；学习 POS 系统的构成。

（2）在实训室（物流中心、商场等）学习物流条形码的打印、物流条形码标签的粘贴等。

（3）POS 系统的后台操作，通过前台的自动读取设备进行条形码信息读取（如商品名、单价、库存数量、库存时间等），并通过通信网络和计算机系统传送至有关部门进行分析加工以提高经营效率的系统等。

三、实训任务

（1）每位同学查找商品外包装上的条形码标签，指出条形码数字的含义及用途。

（2）请写出物流条形码的打印步骤。

（3）什么是 POS 系统？其有什么作用？

（4）学会 POS 系统的操作，并请写出 POS 系统的操作步骤，分析 POS 系统有哪些作用。

情境实训三 自动化立体仓库的认知

一、实训目的

掌握自动化立体仓库的构成及优势；了解自动化立体仓库的各种设备工作原理、流程等；掌握自动化立体仓库各种物流信息技术的应用；能熟练地操作自动化立体仓库的商品出入库。

二、实训步骤

（1）教师讲解自动化立体仓库的设备构成，学习立体货架、出入库托盘、轨道巷道堆垛机、输送机、条形码阅读系统、通信系统、自动控制系统、计算机监控系统、中央计算机管理系统及其他辅助设备的功能。

（2）在物流实训室（或是参观物流企业的自动化立体仓库）学习立体库自动存取系统、自动分拣系统、AGV 小车等。

（3）学习操作自动化立体仓库。

三、实训任务

（1）什么是自动化立体仓库？其有什么特点？其由哪些部分构成？

（2）自动化立体仓库一般由哪些设施设备构成？

（3）自动化立体仓库应用了哪些物流信息技术？这些物流信息技术分别有什么作用？

（4）请写出自动化立体仓库的入库和出库操作流程。

项目四

电子商务采购与供应管理

项目说明

电子商务采购也称网上采购,是指在计算机网络平台上,按照一定的标准开展的各项商务活动,包括广告、交易、支付、服务等。通过本项目的学习,使学生了解电子商务环境下联合采购、招标采购、供应链采购、集中采购、分散采购、智慧采购等采购方式的特点及实施步骤;学会利用大数据选择供应商,掌握网络采购谈判技巧,学会签订合同;具有基本的电子商务物环境下采购与供应物流实际应用的现实感知能力;具有设计电子商务企业采购方案的能力;具有电子商务采购与供应物流运作的能力。

导入案例

微软的电子化采购

一、微软原来的采购情况

微软公司以前的采购过程依赖于大量的有纸化工作和多重定制的采购商品服务的申请表。每周的采购申请表都是成千上万的,但每张订单都不足 1 000 美元,批量大、金额小的交易占了微软采购业务的 70%。大量资源都用于处理这些交易和多余的手制数据。改革后一项以 MS 命名的、颇具创新意识、以网络为基础的采购应用系统,跃入了更多微软雇员的眼帘。

二、MS 的功能

MS 是一种在线订购系统,在微软公司内部网上运行。它为雇员提供了易学易用的在线订单形式,如办公用品、电脑硬件、商务卡片、供应商合同、商业货运及差旅服务等。

MS 使诸如定价这样的信息合法化,确保每份订单都有专属的会计代号,并能自动把日常订单通过电子邮件发送到经过处理的等待批复通知。在世界范围内,MS 每年处理超过 40 万笔的交易,公司的订单交易额高达 50 亿美元。微软用批量交易与选定的交易商进行定价和折扣谈判,为公司创造了额外的成本节约。在运营的第一年,MS 帮助公司采购部重新分配以前负责处理订单的 19 位职员中的 17 位,让他们关注于分析采购数据,并与供应商谈判批量折扣。运行 4 年后,MS 为微软公司节省了上百万美元的营业费,提高了与供应商进行折扣谈判的能力,把每份订单的管理成本从 60 美元降低到 5 美元。仅此一项每年就节省了 730 多万美元。MS 在降低企业采购成本方面功勋卓著:至今共为微软节约了 1 800 万美元的采购成本。

此外，MS 还改变了职员管理商业申请和配置公司资源的方式，职员现可在线下订单，一般在 3 分钟内便能快速地完成，而且还免受管理大堆文件及烦琐的官僚程序之苦。

MS 成功地引导微软开始介入网站服务器的应用，建立了商业编辑程序的技术板块，成功地介入了建立普通电子商务企业内部网解决方案使用的样本站点。

任务驱动：通过以上案例导入如下任务。

（1）什么是电子商务采购？电子商务采购的模式有哪些？

（2）什么是电子商务供应链采购？其有什么特点？

（3）什么是智慧采购？智慧采购的流程是怎样的？结合微软的电子化采购系统的应用，分析电子采购有哪些优势。

任务分解

任务一　电子商务采购平台模式

一、采购与供应管理的目标

（一）采购与供应的概念

企业采购，是指企业在一定条件和要求的前提下，从供应市场购买公司需要的产品或服务作为企业资源，以保证企业正常展开生产、经营等活动的一项企业商业运行的重要活动。

供应是指供应商或卖方向买方提供产品和服务的全过程。一个企业采购原材料，同时向顾客提供商品，扮演采购与供应两种角色。

（二）采购与供应管理的目标

采购与供应管理是为了保质、保量、经济、及时地采购与供应生产经营所需的物品，对采购与供应过程进行一系列计划、组织、协调和控制，以保证企业经营目标的实现。

采购与供应管理的总体目标：以货真价实、数量符合要求、物料来源可靠、合适的供应商、准确的时间、发送到准确的地点为目标。

具体目标表述：提供不间断的物料、供应和服务，以便使整个组织正常运转；使库存投资和损失保持最低限度；保持并提高质量；发现或发展有竞争力的供应商；当条件允许时，将所购物资标准化；以最低的总成本获得所需的物资和服务；在企业内部和其他职能部门之间建立和谐而富有效率的工作关系；以可能的、最低水平的管理费用来实现采购目标；提高企业的市场竞争地位。

二、电子商务采购的概念与优势

21 世纪是一个信息化的时代,网络、通信和信息技术快速发展,Internet 在全球迅速普及,因此现代商业也具备了新的特征——不断增长的供货能力、不断增长的客户需求和不断增长的全球竞争。这一切给传统购销活动带来重大冲击和挑战,进而引发购销模式的剧烈变革,电子商务采购这一新的采购方式应运而生。

(一)电子商务采购的概念

电子商务采购也称为网上采购,是通过建立电子商务交易平台,发布采购信息或主动在网上寻找供应商、寻找产品,然后通过网上洽谈、比价、网上竞价实现网上订货,网上支付货款,最后通过网下的物流过程进行货物的配送,完成整个交易的过程。电子商务采购是 20 世纪 90 年代初期基于互联网技术兴起的采购模式。

(二)电子商务采购的优势

(1)它能够使企业通过网络寻找到合格的供货商和物品。

(2)随时了解市场行情和库存情况,编制销售计划,在线采购所需的物品。

(3)对采购订单和采购的物品进行在途管理、台账管理和库存管理,实现采购的自动统计分析。

(4)为采购提供了一个全天候、全透明、超时空的采购环境,即 365 天×24 小时的采购环境。

(5)该方式方便、快捷,而且交易成本低,信息公开透明,因此,对于企业来说,电子商务采购是企业战略管理的一种创新;对于政府来说,电子商务采购是政府遏制腐败的一项有效途径,B2B 电子商务采购与传统采购的比较见表 4-1。

表 4-1 B2B 电子商务采购与传统采购的比较

主要方面	主要区别	主要优势
采购成本	电子商务采购可以减少一定的中间成本和人为差错,并可简化订货过程	电子商务采购通过信息技术和雇员高效率的工作,使物资采购节约 10%~15%的成本
库存管理	电子商务采购的供应商与采购商之间的信息交流加快,能使采购商在存储、制造和批发环节上降低库存水平	使得总库存成本降低 20%~25%,为企业带来更高的利润率
生产周期	电子商务采购的供应商与采购商之间通过共享一些数据信息和关键技术,缩短产品的开发和生产周期	使得交货时间缩短 20%~25%,有利于增强企业的市场竞争力

三、电子商务采购平台的模式

电子交易市场经历了三个阶段:由一些独立的电子商务公司建立;开始吸收一些比较大的供应商或销售商;一些大的行业巨头开始联合建立自己的电子交易市场。电子商务采购平台通过广泛连接买卖双方来进行电子商务采购服务,电子商务采购平台有三种模式:卖方模式、买方模式和第三方模式。

（一）卖方电子平台模式

1. 卖方电子平台模式的概念

卖方电子平台模式是指供应商在互联网上发布其产品的在线目录，采购方则通过浏览来取得所需的商品信息以做出采购决策，并下订单以确定付款和交付选择。

2. 卖方电子平台模式的特点

（1）供应商必须要投入大量的人力、物力和财力以建立、维护和更新产品目录。

（2）采购方则不必花费太多就能得到自己所需的产品，但对于拥有几百个供应商的买方，就要访问众多的网站才能采购到需要的产品。

（3）卖方电子平台模式需要面临 B2B 电子商务采购与企业内部信息系统无法很好集成的问题。因为采购方与供应商是通过供应商的系统进行交流的，由于双方所用的标准不同，供应商系统向采购方传输的电子文档不一定能为采购方的信息系统所识别，进而延长了采购时间。

（二）买方电子平台模式

1. 买方电子平台模式的概念

买方电子平台模式是指采购方在互联网上发布所需采购产品的信息，供应商在采购方的网站上登录自己的产品信息，以供采购方评估，并通过采购网站进行进一步的信息沟通，完成采购业务的全过程。

2. 买方电子平台模式的特点

（1）采购方承担了建立、维护和更新产品目录的工作，虽花费较多，但采购方可以控制整个采购流程。

（2）采购方可以限定目录中所需产品的种类和规格，甚至可以给不同的员工在采购不同的产品时设置采购权限和数量限制。

（3）员工只需通过一个界面就可了解到所有可能供应商的产品信息，并能方便地进行对比和分析。

（4）由于供求双方是通过采购方的网站进行文档传递的，因此采购网站与采购方的信息系统之间无缝连接，这些文档可流畅地获得识别和处理。

（三）市场电子平台模式

1. 市场电子平台模式的概念

市场电子平台模式是指通过买卖双方之外的第三方设立的网站进行采购业务的过程。

2. 市场电子平台模式的特点

在这个模式里，无论是供应商还是采购方都只需要在第三方网站上发布并描述自己提供或需要的产品信息，第三方网站则负责产品信息的归纳和整理，以便用户使用。该模式是现在电子商务采购模式中应用最广泛的。

以阿里巴巴、慧聪网、环球资源为代表的第一阵营仍旧占据着 B2B 电子商务市场的绝大部分份额。其中尤以阿里巴巴的表现最为突出，阿里巴巴的注册会员数、付费会员数以及全年营业收入占总体市场规模的比例都超过了50%。例如，美国"快速配对"（fast parts）公司是一个专门交易积压电子元件的网上市场，它拥有大量的供应商和购买方的信息。该公司通过网上市场对不愿透露公司名称的企业的积压电子元件进行拍卖。这种方式使卖方获得了比传统经销商出价更高的销售价，买方则以市场价迅速获得它需要的电子元件。更重要的是，"快速配对"公司检验了这些产品，并给予这些产品以可靠的质量保证，"快速配对"公司则提取8%的佣金，这是一个三方皆赢的市场。

任务二　电子商务采购方式

一、联合采购

（一）联合采购的含义

联合采购又称共同采购，是由一组独立的零售商汇聚在一起向供应商大批量地采购相同的商品，目的是可以获得数量折扣。它是多个企业之间的联盟采购行为，是集中采购在外延上的进一步拓展。集中采购是企业或集团企业内部的集中化采购管理。

（二）联合采购产生的原因

现代企业在进行竞争时，考虑在客户的身上赚取应得的利益，已经不是件容易的事。提高产品的质量及加强服务的力度，以获得微薄的利润，为保住企业的生命而忙忙碌碌终将不是长久之计。如果从企业外部来分析我国企业的现行采购机制，其外部特征是各企业的采购基本上仍是各自为战，各企业之间缺乏在采购及相关环节的联合和沟通，重复采购、采购效率低下等现象突出，很难实现经济有效的采购目标，由此导致的主要问题有以下几方面。

（1）多头对外，分散采购。对于通用和相似商品无法统一归口和合并采购，无法获得大批量采购带来的价格优惠，使各企业的采购成本居高不下。采购管理政策完全由企业自行制定，其依据为企业自身的采购需求和采购环境条件，与其他企业基本没有横向的联系，不了解其他企业的采购状况和需求。

（2）各企业自备库存，又缺乏企业间的库存资源、信息交流和统一协调，使通用材料的储备重复，造成各企业的库存量增大，沉淀和积压的物资日益增多。

（3）采购环节的质量控制和技术管理工作重复进行，管理费用居高不下。以转包生产行业为例，各企业在质量保证系统的建立和控制、供应商审核和管理、器材技术标准和验收规范等各类相关文件的编制和管理上未实现一致化和标准化。

（4）采购应变能力差。由于市场原料、生产厂家、运输等原因造成的商品供应不足不可避免，由于采购周期比较长，紧急需求难以满足。

（三）联合采购的意义

1. 联合采购，降低价格

联合采购的优势是将中小企业的商品采购汇总起来，形成强大的集团采购，如同批发和零售的价格差距一样，采购的单价与采购的数量成反比，即采购的数量越大，采购的价格越低，从而具备和厂家谈判的资格。企业间联合采购，合并采购数量，通过统一采购使采购单价大幅度降低，使各企业的采购成本降低。

2. 联合运输，降低运费

商品的单位重量运费率与单次运输总量成反比，特别是在国际运输中更为明显。企业在运输环节的联合，可通过合并小重量的货物运输，使单次运量加大，从而可以较低的运费率计费，减少运输费用支出。

3. 联合资源，库存共享

通过实施各企业库存资源的共享和统一调拨，大幅度减少备用商品的积压和资金占用，提高各企业的紧急需求满足率，减少因商品供应短缺造成的生产停顿损失。

4. 透明报价，堵住漏洞

联合采购提倡透明、公开的报价，实现供需双方最直接的沟通。联盟将每件产品的价格公开，公司管理者可以监督，采购人员可以监督，甚至公司的每个员工也可以监督，阳光地采购，杜绝"回扣"。

5. 共建平台，管理服务

联盟的最终目标是通过建立每个企业的信息平台，最终实现联盟内每个采购企业与供应商的直接对话。联盟的优势就是规模上的优势，上万家中小企业的采购量足以建立一支规范、专业的服务队伍。这支队伍只为联盟的会员单位服务，因此可以更专业、更快捷。

（四）联合采购模式

1. "联席会议"式

当多家企业遇到重大的采购行动时，各方代表坐下来集体协商，签订一个多方协议，又称战略联盟式。多家企业出于对整个世界市场的预期目标和企业自身总体经营目标的考虑，采取的一种长期联合与合作的采购方式。这种联合是自发的、非强制性的，联合各方仍保持各个公司采购的独立性和自主权，彼此依靠相互间达成的协议及经济利益的考虑联结成松散的整体。国际上一些跨国公司为充分利用规模效益，降低采购成本，提高企业的经济效益，正在向采购战略联盟发展。

2. 股份公司制

各零售商出资成立采购股份公司，负责会员的采购工作。例如，2003年由湖南步步高、山东家家悦、广西佳用、宁波三江等四家区域性连锁超市共同投资组建的上海家联联盈采购有限公司。

3. 报账式

各零售商将要采购的单子"凑份子"，可多可少，能合并"同类项"的就合并，不能合并的就各自为政。

二、电子招标采购

（一）招标采购的含义

所谓标，就是标书，是任务计划书、任务目标的意思。招标采购，是通过在一定范围内公开购买信息，说明拟采购物品或项目的交易条件，邀请供应商或承包商在规定的期限内提出报价，经过比较分析后，按既定标准确定最优惠条件的投标人并与其签订采购合同的一种高度组织化采购方式。

电子招投标是以数据电文形式完成的招标投标活动。通俗地说，就是部分或者全部抛弃纸质文件，借助计算机和网络完成招标投标活动。

（二）招标采购的特点

1. 招标程序的公开性

有时也指透明性，是指整个采购程序都在公开的情况下进行。公开发布投标邀请，公开开标，公布中标结果，投标商资格审查标准和最佳投标商评选标准要事先公布，采购法律也要公开。美国采购学者亨瑞芝将招标程序的公开性比喻为"如在金鱼缸中"，人人都可洞察一切。

2. 招标程序的竞争性

招标就是一种引发竞争的采购程序，是竞争的一种具体方式。招标的竞争性充分体现了现代竞争的平等、信誉、正当和合法等基本原则。招标作为一种规范的、有约束的竞争，有一套严格的程序和实施方法。政府采购机关通过招标程序，可以最大限度地吸引和扩大投标人的竞争，从而使招标方有可能以更低的价格采购到所需的物资或服务，更充分地获得市场利益，有利于政府采购经济效益目标的实现。

3. 招标程序的公平性

所有感兴趣的供应商、承包商和服务提供者都可以进行投标，并且地位一律平等，不允许对任何投标商有歧视；评选中标商应按事先公布的标准进行；投标是一次性的，并且不准同投标商进行谈判。所有这些措施既保证了招标程序的完整，又可以吸引优秀的供应商来竞争投标。

4. 招标程序的公正性

在对所有表述进行审查和评比的过程中，保持统一的评判标准，不带任何的偏袒、任何的遮掩，保持整个采购程序在具体操作时都是公开进行的，非常透明，并最终确保和维护供应商和采购实体双方的利益。

（三）招标采购的方式

1. 公开招标

公开招标又称竞争性招标，由招标人在报刊、电子网络或其他媒体上发布招标公告，吸引众多企业参加投标竞争，招标人从中择优选择中标单位的招标方式。公开招标是一种主要的采购方式，也是一种无限制的竞争方式，优点在于投标不受地域限制，招标人有较大的选择余地，可在众多的投标人中选定报价合理、信誉良好的供应商，有助于打破垄断，实行公平竞争；其缺点在于招标周期长，工作复杂，投入资金太多。公开招标方式又可分为国际竞争性招标和国内竞争性招标。

2. 邀请招标

邀请招标又称有限竞争性招标或选择性招标。由招标单位选择一定数目的企业，向其发出投标邀请书，邀请他们参加招标竞争。一般选择3～10家企业参加较为适宜，当然也要视具体招标项目的规模大小而定。由于被邀请参加的投标竞争者有限，不仅可以节约招标费用，而且提高了每个投标者的中标机会。然而，由于邀请招标限制了充分的竞争，因此招投标法规一般都规定招标人应尽量采用公开招标方式。

（四）招标采购工作流程

1. 策划

组建项目招标委员会。招标委员会由采购主管部门组织，聘请工程、商务、外汇、法律等各有关方面的专家组成，负责解释项目招标中遇到的各种问题，并指导招标工作。

制作招标采购文件。招标采购文件主要有招标通告、投标人须知、合同条款、技术规格、投标书的编制要求、投标保证金等。

制定标底。招标委员会应通过项目预算，确定合同的价格水平，亦称"标底"，是招标委员会掌握的底牌，是绝对保密的。

确定招标方式。采购方与招标代理机构办理委托手续，确定招标方式。招标方式分为公开招标、邀请招标、议标三种。

投标人资格审查。作为招标人的连锁企业可以根据招标项目本身的要求，在招标公告或者投标邀请书中，要求潜在投标人提供有关资质证明文件和业绩情况，对于愿意承担招标项目的投标人进行财务状况、技术能力、资信等方面的预先审查，目的是选择确有能力的投标人。

2. 招标

在招标方案得到公司的同意和支持以后，就要进入实际操作阶段。招标的第一个阶段就是招标阶段。招标阶段的工作主要包括以下方面。

（1）形成招标书。招标书是招标活动的核心文件，要认真起草好招标书。

（2）对招标书的标底进行仔细研究确定。有些要召开专家会议，甚至邀请一些咨询公司代理。

（3）招标书发送。要采用适当的方式，将招标书传送到所希望的投标人手中。例如，对于公开招标，可以在媒体上发布；对于选择性招标，可以用挂号或特快专递直接送交所选择的投标人。有些标书规定是要交一定保证金的，那么这些则要交钱以后才能得到招标书。出售招标文件对潜在投标人进行资格审查。

3. 投标

投标是指投标人应招标人的邀请或投标人满足招标人最低资质要求而主动申请，按照招标的要求和条件，在规定的时间内向招标人递价，争取中标的行为。投标人在收到招标书以后，如果愿意投标，就要进入投标程序。

投标书、投标报价需要特别认真地研究，仔细地论证完成。这些内容是要和许多供应商竞争评比的，既要先进，又要合理，还要有利可图。

4. 开标

招标委员会依据招标公告或邀请函中规定的时间、地点，将截止日期前收到的全部投标文件，在所有投标人或代表在场的情况下，当场开封、当众宣读供应商名称、有无撤标情况、提交投标保证金的方式是否符合要求（在有保证金的前提下）、投标项目的主要内容、投标价格及其他有价值的内容。

5. 评标

开封后，投标人可以当着全体评标小组陈述自己的投标书并接受全体评委的质询，甚至参加投标辩论。

招标委员会将投标文件的标价以及其他条件汇总，选取其中报价最低的四、五份投标文件，进行深度审查、鉴别、比较，直至决定中标单位。这一阶段，是在秘密条件下进行的。

6. 决标

决标是以评标报告及其推荐意见为依据，由招标委员会决定中标人，同时向中标人发出中标通知书的环节，对未中标的人一般可不通知，或明确通知，并表示感谢。

7. 签订合同

中标人在接到正式的"中标通知书"后，即应在规定的时间内与采购方签订承包合同。合同先由一方起草，并在草稿的基础上进行磋商，达成一致意见后签署正式合同。

三、供应链采购

（一）供应链采购的含义

20世纪90年代后期，人们发现，仅抓好各个企业自身的优化还不够，因为在经济越来越市场化、全球化、一体化，各个企业是互相联系、互相依靠的。供应链是围绕核心企业，通过对信息流、物流、资金流的控制，从采购原材料开始，制成中间产品以及最终产品，最后由销售网络把产品送到消费者手中的，将供应商、制造商、分销商、零售商直到最终用户连成一个整体的功能网链结构模式。

供应链采购的目标是将客户所需的正确的产品（right product）在正确的时间（right time）、以正确的数量（right quantity）、正确的质量（right quality）、正确的状态（right status）和正确的价格（right price）送到正确的地点（right place），实现总成本最小。

在供应链采购中，供应链各节点企业之间的采购，在供应链机制下，不再由采购者操作，而改由供应商进行操作。采购者只需要把自己的需求规律信息即库存信息向供应商连续及时地传递，供应商即可根据自己产品的消耗情况不断及时地连续地小批量补充库存，保证采购者既满足需要又使总库存量最小。供应链采购对信息系统、供应商操作的要求都比较高。

（二）供应链采购的特点

1. 从为库存采购到为订单采购的转变

在传统采购模式中，采购的目的就是为了补充库存，即为库存而采购，采购过程缺乏主动性，采购计划较难适应需求的变化。在供应链管理模式下，采购活动紧紧围绕用户需求而发出订单，因而不仅可及时满足用户需求，而且可减少采购费用，降低采购成本。

2. 从内部资源管理向外部资源管理转变

在传统的采购模式中，采购管理注重对内部资源的管理，追求采购流程的优化、采购环节的监控和与供应商的谈判技巧，缺乏与供应商之间的合作。在供应链管理模式下，转向对外部资源及对供应商和市场的管理，增加了与供应商的信息沟通和市场分析，加强了与供应商在产品设计、产品质量控制等方面的合作，实现了超前控制、供需双方合作双赢的局面。

3. 从一般买卖关系向战略协作伙伴关系转变

在传统的采购模式中，与供应商的关系是一般短期买卖关系，采购理念停留在压榨供应商、频繁更换供应商上，无法共享各种信息。在供应链模式下，与供应商建立长期合作伙伴关系甚至战略协作伙伴关系，共享库存和需求信息，共同抵御市场风险，共同研究制定降低成本的策略，把相互合作和双赢关系提高到全局性、战略性的高度。

四、集中采购

（一）集中采购的概念

集中采购是同一企业内部、同一企业集团内部或连锁企业在企业核心管理层建立采购机构，集中采购数量，统一组织所需物品的采购，形成规模效应，得到供应商的最大数量折扣，从而降低采购成本。

（二）集中采购的优点

1. 有利于采购资源整合

在管理体制保证的前提下，通过集中采购，公司总部将分散在各分公司的采购资源加以整合，对外体现一家人、拧成一股绳，可以使采购规模增大，吸引更多的供应商加入公司的供应商队伍。集中采购为资源整合提供了便利，提供了舞台。资源整合不是采购数量的简单加总，而是从战略上或更高的层面上调整供应商结构，谋求从更广泛的市场范围内调控资源渠道，提高资源的保障度，利于总公司对采购活动进行有效的控制，在物料紧缺时，企业内可以相互调拨。

2. 有利于供应链管理

供应链是上、下游企业之间一种基于协作协调、良性互动的经营战略，它以彼此的主要产品为纽带，把跨企业的业务运作联合起来，以期共同降低经营成本、经营风险，提高竞争力。采购管理是供应链管理的关键环节，集中采购又使供应链管理在更广、更大、更深的空间内实施。通过集中采购产生的跨地区、跨行业企业之间的合作以及产品互供更加频繁和易于达成，供应链更加顺畅、更加高效。

3. 有利于物流优化

物流是指物品从供应地向接收地的实体流动，是根据实际需要，将运输、储存、装卸、搬运、包装、流通加工、配送、信息处理等功能进行有机结合。物流服务能将传统的仓储、运输、装卸、包装等物流活动信息化、系统化、专业化，克服一体化供应链存在的效益背反思想，赋之以新的增值服务内容，实现在较大范围内降低产品在流通领域的整体成本，以达到满足客户需求、优化资源配置的目的。集中采购的推行，使得采购资源得到了调配统一、分拨有序，货物的流向和流量得到了有效控制，方便了企业组织生产，实现了物流优化。

4. 有利于降低交易费用和节约采购成本

集中采购的一个特点是把大量分散的重复劳动集中在一起，通过向供应商询价、供应商报价、汇总，对供应商提供商品的质量、价格、服务、保障度、美誉度、应对突发事件的能力等方面做出评价，结合总部和各分公司所做的市场调研，做出季度采购草案，提交集中采购领导小组讨论通过，整个过程主要依靠电话和传真交流沟通，日程安排紧凑，占用时间较短，能够大大降低交易费用。由于集中采购遵循了市场经济的规律，具有招标采购的部分特点。一方面，能够在供应商之间挑起"背靠背"竞价，各供应商为了达到其竞争目标，存在竞相以优惠的价格出卖产品的客观事实；另一方面，由于集中采购的规则由买方制定，买方可以更加方便地采用有利于己方的方案确定交易，实现最佳资源配置的目标，而且还可大大节约采购费用。

5. 有利于规范采购行为，提高采购过程的透明度

集中采购从制度上解决了计划权、采购权、使用权的三权分离问题，健全了规章制度，明确了各部门的分工，合理解决了部门之间的接口，规范了采购行为；采购的全过程分别由不同部门协作完成，分别接受法律事务、质量检查、财务、纪检等部门的监督和检查，提高了采购过程的透明度，能够有效地防止腐败滋生。

五、全球采购

（一）全球采购的概念

全球采购又称国外采购、国际采购，主要是指国内采购企业直接向国外厂商采购所需要物资的一种行为。全球采购是利用全球的资源，基于电子商务交易平台，整合互联网技术与传统工业资源，在全世界范围内寻找供应商和质量最好、价格合理的产品。全球采购在地理位置上更加拓展了采购的范围，也是大型企业全球化战略的必然要求。

（二）全球化采购的优点

1. 可以扩大供应商价格比较范围，提高采购效率，降低采购成本

通过全球化采购，在全球范围内对有兴趣交易的供应商进行比较，可以降低价格以获得更好的产品和服务。由于地理位置、自然环境以及经济差异，各个国家和地区的资源优势是不同的，全球化采购突破了传统采购模式的局限，从货比三家到货比百家、千家，有助于企业大幅度降低采购费用，降低采购成本，大大提高采购工作效率。

2. 全球化采购可以利用汇率变动进一步降低商品的采购成本

在签订国际快递间商品买卖合同时，应考虑到汇率变动对购买成本的影响。因为贸易合同从签订到实施有一定的时间间隔，而汇率又是在不断变化着的，因此在选择以何种货币作为支付工具时，应考虑在该时段内金融市场汇率的变动趋势，以便从中获得收益。

3. 实现生产企业为库存而采购到为订单而采购

在全球电子商务模式下，采购互动是以订单驱动方式进行的。制造订单是在用户需求订单的驱动下产生，然后制造订单驱动采购订单，采购订单再驱动供应商，这种准时化的订单驱动模式可以准时响应用户需求，从而降低库存成本，提高速度和库存周转率。

4. 实现采购管理向外部资源管理的转变

由于全球化采购下供需双方建立起了一种长期的、互利的合作关系，所以采购方可以及时把质量、服务、交易期的信息传送给对方，使供方严格按要求来提高产品与服务，并根据生产需求协调供应商计划，实现准时化采购。特别是采用电子商务采购，为采购提供了一个全天候超时空的采购环境，降低了采购费用，简化了采购过程，大大降低了企业的库存，使采购交易双方形成战略伙伴的关系。

5. 实现采购过程的公开化和程序化

通过全球化采购可以实现采购业务操作程序化，有利于进一步公开采购过程，实现实时监控，使采购更透明、更规范。企业在进行全球化采购时，必须按软件规定流程进行，大大减少了采购过程的随意性，通过全球化采购还可以促进采购管理定量化、科学化，实现信息化的大容量与快速传递，为决策提供更多、更准确、更及时的信息，使得决策依据更充分。

六、智慧采购

采购行业变革历经了线下传统采购、线上采购、电商化采购的商业模式，迎来了智慧采购的全新模式。

（一）智慧采购兴起的背景

一是经济增速放缓，企业间竞争加剧，成本控制必不可少。二是人口红利消失，劳动力越来越贵，直接提高了企业用工成本，又转嫁到各行各业，导致企业上游合作成本提升，企业要么话语权强行转嫁给下游，要么以效率提升来化解难题。正是在这样的背景下，企业服务市场兴起，而采购作为企业的成本中心，越来越受到重视，由此产生了企业级电商的需求，它是面向企业采购人员提供的电商服务平台。三是随着物联网、云计算、大数据、人工智能等技术发展，先使得消费互联网变得更智慧化，再传递到企业互联网市场。新技术让"按需采购"成为可能，智能化仓库管理让履约效率提升，种种变革带来的"智慧采购"，让企业采购更人性化，更有温度，服务体验也更好了。

（二）智慧采购的概念

智慧采购是基于互联网电商平台系统内已有的订单，将订单按照不同的供应链自动生成采购订单。相对于手动新增采购订单，智慧采购可解决的业务问题包括：确定哪些商品该下订单，采购量如何确定；利用现有数据，如库存量、订单量、历史销量等数据来科学进行订货；减少人为订货带来的一系列效率问题。

智慧采购让下游客户的订单一键转化为上游供应商手里的采购订单，简化了采购链条上的环节，拉近了供需双方的距离，不仅节约时间和资源，更重要的是给采购提供了人为操作所不具备的技术和数据支撑，让科学采购变成现实，让采购变得智能，让采购更懂市场。

智慧采购使企业供应链业务内容包括线上线下全渠道需求预测、销售计划、库存优化、全渠道流量计划、仓配网络计划等关键节点，业务领域全面覆盖，采购平台从消费分析、供应商选择、补货到货物调拨、仓储配送等各个环节，以科技变革驱动行业变革，为智慧采购的战略布局奠定了坚实的基础。通过对跨领域数据和算法的融合，产生了乘法效应，为各采购业务流程提供了全方位智能解决方案，实现商业价值最大化。

（三）智慧采购的特征

1. 连接

智慧采购连接的是电商资源，通过连接电商资源实现以下价值。

（1）对标准化物资实现目录化管理和超市化采购，通过超市化采购简化相关的采购流程，减少甚至消除相关的事务性工作；通过目录化采购实现非生产性物资的规范化、集约化采购。

（2）在寻源过程中，通过连接微盟等大型撮合交易平台，可快速发现大量新供应商，提高寻源的效率和质量，优化企业供应商的结构。

2. 融合

智慧采购将优秀互联网服务融合在采购云平台上，通过融合为企业提效赋能。例如，智慧采购服务可以融合同行业内其他 App 价格行情，实现商品招标评标过程中价格规则的自动化处理，实现商品到货时基于当日最新现货价确定结算价的自动化处理。通过融合，充分利用高质量的互联网资源，为供需双方节约大量的劳动力和时间成本。

3. 联想

具体体现为智慧采购过程中的各种自动推荐，其背后是基于大数据的感知和推荐技术。例如，在招标邀请供应商时，向买家推荐优质供应商，展现供应商的业绩及历史上的不良行为；在发布公开招标公告时，将采购公告作为商机推荐给合适的供应商；定标时，方便查看供应商全方位的表现；搜索商品时，向买家推荐优质商品，买家也可以看到同行更多人的选择；以"品类经理"的视角向买家提供各采购品类的内外部洞察；智慧采购基于大数据的感知和推荐技术而提供的联想特性，能为采购工作主动赋能。

4. 自动

为采购需求自动分配采购员；为采购需求自动匹配框架协议，实现协议直采；通过评标模板和规则实现自动评标，自动定标；通过价格规则实现自动比价，自动推荐入围供应商；基于自动化的标签技术实现对供应商的邀请选择自动化；采购自动化程度越高，采购违规的风险就越低，甚至不存在。

5. 判断与决定

自动只是一种行为，自动行为的背后是判断与决定。借助人工智能技术、机器学习技术、自动化的标签技术，实现智慧采购的判断与决定在以下方面发挥作用：基于场景的供应商的入围或筛选；采购合规控制；供应商评价和绩效等。

6. 数据洞察

智慧采购是数据驱动的采购，平台通过强大的数据计算和分析能力，引领企业从传统的流程建设型向数据洞察型转变。洞察特性对于智慧采购而言是金字塔之巅，洞察特性依赖于"连接""融合""联想""自动""判断与决定"的支撑。智慧采购使采购更具前瞻性、可预见性，如通过大宗物资的采购价格数量、在库情况、现期货价格波动情况，洞察大宗物资潜在的机会与风险；融合第三方征信平台+自有采购行为数据，洞察供应商的潜在风险。此外，智慧采购还通过"采购驾驶舱"向高层管理者提供采购业务推进、采购节约、采购合规、采购效率、供应商动态等方面的全面洞察，使得采购工作从传统的流程管控向数据洞察转变。

（四）智慧采购应用

1. 基于场景化的一站式采购

企业采购需求复杂，简单的商品呈现、展示、搜索很难满足需求。因此，依托大数据管理平台将企业采购需求进行收集，并对千万级的 SKU 商品进行场景化分类，满足个人生活消费、企业生产、企业办公、员工福利、营销礼品等多场景的一站式采购需求，降低了采购的选品难度，并整合了金融、云服务等领域的资源，提升采购的体验。

2. 以科技智能化实现智慧采购，提升供需两端的体验

对需求方而言，智能化的技术可以精准地描绘需求画像，识别采购需求，进行商品推荐；对供给方来说，反向驱动供应链管理模式优化，以数据牵引，发展逆向供管，精准匹配供需关系，从而实现按需生产，避免产品滞销。

3. 推动个性化采购，可以让每个用户享受良好的采购体验

过去为了成本和效率，采购容易落入俗套、毫无新意。随着移动电商化采购的发展，个性化需求得以满足，通过不同场景的智能化技术支持，市场风向稍有变动就能让买方迅速做出采购反应，在兼顾采购成本、服务效率的同时，也提升了用户体验。

任务三　智慧采购业务流程与管理

一、智能化分析采购需求，确定采购计划

（一）需求分析的内容

1. 分析商品市场的销售量、潜在需求量，分析企业的市场占有率及变化

例如，网络自动分析市场规模有多大？潜在顾客有多少？客户分布在哪些地区？市场内各顾客群体目前购买各项产品/服务所消费的金额/数量是多少？目前市场的产品趋势是怎样的？现在位于产品生命周期的哪一个发展阶段？

2. 分析消费者的爱好变化，根据消费者需求开发产品，细分并确定新的目标市场

例如，购买产品的是怎样的消费者（主要对象消费群及次要消费群）？不同收入水平消费者的商品需求结构有何不同，都有哪些消费心理的变化？这些顾客聚居在哪里？他们的背景、习惯是什么？哪些因素会影响他们消费的取舍？消费购买的决定，有哪些人参与拿主意？顾客隔多久会再购买？他们到何处购买？有特别的节日或时间吗？他们会花费多少钱呢？这些顾客消费时有何取舍？他们有何需求？顾客对品牌忠心吗？可以建立一批长期忠心顾客群吗？

3. 引起市场商品销售变化的客观因素

例如，市场内正面临哪些演变？包括社会、环保或经济环境方面的演变。这些演变将如何影响营销状况？城乡市场需求变化（特点及其变化规律）有哪些？

4. 竞争对手分析

例如，市场上哪几个企业是主要竞争对手？它们目前占据多少市场份额？这些对手的强弱（如品质、价格、服务水平、结账期、地点、商誉等）分别是什么？当你打入市场，他们将如何反应？分析竞争对手的产品或服务，并研判顾客心中将如何拿你的产品/服务和竞争对手做比照，孰优孰劣？在市场竞争的成败中，关键涉及哪些因素？

（二）确定采购计划

采购计划是指根据网络市场要求、移动网络经营企业销售和采购环境容量等数据，确定采购时间、采购数量以及采购作业活动。建立在信息化、数字化、网络化、集成化、智能化、柔性化、敏捷化、可视化、自动化等先进技术基础上进行的特征数据分析，实现采购计划合理设定。

1. 消费导向

智慧采购计划属市场消费导向，企业智慧供应链管理平台的搭建实现消费数据供、产环节实时共享，市场消费导向属性明显。

2. 企业年度生产计划

企业年度生产计划中规定生产什么、生产多少直接影响企业采购物料品种的数量。

3. 库存数量

由于应购数量必须扣除库存数量，因此对库存状况的分析，可根据配送中心或仓管部门提供的数据来进行综合，在根据销售部门"进、销、存"自动管理系统进行初步分析的基础上确定。

4. 生产效率

物料生产效率降低，会导致物料的存量提高，而使采购计划中的数据偏多。生产效率有降低趋势时，智慧采购计划要将商品存量实时计算进去，才不会使物料过于堆积。

（三）打造智慧供应链

供应链是生产流通过程中，围绕"将产品或服务送达最终用户"这一过程的上下游企业形成的网链结构，归根到底离不开其中的商流、物流、信息流和资金流。为使这些资源运转通畅，供应链管理需要达成七个目标：以顾客为核心，以市场需求为原动力；强调企业核心业务在供应链上的定位，避免所有环节一把抓；传统供应链管理系统中，商务伙伴之间经常关系恶劣，应改为建立紧密合作、共担风险、共享利益关系；利用信息系统优化运作效率；缩短产品完成时间，使生产尽量贴近实时需求；对工作、实物、信息和资金流程进行合理设计、执行、检讨和改进；减少环节之间的成本。

电商和快时尚的出现使得消费品供应链管理的形态出现很大的差别。传统模式是商家生产产品，通过营销、广告等手段推给消费者；依靠平台和数据的供应链管理则是拉式的，即先了解消费者真正需要的东西，再做产品设计和开发，让生产与开发过程紧密连接，在最短的时间内将消费者最喜欢的东西提供给他们，传统模式与DT模式（见表后注解）的区别见表4-2。

表4-2 传统模式与DT模式的区别

项目	传统模式	DT模式
生产	做了再卖（推式供应链）	卖了再做（拉式供应链）
产品	同质化，一款万人用	人性化，人人设计

续表

项目	传统模式	DT 模式
价位	渠道费用高，零售价为成本的 5~10 倍	中介平台化，客户对接工厂，零售价是成本的 2 倍左右
库存	高库存，资金周转慢	零库存，没有资金压力
投资	投资高、成本高、备货压力大，回报低且慢	投资低，收款后再生产，无备货压力
客户	黏性低、忠诚度低、维护成本高	黏性高、复购率高、维护成本低
成本	成本导向，严控成本	投入产出导向，突破瓶颈

注：DT 是数据处理技术（data technology），IT 是信息技术（information technology）。人类正从 IT 时代走向 DT 时代，IT 时代是以自我控制、自我管理为主，而 DT 时代是以服务大众、激发生产力为主。

在智慧供应链的改造实践中，企业管理者和员工的意识往往比技术层面的问题更加关键。要达成这些目标，企业经营思路应有以下转变。

转变一：变成本控制导向为投入产出导向

面对电商冲击时，传统供应链管理暴露出的最大问题往往是库存，因此企业应该用新的视角审视其投资和运营成本。传统模式下的成本导向思路是计算"我每花一块钱，要赚回多少块钱"；而互联网化的运营思路不应把成本作为核心考量，而更多的是一种投入产出的视角，要看投资是否可以提升供应链效率，防止缺货，减少库存，最终收益提高收益。

转变二：抛弃全知全能的心态

供应链管理讲求企业重新思考自己的核心竞争力，把薄弱的、非核心的环节通过外包或与生态伙伴合作的方式解决。完全一体化的组织形式不能让供应链效率最大化，但如果完全开放和市场化，中间也会产生沟通和对接成本。要抛弃过往什么都要自己做的心态，核心就是搞清楚你在产业链里面的位置，用数据来链接上下游的伙伴，形成新的商业关系。与此同时，企业也要注意防范风险，与上下游合作伙伴形成良好的利益分配格局，健全监督机制，规范产品或服务的标准。

二、利用大数据分析、选择供应商

供应商选择包括开发、选择，大数据环境下的供应商开发利用互联网作为主要工具，以信息收集作为关键的途径，以采购需求作为主要动力，寻求能够适应动态变化的市场需要的交期短、质量高、成本低、服务好的制造供应商和贸易供应商。不同的企业在选择供应商时，所采用的步骤会有差别，但基本的步骤应包含下列几个方面。

（一）建立评价小组

企业必须建立一个小组以控制和实施供应商评价。组员来自采购、生产、财务、技术、市场等部门，组员必须有团队合作精神、具有一定的专业技能。评价小组必须同时得到制造商企业和供应商企业最高领导层的支持。

（二）通过数据挖掘建立供应商数据库

通过互联网等途径建立供应商信息主数据库，通过采购人员、销售人员或行业杂志、网站等媒介渠道了解市场上能提供所需物品的供应商。

（三）列出评估指标并确定权重

据调查统计数据显示，企业在选择供应商时，首要标准是产品质量，这与国际上重视质量的趋势一致；其次是价格，92.4%的企业考虑了这个标准；69.7%的企业考虑了交货提前期；网络买家好评率、批量柔性、品种多样性等指标也是企业考虑的因素。每个评估指标的重要性对不同的企业是不一样的。因此，对于不同的企业，在进行评估指标权重设计时也应不同。

三、进行网络谈判，签订电子合同

（一）采购谈判

采购谈判是指买卖双方就共同关心的问题互相磋商，交换意见，寻求解决的途径和达成协议的过程。

1. 确定谈判的目标

谈判目标指谈判人员为满足自身的需要而确定的指标或指标体系。既是谈判的起点，也是谈判的归宿和核心问题。应根据谈判情形选择不同层次的目标。

（1）最低限度目标。谈判者期待通过谈判所要达成的下限目标，它对一方的利益具有实质性作用，是谈判的底线，是不能妥协的。否则，就失去谈判的意义，只好放弃谈判。

（2）可接受目标。指谈判一方根据主客观因素，考虑到各方面情况，经过认真分析后纳入谈判计划的目标。这种目标能使谈判一方获得实际需要的利益，是一方希望达到的目标，谈判人员应努力争取实现。但它也具有一定的弹性，当争取该目标的谈判陷入僵局时也可以放弃。

（3）最优期望目标。谈判者希望通过谈判达成的上限目标，是对谈判一方最有利的理想目标，它能在满足一方的实际需求之外，还能获得额外的利益。这种目标带有很大的策略性，在谈判中一般很难实现，因为谈判是各方利益分配的过程，没有哪个谈判方甘愿将利益全部让给他人。

2. 对谈判环境因素的调查与分析

对谈判环境因素的调查与分析是指在进行谈判之前，对可能影响谈判的主客观因素，进行调查研究，预测成败得失，以确定其是否可行，为谈判选择方案奠定基础。谈判准备阶段的可行性研究主要包括以下几个方面。

（1）政治法律方面的信息。如国家对企业的管理程度，涉及企业自主权的大小；经济的运行机制。如是计划体制，要看企业之间的交易买卖有多少列入国家计划，有没有争取到计划指标。在市场经济条件下，企业自主权较多，可以全权决定交易的取舍；对方当局政府的稳定性；政府与买卖双方之间的政治关系。谈判人员还必须具有很强的法制观念，明晰法律制度、法律的执行程度、法院受理案件的时间长短等。对有关的法规和细则都必须有很充分的了解，利用法律来维护自己的权益。

（2）经济环境的信息。这主要是指市场经济的形势和市场行情方面的信息。每一个谈判人员都要了解整个社会的生产力总体发展水平、社会分工状况、消费收入水平、市场需求及市场竞争状况,这些都将影响商品品质标准、价格高低等诸多方面。

(3) 自然环境的信息。社会的主体要从事交易、谈判等经济活动,都离不开一定的自然环境。由于自然环境的不同,就决定了产品的原材料供应、运输方式、储存条件及商品的包装、装饰等多方面的差异,所以谈判人员应该对经济活动的自然环境方面的信息做一个充分的了解。

(4) 文化环境的信息。这是指一个国家、地区的民族文化传统,如风俗习惯、伦理道德观念、价值观念等方面的文化背景方面的信息。由于人们在不同的社会文化背景下成长和生活,各有其不同的基本观念、信仰和生活习惯,这是在不知不觉中自然形成的,成为人们的一种行为规范。所以,谈判人员应该充分了解各国、各地区或各民族的文化背景,以便于研究对方的性格爱好,尊重对方的风俗习惯,这对于维持良好的谈判气氛是十分有益的。

3. 了解谈判对象

成功的谈判,不仅在于能够充分地认识自己,也在于准确地预测对方。那么,我们就要对对方有一个清楚的了解,才能更好地进行谈判工作。

(1) 要调查了解供应商情况。应了解企业的性质,了解企业的所在地区,了解企业的资本属性,了解企业的历史、产品的市场声誉,了解供应商企业财务状况、商业信誉及履约能力的审查等。

(2) 要调查了解谈判对手的情况。在了解对方谈判人员的权限和对方谈判时限的同时,还要从多方面搜集对方信息,以便全面掌握谈判对手。例如,谈判对手谈判班子的组成情况,即主谈人背景、谈判班子内部的相互关系、谈判班子成员的个人情况,包括谈判成员的资历、能力、信念、性格、心理类型、个人作风、爱好与禁忌等;谈判对手的谈判目标,所追求的中心利益和特殊利益;谈判对手对己方的信任程度,包括对己方经营与财务状况、付款能力、谈判能力等多种因素的评价和信任程度等。

4. 拟定谈判议程

谈判议程是指对有关谈判的议题和工作计划事项的程序安排。在谈判实践中,一般以东道主为先,经协商后确定,或双方共同商议。谈判者在谈判的准备阶段中,应根据情况,争取主动、率先提出谈判议程,其好处在于谈判起来轻车熟路,在谈判心理上占有优势,便于己方提前安排工作,如计划出席人员、做好后勤服务等,同时也可以为己方在谈判准备阶段中的假设预习提供依据。

5. 谈判预演

为提高谈判工作的效率,使谈判方案、计划等各项准备工作更加周密,更有针对性,在谈判准备工作基本完成后,应对此项工作进行检查。在实践中行之有效的方法就是谈判预演。谈判双方可以由己方谈判人员与己方非谈判人员组成,也可以将己方谈判小组内部成员分为两方进行。通过这样的预演可以预先暴露己方谈判方案、计划的不足之处及薄弱环节,检验己方谈判人员的总体素质,提高他们的应变能力,达到减少失误、实现谈判目标的目的。进行实战演习,会使谈判者进一步了解并熟悉对方,尽可能地把可能出现的问题预料在先,做到胸中有数,避免谈判时出现失误。

6. 网上谈判

网上谈判是指借助于互联网电商平台,买卖双方进行协商、对话的一种特殊的书面谈判。基于电子商务的出现和迅猛发展,网上谈判方式也被企业所重视。网上谈判的特点如下。

（1）加强信息交流。过去商务谈判函件要几天才能收到，并且有可能迟到、遗失，现在通过互联网几分钟甚至几秒钟就能收到，准确无误。而且，网上谈判兼具电话谈判快速、联系广泛的特点，又有函电内容全面丰富、可以备查的特点，可使企业、客户掌握他们需要的最新信息，同时有利于增加贸易机会，开拓新市场。

（2）有利于慎重决策。网上谈判以书面形式提供议事日程和谈判内容，又能几秒钟抵达，使得谈判双方既能仔细考虑本企业所提出的要点，特别是那些谈判双方可能不清楚的条件能书面传递，事先说明，又能使谈判双方有时间同自己的助手或企业领导及决策机构进行充分的讨论和分析，甚至可以在必要时向那些不参加谈判的专家请教，有利于慎重地做出决策。

（3）降低成本。采用网上谈判方式，谈判者无须四处奔走，就可向国内外许多企业发出E-mail，分析比较不同客户的回函，从中选出自己最有利的协议条件，从而大大降低了企业的人员开销、差旅费、招待费以及管理费等，甚至比一般通信费用还要省得多，降低了谈判成本。

（4）改善服务质量。网上谈判所提供的是一年 365 天、每天 24 小时的全天候沟通方式。可以改善与客户的关系，获取丰厚的回报。

（5）增强企业竞争力。任何企业，无论大小，在网站上都是一个页面，面对相同的市场，都处于平等的竞争条件下。互联网有助于消除中小企业较之大企业在信息化程度方面的弱势，从而提高中小企业的竞争力。

（6）提高谈判效率。网上谈判，由于具体的谈判人员不见面，他们互相代表的是本企业，双方可以不考虑谈判人员的身份，揣摩对方的性格，而把主要精力集中在己方条件的洽谈上，从而避免因谈判者的级别、身份不对等而影响谈判的开展和交易的达成。

7. 采购谈判的原则

（1）自愿原则。这里讲的自愿，是指有独立行为能力的交易各方能够按照自己的意愿来进行谈判并做出决定。自愿是交易各方顺利进行合作的基础。因为，只有自愿，谈判的双方才能有合作的诚意，才会进行平等的竞争，才会互谅互让，做出某些让步，取得双方满意的成果。自愿原则是采购谈判各方进行合作的前提和保证。

（2）平等的原则。参与采购谈判的各方无论其经济力量上是强还是弱，他们对合作交易的项目都具有一定的"否决权"。从合作项目的角度来看，交易双方所拥有的这种"否决权"是同质的。因为，交易中的任何一方如果不同意合作，那么，交易就无法达成。这种同质的否决权在客观上赋予了谈判各方相对平等的地位，谈判当事人必须充分认识并尊重这种地位，否则采购谈判很难取得一致。

（3）合作原则。谈判应使得双方都得到商务发展的机会，即实现双赢。为此，应满足以下三个标准：谈判要达成一个明智的协议；谈判的方式必须有效率；谈判应该可以改进或至少不会伤害谈判各方的关系。谈判的结果是要取得利益，然而，利益的取得却不能以破坏或伤害谈判各方的关系为代价。从发展的眼光看，商务上的合作关系会给你带来更多的商业机会。

（4）合法原则。合法原则是采购谈判中的重要原则。所谓合法，包括两个方面：一是谈判各方所从事的交易项目必须合法；二是谈判各方在谈判过程中的行为必须合法。

（5）利益共享原则。利益共享原则是指在采购谈判过程中，要使参与谈判的各方都能获得一定的经济利益，并且获得的经济利益要大于其付出的支出成本。利益共享原则在采购谈判中非常重要，它告诫人们在采购谈判中，谈判的任何一方都要让渡一定的、合理的利益给合作伙伴，而不能独自占用过多的经济利益；要学会妥协，通过自己的妥协、让步换取自己的经济利益。任何以一方胜利而告终的谈判都是不存在的。

（6）社会效益原则。社会效益原则是指在进行采购谈判时，谈判各方一定要从社会的角度出发，综合考虑谈判的合作项目对全社会的影响。商务谈判中的社会效益原则与社会市场营销观点有相似之处，都强调经济活动主体的社会角色和社会责任，强调经济活动主体要力求从社会角度而非只从企业角度思考并处理问题。采购谈判中的社会效益原则将谈判双方的谈判哲学上升到一个新的高度。

（二）签订电子采购合同

1. 电子采购合同的概念

电子合同是双方或多方当事人之间通过电子信息网络以电子的形式达成的设立、变更、终止财产性民事权利义务关系的协议。可以看出电子合同是以电子的方式订立的合同，其主要是指在网络条件下当事人为了实现一定的目的，通过数据电文、电子邮件等形式签订的明确双方权利义务关系的一种电子协议。

2. 电子合同法律效力

尽管电子合同与传统合同有着许多差别，但是在形式要件方面不能阻挡新科技转化为生产力的步伐，法律对数据电子合同应给予书面合同的地位，无论其表现方式是采用电子的、光学的还是未来可能出现的其他新方式，一旦满足了功能上的要求，就应等同于法律上的"书面合同"文件，承认其效力。

3. 采购合同的必备条款

采购合同的内容由首都、正文、结尾、附件 4 部分组成。

（1）采购合同首部。合同首部包括合同的名称、合同号码（订约日期、订约地点）、买卖双方的名称和签约的地点，以及序言等内容。

① 序言主要是写明双方订立合同的意义和执行合同的保证，对双方都有约束力等。

② 买卖双方的名称是指采购合同的主体，即指买受人和出卖人，或买方和卖方，是合同的当事人，是合同权利、义务的具体承担者。企业名称和地址应当使用全称，不能用简称，保证与营业执照上的名称一致，可以将营业执照作为合同附件。如果是自然人，姓名应当与其身份证上的姓名一致，同时写上身份证号码。

③ 签约的地点。签约的地点要详细列明，因涉及法律管辖权问题，所以不能随便填写。在我国出口业务中，除在国外签订的合同外，一般都是以我国企业所在地为签约地址。

（2）采购合同正文。正文部分是采购合同的基本条款，是合同的主体部分，规定了双方的权利和义务，包括合同的各项交易条款，如商品名称、品质规格、数量包装、单价和总值、交货期限、支付条款、保险、检验、索赔、不可抗力和仲裁条款等，以及根据不同商品和不同的交易情况加列的其他条款，如保值条款、溢短装条款和合同适用的法律等。具体如下。

① 质量条款。质量是指物料所具有的内在质量与外观形态的综合，包括各种性能指标和外观造型。条款的主要内容有技术规范、质量标准、规格、品牌名。在采购合同中一般以如下方式表示标的物品质：以样品确定质量；以规格、等级或标准确定质量；凭品牌、商标

确定质量；凭商品说明书确定质量；以良好平均品质作为确定质量标准。

② 价格条款。价格是指交易物料每一计量单位的货币数值。价格条款的主要内容有价格术语的选用、结算币种、单价、总价等。具体包括计量单位的价格金额、货币类型、交料地点、国际贸易术语、物料定价方式等。

③ 数量条款。数量是指采用一定的度量制度对物料进行量化，以表示出物料的重量、个数、长度、面积、容积等。数量条款的主要内容包括交料数量、单位、计量方式，必要时还应清楚说明误差范围。

④ 包装条款。包装是为了有效地保护物料在运输存放过程中的质量和数量要求，并利于分拣和环保，把物料装进适当容器的操作。包装条款的主要内容有包装材料、包装方式、包装费用和运输标志等，具体包括标识、包装方式、材料要求、环保要求、规格、成本、分拣运输标志等。

⑤ 装运条款。装运是指把物料装上运载工具并运送到交料地点。装运条款的主要内容有运输方式、装运时间、装运地与目的地、装运方式（分批、转运）、装运通知等。在 FOB、CIF 和 CFR 合同中，供应商只要按合同规定把物料装上船或其他运载工具，并取得提单就算履行了合同中的交料义务，提单签发的时间和地点即为交料时间和地点。

⑥ 检验条款。在一般的买卖交易过程中，物品的检验是指按照合同条件对交货进行检查并验收。检验条款主要包括检验时间、检验机构、检验工具、检验标准及方法等。商品检验的内容主要是对采购商品的品质、规格、数量、重量以及包装等实施检验，对某些商品通过检验以确定其是否符合安全、卫生的要求；对动植物及其产品实施病虫害检疫；对进口商品的残损状况和装运某些商品的运输工具等亦须进行检验。

⑦ 支付条款。支付是指采用一定的手段，在指定的时间、地点，使用确定的方式付货款。支付条款中应说明以下内容：说明支付手段、付款方式、支付时间、支付地点。

⑧ 保险条款。在国际贸易中，一笔交易的货物从卖方交到买方的手中，要经过许多环节和长途运输，遭到自然灾害和意外事故的可能性很大。这种风险所造成的损失不是买卖双方自身力量所能控制的，而一旦发生损失，将会影响贸易的正常进行。有鉴于此，货主为了在遭受损失之后取得一定的经济补偿，使其经营得以继续，所以有对保险的要求；而保险公司则通过办理各项保险业务，承担了损失补偿工作。在国际贸易中，保险同运输一样已经成为交易中不可缺少的组成部分。保险是企业向保险公司投保，并缴纳保险费的过程，是一种以合同为依据而建立起来的经济补偿制度。被保险人根据合同以交纳保费的方式将风险转移给保险人；保险人根据合同收取保险费，建立保险基金，履行损失补偿或给付保险金，实现由多数被保险人分担少数被保险人损失的目标。保险条款的主要内容包括确定保险类别及其保险金额，指明投保人并支付保险费。依据国际惯例，凡是按 CIF 和 CIP 条件成交的出口物料，一般由供应商投保；按 FOB 和 CPT 条件成交的进口物料由采购方办理保险。

⑨ 不可抗力条款。不可抗力又称人力不可抗拒，是指买卖合同签订后，不是由于合同当事人的过失或疏忽，而是由于发生了合同当事人无法预见、无法预防、无法避免和无法控制的事件，以致不能履行或不能如期履行合同，发生意外事故的一方可以免除履行合同的责任或推迟履行合同，对方无权要求赔偿。因此，不可抗力是一项免责条款。引起不可抗力事故的原因通常包括以下两种：一是自然力量，如水灾、旱灾、冰灾、雪灾、雷电、火灾、暴

风雨、洪水、飓风、地震、海啸等；二是社会力量，如政府颁布禁令、封锁，调整政策制度、罢工、暴动、骚乱、战争等。

⑩ 违约责任条款。违约责任是促使采购合同当事人履行合同义务，使对方免受或少受损失的法律措施，也是保证合同履行的主要条款，应在采购合同中做出较为详尽的规定，如约定定金、违约金以及赔偿金的计算方法等。大量的采购合同中只是概括地约定了违约责任，如任何一方违约，则应当赔偿因此给对方造成的经济损失，这种约定等同于没有约定，没有实质意义。违约责任条款应当明确约定一方不履行合同具体条款或者不在约定的时间内履行的，对方应承担多少违约金或约定一定的违约金计算方式，例如，每迟延一天，支付总价款万分之一的违约金；货物质量不符合约定的，买方有权退货，卖方支付多少违金，如果买方因为使用质量不合格的产品造成的其他财产、人身损害，还应当予以赔偿。这样，一旦一方违约，违约的责任将比较容易确定，要追究一方的违约责任也比较容易。

⑪ 争议解决条款。争议解决条款涉及的是当事人在履行采购合同过程中一旦产生纠纷，经协商不成时可以选择的解决方式，主要有仲裁和诉讼两种。

第一，仲裁又称公断，是指买卖双方在争议发生之前或发生之后签订书面协议，自愿将争议提交双方所同意的第三者予以裁决，以解决争议的一种方式。仲裁机构通常是民间团体的性质，其受理案件的管辖权来自双方协议，没有协议就无权受理，所以买卖双方如果有争议想通过仲裁途径来解决就需要在合同中写明。由于仲裁是依照法律所允许的仲裁程序裁定争端，因而仲裁裁决是最终裁决，具有法律约束力，当事双方必须遵照执行。如果要约定仲裁，仲裁条款应包括以下内容：请求仲裁的意思表示，仲裁事项，选定的仲裁委员会。合同中必须明确约定由哪一个仲裁机构仲裁，仲裁机构名称一个字都不能写错。例如北京仲裁委员会仲裁写成了"北京市仲裁委员会"，将无法提交仲裁机构仲裁，只能向法院起诉。

第二，诉讼是最常见的纠纷解决方式，即任何一方向有管辖权的人民法院提起诉讼。合同没有争议解决条款，自动适用诉讼方式解决。根据《中华人民共和国民事诉讼法》第 25 条的规定，合同当事人可以在书面合同中协议选择被告住所地、合同履行地、合同签订地、原告住所地、标的物所在地人民法院管辖合同纠纷。合同争议由不同的法院管辖，直接影响当事人的诉讼成本，影响当事人的人力、财力，物力支出。因此，采购方可以根据上述法律规定，选择对自己有利的法院管辖合同争议。一般来说，选择当地法院较为有利。

（3）采购合同的结尾部分。合同的结尾部分包括合同文字的效力、份数、订约的时间和地点、生效的时间、附件的效力以及双方签字等，这也是合同不可缺少的重要组成部分。合同的订约地点往往涉及合同依据法的问题，因此要慎重对待。我国的出口合同的订约地点一般都写在我国。有时有的合同将订约的时间和地点在开头订明。

（4）采购合同的附件部分。附件是指与合同有关的文书、电报、图表和其他资料。为了提高履约率，力求使合同的条款明确、具体、严密和相互衔接，且与磋商的内容要一致，以利合同的履行。

采购谈判用贸易术语

贸易术语（trade terms）也被称为价格术语（price terms），是在长期的国际贸易实践中产生的，用来表示成交价格的构成和交货条件，确定买卖双方风险、责任、费用划分等问题的专门用语。

一、贸易术语的作用

（1）有利于买卖双方洽商交易和订立合同。由于每一种贸易术语对买卖双方的义务都有统一的解释，有利于买卖双方明确各自的权利和义务，早日成交。

（2）有利于买卖双方核算价格和成本。各种贸易术语对于成本、运费和保险费等各项费用由谁负担都有明确的界定，买卖双方比较容易核算价格和成本。

（3）有利于解决履约当中的争议。由于贸易术语由相关的国际惯例解释，买卖双方在交易中的争议，可通过国际贸易惯例解释。

二、贸易术语的解释

FOB：free on board 或 freight on board 的英文缩写，其中文含义为"装运港船上交货（……指定装运港）"。使用该术语，卖方应负责办理出口清关手续，在合同规定的装运港和规定的期限内，将货物交到买方指派的船上，承担货物在装运港越过船舷之前的一切风险，并及时通知买方。

C&F：cost and freight 的英文缩写，其中文含义为"成本加运费"。使用该术语，卖方负责按通常的条件租船订舱并支付到目的港的运费，按合同规定的装运港和装运期限将货物装上船并及时通知买家。

CIF：cost insurance and freight 的英文缩写，其中文含义为"成本加保险费、运费"。使用该术语，卖方负责按通常条件租船订舱并支付到目的港的运费，在合同规定的装运港和装运期限内将货物装上船并负责办理货物运输保险，支付保险费。

FCA：free carrier 的英文缩写，其中文含义是"货交承运人"。使用该术语，卖方负责办理货物出口结关手续，在合同约定的时间和地点将货物交由买方指定的承运人处置，及时通知买方。

CPT：carriage paid to 的英文缩写，其中文含义为"运费付至指定目的地"，使用该术语，卖方应自费订立运输契约并支付将货物运至目的地的运费。在办理货物出口结关手续后，在约定的时间和指定的装运地点将货物交由承运人处理，并及时通知买方。

CIP：carriage and insurance paid to 的英文缩写，中文含义为"运费、保险费付至指定目的地"。使用该术语，卖方应自费订立运输契约并支付将货物运至目的地的运费，负责办理保险手续并支付保险费。在办理货物出口结关手续后，在指定的装运地点将货物交由承运人照管，以履行其交货义务。

EXW：即 EX works 的英文缩写，其中文含义为"工厂交货（指定的地点）"。使用该术语，卖方负责在其所在处所（工厂、工场、仓库等）将货物置于买方处置之下即履行了交货义务。

FAS：free alongside ship 的英文缩写，中文含义为"船边交货（指定装运港）"。使用该术语，卖方负责在装运港将货物放置码头或驳船上靠近船边即完成交货。

DAT：delivered at terminal 的英文缩写，其中文含义为"运输终端交货"。使用该术语，卖方在合同中约定的日期或期限内将货物运到合同规定的港口或目的地的运输终端，并将货物从抵达的载货运输工具上卸下，交给买方处置时即完成交货。

DAP：delivered at place 的英文缩写，中文含义为"目的地交货（插入指定目的港）"。使用该术语，卖方必须签订运输合同，支付将货物运至指定目的地或指定目的地内的约定的点所发生的运费；在指定的目的地将符合合同约定的货物放在已抵达的运输工具上交给买方处置时即完成交货。

便利店智慧采购平台"拼便宜"

"拼便宜"成立于2017年3月，是一家借助AI搭建的中小型便利店智慧采购平台，希望从供应链介入进去，通过算法建立一个便利店智能化的采购平台，从而优化便利店的库存挤压、采购成本高昂、商品过期耗损等问题，给线下店提供发展空间。

在互联网生态圈，链接产、仓、配各个链条，做到一体化，并实现信息流、商流、物流的即时交互处理，并不容易。有650多万家非品牌夫妻便利店，10多万亿元的市场，然而长期以来，分销层级太长、信息化程度低、渠道单一、资金压力巨大、商品流转效率低、数据分析能力低等问题，都给这些便利店的发展带来了或多或少的阻碍。正是致力于解决这样的痛点，"拼便宜"面向非品牌便利店C2B（按需供应）智能集采平台，具体是通过对门店的采购需求进行拼单深度分析为其计算出最优的一条采购路径，连接优质供应商，形成快速决策，实现交易智能优化。

"拼便宜"通过人工智能技术来帮助夫妻便利店及非品牌的社区便利店进行集中采购，并基于用户的采购需求，找到最优的供应路径，降低其采购成本，进而提升采购效率及店面的运营效率。

对于便利店面临的单次采购量少、采购品类复杂，以至于难以形成规模效应，不能满足及时性的要求，"拼便宜"采用智能匹配的形式，基于采购价格，获得最低成本的物流，并通过算法匹配来挑选供应商，降低其采购成本。

资料来源：http://www.chinashop.cc/plus/view.php？aid=12633.

自我测试

一、单选题

1. 企业通过互联网和计算机信息技术等在一定条件和要求的前提下，从供应市场购买公司需要的产品或服务作为企业资源，以保证企业正常展开生产、经营等活动是（   ）。

　　A. 采购　　　　　　B. 仓储　　　　　　C. 流通加工　　　　D. 配送运输

2. 供应商在互联网上发布其产品的在线目录，采购方则通过浏览来取得所需的商品信息以做出采购决策并下订单以确定付款和交付选择，这样的电子商务采购平台模式属于（　　）。

　　A. 卖方模式　　　　B. 买方模式　　　C. 第三方模式　　　D. 第四方模式

3. （　　）是指采购方在互联网上发布所需采购产品的信息，供应商在采购方的网站上登录自己的产品信息，以供采购方评估，并通过采购网站双方进行进一步的信息沟通，完成采购业务的全过程。

　　A. 卖方模式　　　　B. 买方模式　　　C. 第三方模式　　　D. 第四方模式

4. 由一组独立的零售商汇聚在一起向供应商大批量地采购相同的商品，目的是可以获得数量折扣，这种采购方式是（　　）。

　　A. 直接采购　　　　B. 联合采购　　　C. 招标采购　　　　D. 分散采购

5. 投标人应招标人的邀请或投标人满足招标人最低资质要求而主动申请，按照招标的要求和条件，在规定的时间内向招标人递价，争取中标的行为是（　　）。

　　A. 招标　　　　　　B. 投标　　　　　C. 评标　　　　　　D. 决标

6. 集中采购的主要优点为（　　）。

　　A. 采购方谈价能力增强　　　　　　　B. 采购响应速度快
　　C. 容易应付紧急需要　　　　　　　　D. 能更好地了解用户需求

7. 由一组独立的零售商汇聚在一起向供应商大批量地采购相同的商品，这种采购方式是（　　）。

　　A. 组织采购　　　　B. 政府采购　　　C. 联合采购　　　　D. 集中采购

8. 各连锁分店自行设立采购部门负责采购工作，这种采购方式属于（　　）。

　　A. 集中采购　　　　B. 联合采购　　　C. 分散采购　　　　D. 混合采购

9. 混合采购方式集中了下列哪个采购组合的优点（　　）。

　　A. 国内采购和国外采购　　　　　　　B. 有形采购和无形采购
　　C. 集中采购和分散采购　　　　　　　D. 企业采购和政府采购

10. （　　）是指买卖合同签订后，不是由于合同当事人的过失或疏忽，而是由于发生了合同当事人无法预见、无法预防、无法避免和无法控制的事件，以致不能履行或不能如期履行合同，发生意外事故的一方可以免除履行合同的责任或推迟履行合同。

　　A. 不可抗力条款　　　　　　　　　　B. 违约责任条款
　　C. 争议解决条款　　　　　　　　　　D. 保险条款

二、多选题

1. 多家买方联合采购的意义有（　　）。

　　A. 联合采购，降低价格
　　B. 联合运输，降低运费
　　C. 联合资源，库存共享
　　D. 透明报价，堵住漏洞，共建平台，管理服务

2. 招标采购的特点有（　　）。

　　A. 招标程序的公开性　　　　　　　　B. 招标程序的竞争性
　　C. 招标程序的公平性　　　　　　　　D. 招标程序的公正性

3. 供应链采购的目标是将客户所需的（　　）能够在（　　），以（　　）、（　　）、正确的状态和正确的价格送到正确的地点，实现总成本最小。

  A. 正确的产品　　　B. 正确的时间　　　C. 正确的数量　　　D. 正确的质量

4. 电子采购过程中确定谈判的目标有（　　）。

  A. 最低限度目标　　B. 可接受目标　　　C. 最优期望目标　　D. 无需目标

5. 网上谈判的特点有（　　）。

  A. 加强信息交流　　　　　　　　　　B. 有利于慎重决策

  C. 增强竞争力、降低成本　　　　　　D. 提高谈判效率

三、问答题

1. 什么是电子商务采购？电子商务采购的优势有哪些？
2. 什么是卖方电子采购平台模式？其有什么特点？
3. 联合采购产生的原因是什么？联合采购有什么意义？
4. 什么是电子招标采购？电子招标采购工作的流程是怎样的？
5. 智慧采购兴起的背景是怎样的？智慧采购有什么特点？智慧采购的流程是怎样的？

项目实施

情境实训一　学习《中华人民共和国民法典》第三编及《联合国国际货物销售合同公约》

一、实训目的

通过实训掌握《中华人民共和国民法典》第三编及《联合国国际货物销售合同公约》内容，了解常见的违约原因、合同索赔和理赔的知识；熟悉解决违约纠纷的方法和技巧；提高分析问题、解决问题的能力。

二、实训步骤

（1）教师讲解《中华人民共和国民法典》第三编及《联合国国际货物销售合同公约》。

（2）教师提供企业合同违约纠纷案例让学生讨论分析。

（3）学生分成学生小组，一组找合同纠纷的问题，另一组回答解决问题的方法。

三、作业题

通过学习采购合同有关的法律知识分析在签订标的物合同的主要条款时，如价格、品质检验、包装、运输、保险等内容时应注意什么问题。

情境实训二　电子招标

一、实验目的

通过本项目的实训，使学生熟悉招标采购方式的特点，掌握招标采购方法和程序；明确招标的相关法律知识；学会运用招标法解决实际问题；能够进行网上采购、招标、评标等活动，完成网上采购业务流程。

二、实验步骤

（1）学习《中华人民共和国投标招标法》；学习招标采购工作流程。

(2)任课教师提前布置实训任务,对全班学生进行分组,并确定小组长,由小组长在老师的指导下进行组员分工;学习小组模拟网上开店,要求有网店名称、经营商品等。

(3)建立内部网络平台,一个学习小组模拟网上开店,需要货源进行招标。按招标文件要求,内容包括招标公告(招标邀请)、投标人资格审核内容、投标人须知、合同条款、技术规格、投标书的编制要求、投标保证金、投标书等,并通过网络(学习网或邮箱)进行招标;讨论制定每种商品的标底,并保密。

(4)其他组根据招标情况进行投标,提供商品,争取成为其供应商。根据招标公告要求,上网了解其招标产品的价格情况,结合自己获利情况,讨论一个适当的价格,争取中标,成为其商品供应商。投标人在这期间写投标书,并将投标书通过网络送达招标人。

(5)招标人按评标标准评标,选取中标人。

(6)招标人和中标人拟定一份合同书。

三、实训任务

(1)每个学习小组模拟网上开店,要求有网店名称,描述经营范围等,整理作业PPT。

(2)要求一个招标小组撰写招标公告和招标文件;招标小组将招标公告做成PPT,在网上发布,并在上课时公开宣读招标邀请。

(3)其他学习小组投标人。投标人根据招标情况撰写投标书,做成PPT,投标,并将投标书作业上交。

(4)招标人和中标人拟定一份合同书并上交作业。

情境实训三 采购谈判寻找供应商

一、实训目的

理解采购谈判的意义;掌握采购谈判的原则和内容;熟悉采购谈判的程序;掌握采购谈判的策略和技巧。

二、实训步骤

本次实训可以根据项目二情境实训三自主创业网上开店的方案设计,根据网店经营的商品(服务)在网上寻找供应商。也可模拟谈判,下面介绍模拟谈判的实训步骤。

(1)教师提供企业资料(或根据模拟自主创业需要采购的商品资料),确定一个将要进行采购谈判的模拟商品,将学生分组模拟买卖双方,分别扮演不同的角色,每小组分配谈判角色,包括主谈判、谈判助理、技术员、记录员等。

(2)学生根据所学的知识,搜集有关的资料,做好谈判的准备工作,如模拟谈判情境、编制谈判内容,学习采购谈判的策略、技巧等。

(3)情景模拟,角色扮演。模拟买卖双方,在谈判中运用价格谈判策略和技巧,尽可能为本方争得利益,并为签订采购合同做准备;课程上在教师的指导下进行采购谈判。

① 询盘。询盘也叫询价,是指交易的一方准备购买或出售某种商品,向对方询问买卖该商品的有关交易条件。采购询盘的内容可涉及价格、规格、品质、数量、包装、装运以及索取样品等,而多数只是询问价格。所以,采购业务上常把询盘称作询价。

② 发盘。发盘又称发价,在法律上称为要约,是买方或卖方向对方提出各项交易条件,并愿意按照这些条件达成交易、订立合同的一种肯定的表示。在国际贸易买卖中,谈判双方就商品价格的表示方法通常由计量单位、单价金额、货币种类、贸易术语四个部分组成。

③ 还盘。还盘又称还价，是受盘人对发盘内容不完全同意而提出修改或变更的表示。还盘既是受盘人对发盘的拒绝，也是受盘人以发盘人的地位所提出的新发盘。一方的发盘经对方还盘后即失去效力，除非得到原发盘人的同意，受盘人不得在还盘后反悔，再接受原发盘。

④ 接受。接受在法律上称为"承诺"，是指买方或卖方同意对方在发盘（或还盘）中提出的交易条件，并愿意按其订立合同的一种肯定的表示。一方的发盘经另一方接受，交易即告达成，合同即告订立；双方就应分别履行其所承担的合同义务。

（4）教师和学生组成评委，给每一表演小组打分，教师对这次谈判的过程进行经验的总结，讲解谈判过程中遇到的问题、应采取的谈判技巧等。

三、实训任务

（1）在模拟谈判过程中你遇到了哪些问题？这些问题应怎样解决？

（2）采购谈判人员应具备哪些素质和能力？你认为自己作为一名谈判员还有哪些方面的不足，应怎样提高自身的素质和能力。

项目五

电子商务仓储与库存管理

📄 项目说明

物流仓储是利用自建或租赁库房、场地，储存、保管、装卸搬运、配送货物，改变"物"的时间状态，是商品流通的重要环节之一，也是物流活动三大支柱之一。通过本项目的学习，使学生了解仓库各种设施设备的类型、用途和使用的场合；能够熟练使用手动液压叉车；能够独立操作起重机、堆垛机；能够熟练利用打包机对库存物品进行包装；能够阐述自动化立体仓库的各种设备工作原理、流程；学会仓库商品堆放和保养。

📄 导入案例

美国夏晖集团的冷链物流及为麦当劳提供的物流服务

美国夏晖集团（HAVI Group）1974年成立于美国芝加哥，是一家拥有世界领先的多温度食品分发技术的物流公司。其业务遍及全球，为麦当劳全球几千余家餐厅提供优质的分发服务，是麦当劳食品供应链的重要成员之一。夏晖集团在北美、欧洲、亚洲设有分发中心，在大中国区拥有多家公司。

一、夏晖食品集团是应麦当劳的需求而产生

夏晖是麦当劳的独家物流供应商，麦当劳也几乎是夏晖物流的唯一客户。麦当劳从不用招标等任何形式让第二家物流公司为其提供物流服务，哪怕是部分业务都没有。同时，夏晖物流也是全心全意地只为麦当劳一家公司提供物流服务。

为了满足麦当劳冷链物流的要求，夏晖主动在全球各地投资建设物流配送中心，以北京为例，夏晖公司在北京地区投资5 500多万元人民币，建立了一个占地面积达12 000平方米、拥有世界领先的多温度食品分发物流中心，配备专业的三温度（冷冻、冷藏、常温）运输车辆。对于那些需要冷冻的食品，例如，鸡肉，广州物流中心的供应商的生产基地与物流中心就共用一堵墙壁，墙壁的一面是鸡肉供应商，另一面是夏晖物流中心的冷冻仓库。鸡肉供应商将生产好的鸡肉，直接由人工在固定的时间拉到夏晖的冷冻仓库即可。这样大大节省了成本，因为冷冻食品的运输成本不能简单地按照重量计算，还需要考虑冷冻成本，而冷冻成本往往比物流火车的油耗还大。

二、夏晖为麦当劳的物流服务

麦当劳要求夏晖提供一种网络化的支持，这种网络能够覆盖整个国家或者整个地区，不同环节之间需要高效的无缝对接。夏晖充分发挥流通网络的整合能力,并且拥有其他公司不可匹敌的经验。夏晖的服务领域已经超越了传统意义上的订货、储存、运输及分发等业务范畴。夏晖的想法是让麦当劳更专心地发展自身业务,与物流相关的业务全部交由夏晖运营。麦当劳对夏晖的要求如下。

1. 保证准时送达率

夏晖的配送车队在每天晚上 11 点到凌晨 1 点必须完成送货,准点率在 98%以上才算符合服务质量要求,因为麦当劳的员工是按小时付薪的,如果在这个时间内不能将货送到,员工的超时工资要由夏晖承担。

2. 保证麦当劳的任何一个餐厅不断货

麦当劳在北京有上百家连锁店,尽管通过 POS 机能够实时掌握每一种商品的销售情况,但是如何运输、怎样在北京范围内建立物流中心,如何协调社会性物流资源并不是简单的问题。这些非常复杂的工程,需要有极好的供应链管理能力以及供应链网络建设的能力才能解决好。

3. 保持每一件货物的质量处在最佳状态

每次的进货都必须由经理亲自检查货物的温度和质量。货物从冷藏库或冷冻库提出来后,要通过一个宽为 6 米左右的缓冲区才能到达冷藏冷冻运输车辆,在这个缓冲区中,温度被保持到1~10 ℃,很好地实现了封闭的自动化操作。在整个装货过程中,站在车外只能听到咚咚的货物被搬上搬下的声音外,却看不到装货的人员和货物,夏晖公司之所以要这么做是因为即使在装卸环节也要保证一定的温度,使被运输的食品保质保鲜。

对于装货时间,麦当劳有严格的规定,比如一台 8 吨标准冷冻车,装车和卸车的时间被严格限制在 5 分钟之内,根据货品的需要,还会使用一些专用的搬运器械,以避免在装卸过程中出现意外的损失。

任务驱动:通过以上案例导入如下任务。

(1)什么是仓储?仓储有哪些功能?什么是自动化立体仓库?其有什么特点?

(2)结合案例分析夏晖食品集团为麦当劳建立了哪些仓库。并说明夏晖为麦当劳提供了哪些增值服务。

(3)仓库拥有哪些设备和设施?仓库的物品应怎样堆放?怎样养护?

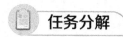

任务一 仓储管理认知

一、仓储的概念

"仓"即仓库,为存放、保管、储存物品的建筑物和场地的总称,可以是房屋建筑、洞穴、大型容器或特定的场地等,具有存放和保护物品的功能;"储"即储存、储备,表示收存以备使用，具有收存、保管、交付使用的意思。仓储是社会产品出现剩余之后产品流通的产物，是商品流通的重要环节之一，也是物流活动的三大支柱之一。

仓储管理是仓储机构为了充分利用所具有的仓储资源，提供高效的仓储活动所进行的计划、组织、控制和协调的过程。具体来说，仓储管理包括仓储资源的获得、仓库管理、经营决策、商务管理、作业管理、仓储保管、安全管理、劳动人事管理、财务管理等一系列计划、组织、指挥、控制与协调等工作。

二、仓储的功能

从物流的角度看，仓储的功能分为基本功能和增值服务功能。

（一）仓储的基本功能

1. 调节功能

仓储在物流中起着"蓄水池""火车站"的作用，一方面仓储可以调节生产和消费的平衡，使它们在时间和空间上得到协调，保证社会再生产的顺利进行；另一方面，由于不同的运输方式在运向、运程、运力和运输时间上存在着差异，一种运输方式一般不能直接将货物运达目的地，需要在中途改变运输方式、运输路线、运输规模、运输工具，而且为协调运输时间和完成物品的倒装、转运、分装、集装等物流作业，还需要在物品运输的中途停留。

2. 保管检验功能

仓储保管一方面是对存货人交付保管的仓储物的数量和提取仓储物的数量、质量进行保管，尽量保持与原保管物一致；另一方面是按照存货人的要求分批收货和分批出货，对储存的货物进行数量控制，配合物流管理的有效实施，同时向存货人提供一定数量的服务信息，以便客户控制存货，提高物品的效用。为了保证物品的数量和质量，分清事故责任，维护各方面的经济利益，对物品必须进行严格的检验，以满足生产、运输、销售以及用户的要求，仓储为组织检验提供了场地和条件。

3. 养护功能

为了保证仓储物的质量不变，保管人需要采用先进的技术、合理的保管措施，妥善地保管仓储物。仓储物发生危险时，保管人不仅要及时通知存货人，还需要及时采取有效措施减少损失。

（二）仓储增值服务功能

1. 流通加工

仓储期间可以通过简单的制造、加工活动来延期或延迟生产，提高物品附加值。加工本是生产环节的任务，但随着消费的个性化、多元化发展，许多企业将产品的定型、分装、组配、贴商标等工序留到仓储环节进行。通过流通加工，可以缩短生产时间、节约材料、提高成品率，保证供货质量和更好地为消费者服务，实现产品从生产到消费之间的价值增值。

2. 包装

包装的目的在于对商品进行保护、方便搬运、商品包装单位化，使商品具有标识，促进商品的销售。有人认为每个包装箱都是一幅广告牌,良好的包装能够提高新产品的吸引力,提高包装的吸引力比提高产品单位售价的代价要低。

3. 配载、配送

配载是对使用相同运输工具和运输线路的货物进行合理安排,使少量的货物实现整车运输,是仓储活动的一个重要内容。大多数仓储都提供配载的功能,不同货物在仓库集中,按照运输的方向进行分类仓储,当运输工具到达时出库装运。通过对运输车辆进行配载,确保配送的及时和运输工具的充分利用。

4. 交易中介

仓储经营人利用大量存放在仓库的有形物品,以及与各类物品使用部门业务的广泛联系,开展现货交易中介活动,扩大货物交易量,加速仓储物的周转和吸引新的仓储业务,提高仓储效益。同时还能充分利用社会资源,加快社会资金周转,减少资金沉淀。交易中介功能的开发是仓储经营发展的重要方向。

三、仓储的分类

(一)按仓储经营主体划分

按仓储经营主体来划分,仓储可分为企业自营仓储、商业营业仓储、公共仓储、战略储备仓储。

1. 企业自营仓储

企业自营仓储包括生产企业自营仓储和流通企业的自营仓储。生产企业自营仓储是指生产企业使用自有的仓库设施对生产使用的原材料、生产半成品、最终产品实施储存保管的行为。流通企业自营仓储对象较多,其目的是支持销售。

2. 商业营业仓储

商业营业仓储是仓储经营人以其拥有的仓储设备,向社会提供商业性仓储服务的仓储行为。仓储经营人与存货人通过订立仓储合同的方式建立仓储关系,并且依合同约定提供仓储服务和收取仓储费用。

3. 公共仓储

公共仓储是公用事业的配套服务设施,如为车站、码头提供仓储配套服务的仓储,其运作的主要目的是保证车站、码头的货物周转,具有内部服务的性质,处于从属地位。

4. 战略储备仓储

战略储备仓储是国家根据国家安全、社会稳定的需要,对战略物资实行储备而产生的仓储。战略储备仓储由国家政府进行控制,通过立法、行政命令的方式进行。

(二)按仓储对象划分

按仓储对象来划分,仓储可分为普通物品仓储和特殊物品仓储。

1. 普通物品仓储

普通物品仓储是指不需要特殊保管条件的物品仓储。如普通的生产物资、生活用品、工具等杂货类物品,不需要针对货物设置特殊的保管条件,采取无特殊装备的通用仓库或货场存放。

2. 特殊物品仓储

特殊物品仓储是指在保管中有特殊要求和需要满足特殊条件的物品仓储，如危险品仓储、冷库仓储、粮食仓储等。特殊物品仓储一般为专用仓储，按物品的物理、化学、生物特性以及法规规定进行仓储建设和实施管理。

（三）按仓储物的处理方式划分

按仓储物的处理方式来划分，仓储可分为保管式仓储、加工式仓储和消费式仓储。

1. 保管式仓储

保管式仓储又称纯仓储，是指以保持保管物原样不变为目标的仓储。存储人将特定的物品交给保管人进行保管，到期保管人将原物交还给存货人，保管物所有权不发生变化。

2. 加工式仓储

加工式仓储是指仓储保管人在物品仓储期间根据存货人的合同要求，对保管物进行合同规定的外观、形状、成分构成、尺度等方面的加工或包装，使仓储物品满足委托人所要求达到的变化的仓储方式。

3. 消费式仓储

消费式仓储是指保管人接受保管物的所有权，保管人在仓储期间有权对仓储物行使所有权。在仓储期满，保管人只要将相同种类和数量的替代物交还给委托人即可。

（四）按仓储功能划分

按仓储功能来划分，仓储可分为存储功能仓储、物流中心仓储、配送中心仓储、运输转换仓储和保税仓储。

1. 存储功能仓储

存储功能仓储是指物资需要较长时间存放的仓储。由于物资存放时间长，单位时间存储费用低廉就很重要，一般应该在较为偏远的地区进行储存。存储功能仓储的物资较为单一、品种少，但存量大、存期长，因此要特别注意物资的质量保管。

2. 物流中心仓储

物流中心仓储是以物流管理为目的的仓储活动，是为了实现有效的物流管理，对物流的流程、数量、方向进行控制的结合，实现物流的时间价值。一般在交通较为便利、存储成本较低的经济发达地区，采取批量入库、分批出库的形式。

3. 配送中心仓储

配送中心仓储是商品在销售或者供生产使用前所进行的短期仓储，如进行拆包、分拣、组配等作业。

4. 运输转换仓储

运输转换仓储是衔接不同运输方式的仓储活动。在不同运输方式的衔接处进行，如港口、车站仓库等场所进行的仓储，是为了保证不同运输方式的高效衔接，减少运输工具的装卸和停留时间。

5. 保税仓储

用于存储保税货物。保税货物是指不用于国内销售、暂时进境、海关予以缓税的货物。

保税仓储要经海关监管，经海关批准，在海关监管下设立专门存放未办理关税手续而入境或过境货物的仓库。

四、仓储在物流管理中的作用

（一）仓储是物流的主要功能要素

在物流中，运输承担了改变空间状态的重任，而另一个重任，即改变"物"的时间状态，是由仓储来承担的。物流的另一根支柱为配送。

（二）仓储是社会物质生产的必要条件

仓储作为社会再生产各环节之中以及社会再生产各环节之间的"物"的停滞，构成了上一步活动和下一步活动衔接的必要条件。

（三）仓储可以创造"时间效用"

时间效用的含义是同种物品由于使用时间不同，物品的效用即使用价值也不同。在物品的使用最佳时间内，其使用价值的实用限度可发挥到最佳水平，从而最大限度地提高产出投入比。

（四）仓储是"第三利润源"的重要源泉

仓储成本的降低成为物流的一个重要利润来源。现代化大生产不需要每个企业均设立仓库，其仓储业务可交与第三方物流管理，或者采用供应链管理环境下的供应商管理库存等方式，而这些合作方式的普及，必然会极大地体现出仓储是"第三利润源"中的主要部分之一的作用。

五、仓储的逆作用

在物流系统中，仓储增大生产成本和经营风险。

（1）仓储建设、仓库管理、仓库工作人员的工资和福利等项费用开支增高。

（2）仓储货物占用资金至少带来利息的损失，如果考虑到将这部分资金用于其他项目而产生的机会成本，则损失会更大。

（3）陈旧损坏与跌价损失。货物在库期间可能发生物理、化学、生物、机械等损失，严重者会失去其全部价值及使用价值。在仓储过程中，存货随时在产生，一旦错过有利销售期，不可避免地会出现存货处理的跌价损失。

（4）保险费支出。近年来为分担风险，我国已开始对仓储货物采取保缴保险方法。保险费支出在有些国家、地区已达到很高的比例。

（5）进货、验货、保管、发货、搬运等工作所花的费用等。上述各种费用支出都是降低企业经济效益的因素。再加上在企业全部运营过程中，仓储占用企业流动资金可高达40%～70%的比例，在非常时期，有的企业库存竟然会占用企业几乎全部流动资产，使企业无法正常运转。所以有些经济学家和企业家将仓储中的库存看成"洪水猛兽"，当然也就不足为奇了。

任务二　仓储与装卸搬运设施设备

一、集装单元设备

集装单元设备主要有托盘、集装箱、周转箱和其他集装单元器具。货物经过集装器具的集装或组合包装后，具有较高的灵活性，随时都处于准备运行的状态，利于实现储存、装卸搬运、运输和包装的一体化，达到物流作业的机械化和标准化。

（一）托盘

1. 托盘的概念

托盘是用于集装、堆放货物以便于货物装卸搬运和运输的水平平台装置。托盘是典型的集装单元设备，托盘的材质有钢结构托盘、木托盘、塑料托盘。

通过使用托盘，物资以集装单元的形式进行装卸、搬运、存储、运输等物流活动的作业方式，使仓储与装卸搬运设备的机械化程度高；操作方便，速度快，极大地提高了作业效率；以托盘为运输单位，货运件数变少，体积重量变大，而且每个托盘所装数量相等，便于点数、理货交接；投资小，收益快，装卸货损货差少。

2. 托盘的类型

（1）平托盘。平托盘是指在承载面和支撑面间夹以纵梁，构成可集装物料、可使用叉车或搬运车等进行作业的货盘。常见的平托盘如图 5-1 所示。

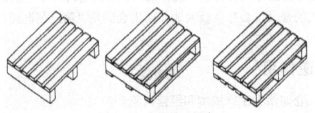

图 5-1　常见的平托盘

（2）立柱式托盘。立柱式托盘是在平托盘的四角处各装一立柱构成的托盘，立柱多为可拆式。立柱可以在多层堆码时对下层货物起保护作用。立柱的一般高度为 1 200 mm，常见的立柱式托盘如图 5-2（b）所示。

（3）箱式托盘。在平托盘上安装上部构造物（平板状、网状）制成的托盘。按照箱壁构造分可拆式、固定式、折叠式三种，箱式托盘的特点是可将形状不规则的物品进行集装；在堆码时不需防散垛处理，常见的箱式托盘如图 5-2（a）、（d）所示。

（4）轮式托盘。在立柱式、箱式托盘下安装小型脚轮。常用的有用于杂物配送的滚轮箱式托盘和用于低温货物管理的滚轮保冷箱式托盘，常见的轮式托盘如图 5-2（c）、（f）所示。

（5）滑动板托盘。用瓦楞纸、板纸或塑料制成的板状托盘（又称薄板托盘）。滑动板托盘的特点是重量轻、充分利用保管空间、价格低，需用带特殊附件的叉车装卸，常见的滑动板托盘如图 5-2（e）、（g）所示。

（6）笼式托盘。笼式托盘是指带有立杆或联杆的网式壁板的托盘。在一侧或多侧设有用于装卸货物的可拆装的门，可以满足散货的集装仓储作业要求。常见的笼式托盘如图 5-2（h）所示。

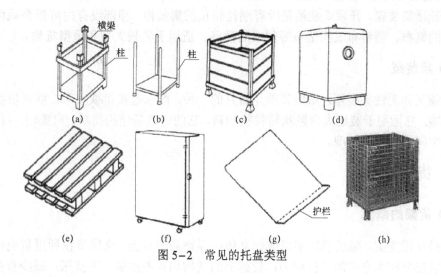

图 5-2　常见的托盘类型

（二）集装箱

1. 集装箱的概念

集装箱是用铝、钢、胶合板、玻璃钢或这些材料混合制成的、专供机械操作和运输的大型货物容器，具有 1 立方米或以上的容积。集装箱具有一定的强度和刚度，密封性能好，每个集装箱的造价在 5 000 美元以上。集装箱放在船上是货舱，放在火车上是车皮，放在卡车上是车厢，集装箱如图 5-3 所示。

图 5-3　集装箱

2. 集装箱的分类

（1）按用途来分，集装箱分为杂货集装箱、散货集装箱、冷藏集装箱、开顶集装箱、框架集装箱、罐式集装箱、动物集装箱。

（2）按箱体材料可分为铝合金集装箱、钢质集装箱、玻璃钢集装箱和不锈钢集装箱四类。

还有特殊用途的集装箱,如罐式集装箱、汽车集装箱、生皮集装箱等。

(3)冷藏集装箱。冷藏集装箱用于运载需保冷、防腐的食品及化学品。根据制冷方式不同可分为机械式冷藏集装箱和离合式冷藏集装箱两种。

(4)开顶集装箱。开顶集装箱是没有刚性箱顶的集装箱。顶部设有由可折叠或可拆卸的顶梁支撑的帆布、塑料布或涂塑布等制成的顶篷。适用于装载大型和重型货物。

(三)集装袋

集装袋又称柔性集装箱,是集装单元器具的一种,配以起重机或叉车,就可以实现集装单元化运输。它适用于装运大宗散状粉粒状物料。它的特点是结构简单、自重轻,可以折叠,回空所占空间小,价格低廉。

二、货架设备

(一)货架的概念

货架是指用支架、隔板或托架组成的立体储存物品的设施。仓储货物利用货架可增大货架高度,以充分扩大仓库的储存能力;货架上的货物相互不接触、不挤压,减少货损;货物存取方便,结合计算机管理易实现先进先出;可采用防潮、防尘、防盗等措施来提高货物储存质量;有利于实现仓储系统的自动化管理。

(二)常用的货架

1. 层架

层架由立柱、横梁和层板构成,层间用于存放货物。层架结构简单、适用性强,有利于提高空间利用率。层架如图5-4所示。层架结构简单、省料、适应性强、便于作业收发,但存放货物数量有限,是人工作业仓库的主要设备。

2. 层格式货架

层格式货架的某些层或整体每层中用间隔板分成若干个格。层格式货架包括开放式货架、抽屉式货架、橱柜式货架等。层格式货架如图5-5所示。

图5-4 层架

图5-5 层格式货架

3. 悬臂式货架

采用悬臂式货架时物料被存放在固定于后立柱的悬臂梁上,适用于保管管材、型钢、铝型材、塑钢材等长大的物料。一般与具有长大物料侧向装卸功能的侧面叉车、巷道堆垛起重机等配套使用。悬臂式货架如图 5-6 所示。

图 5-6　悬臂式货架

4. 托盘货架

托盘货架是专门用于存放、堆码在托盘上的货物，以托盘单元货物的方式来保管货物的货架，又称工业货架，托盘货架可以避免托盘货物直接堆码时的挤压、损坏和不稳现象，货架存取货方便，可实现机械化作业，便于计算机管理；拣货效率高，能实现先进先出；但储存密度低，需较多的通道。托盘货架如图 5-7 所示。

图 5-7　托盘货架

5. 驶入/驶出式货架

驶入/驶出式货架也称贯通式货架或通廊式货架，是为储存大量同类的托盘货物而设计的。托盘一个接一个地按深度方向存放在支撑导轨上，增大了储存密度，提高了空间利用率，驶入/驶出式货架如图 5-8 所示。

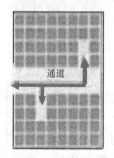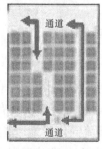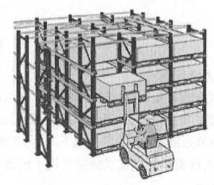

图 5-8　驶入/驶出式货架

6. 移动式货架

移动式货架是在货架的底部安装运行车轮、可在地面上运行的货架。移动式货架主要用于小件、轻体货物的存取（也可采用大型设备制成可存取大重量物品的移动货架，如管件、阀门、电动机托盘等），尤其适用于环境条件要求高，投资大的仓库。移动式货架如图 5-9 所示。

图 5-9　移动式货架

7. 阁楼式货架

阁楼式货架的特点是有效增加空间利用率，上层不适合重型搬运设备行走，存取作业效率低，用于仓库场地有限而存放物品品种很多的仓库，用于存放储存期较长的中小件货物。阁楼式货架如图 5-10 所示。

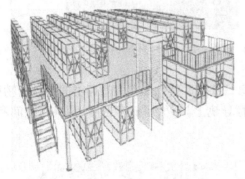

图 5-10　阁楼式货架

8. 重力式货架

重力式货架类似许多层架密集靠放，其深度较大，出货端（前端）比进货端（后端）低，有一定坡度能使货体滑动。重力式货架每层的通道上，都安装有一定坡度的、带有轨道的导轨，入库的单元货物在重力的作用下，由入库端流向出库端。重力式货架用于大量货物存储，轻型重力式货架作为拣选式货架可用于配送中心、商店的拣选配货操作。重力式货架如图 5-11 所示。

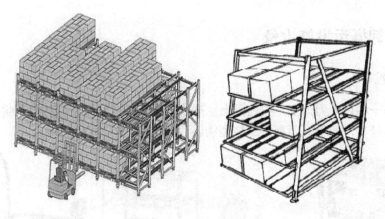

图 5-11 重力式货架

9. 旋转式货架

旋转式货架又称回转式货架。在拣选货物时，取货者不动，通过货架的水平、垂直或立体方向回转，使货物随货架移动到取货者的面前。这种货架的存储密度大，货架间不设通道，与固定式货架相比，可以节省30%~50%的占地面积。由于货架可转动，因此拣货线路简捷，拣货效率高，拣货时不容易出现差错。垂直旋转式货架如图 5-12 所示，整体水平旋转货架如图 5-13 所示。

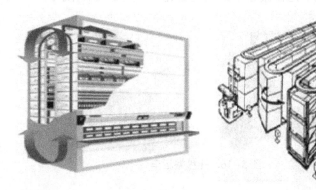

图 5-12 垂直旋转式货架　　　　图 5-13 整体水平旋转货架

10. 堆叠式货架

堆叠式货架可作为存放货物的容器，随叉车搬运，不用时可叠放，节省空间；存放货物时也可叠放，避免压坏货物。堆叠式货架如图 5-14 所示。

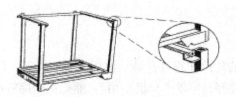 

图 5-14 堆叠式货架

三、装卸搬运设施设备

（一）手推车

手推车是一种以人力为主，在地面上水平输送物料的搬运车。其特点是价廉、轻巧、易操作、回转半径小，适于短距离搬运轻型物料，手推车如图5-15所示。

图5-15 手推车

（二）托盘搬运车

托盘搬运车是一种轻小型搬运设备，它有两个货叉似的插腿，可插入托盘的自由叉孔内，可分为手动托盘搬运车和电动托盘搬运车。托盘搬运车如图5-16所示。

图5-16 托盘搬运车

（三）固定平台搬运车

固定平台搬运车是具有较大承载物料平台的搬运车。相对承载而言，承载平台具有离地低，装卸方便；结构简单，价格低；轴距、轮距较小，作业灵活等特点，一般用于库房内、库房与库房、车间与车间，车间与仓库之间的运输。根据动力的不同可分为内燃型和电瓶型。

（四）叉车

叉车又名铲车、装卸车，是由直行的轮胎和垂直升降、前后倾斜的货叉、门架等组成。叉车的特点是机械化程度高，机动灵活性好，可以"一机多用"，能提高仓库容积的利用率，有利于开展托盘成组运输和集装箱运输，成本低、投资少，能获得较好的经济效益，叉车如图5-17所示。

项目五 电子商务仓储与库存管理

图 5-17 叉车

（五）堆垛机

堆垛机是专门用来堆码货垛或提升物品的机械。普通仓库使用的堆垛机（又称上架机）是一种构造简单、用于辅助人工堆垛、可移动的小型物品垂直提升设备。堆垛机如图 5-18 所示。

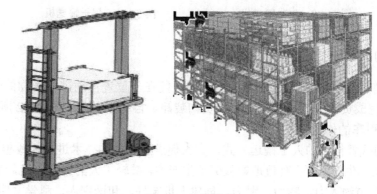

图 5-18 堆垛机

（六）装卸起重机

装卸起重机适用于装卸大件笨重物品，借助于各种吊索具也可用于装卸其他物品，同时，起重机也是唯一以悬吊方式装卸搬运物品的设备。最常用的起重机有桥式起重机、龙门起重机和汽车起重机等，如图 5-19 所示。

图 5-19 桥式起重机、龙门起重机、汽车起重机

113

（七）输送机

输送机是连续不间断地沿同一方向输送散料或重量不大的单位物品的运送设备。其优点是生产效率高、设备简单、操作简便；缺点是一定类型的连续输送机只适合输送一定种类的物品（散料或重量不大的成件物品），不适合搬运很热的物料或形状不规则的单元货物；只能沿着一定路线定向输送，因而在使用上有一定的局限性。仓库中可以运用的输送机主要是辊子输送机、皮带输送机、链式输送机和悬挂输送机，如图5-20、图5-21所示。

图5-20　皮带输送机　　　　图5-21　辊子输送机

（八）自动导引车

自动导引车（AGV）是一种物料搬运设备，能在一位置自动进行货物的装载，自动行走到另一位置完成货物的卸载，自动完成货物装卸。自动导引车如图5-22所示。

1. 自动导引车的作用

AGV应用代替传统的人工搬运方式，大大促进了企业的技术进步，改善了工作条件和环境，提高自动化生产水平，有效地解放劳动生产力，减轻工人的劳动强度，缩减人员配备，优化生产结构，节约人力、物力、财力，创建人机友好、和谐宜人、科学文明的生产环境。

2. 自动导引车的类型

（1）根据导引方式的不同，自动导引车可分为固定路径导引（包括电磁导引、光导导引和磁带/磁气导引）车和自由路径导引（包括激光导引、惯性导引等）车。

（2）根据装卸物料方式的不同，自动导引车可分为料斗式、轨道输送式、输送式、直升降式、车式导引车。

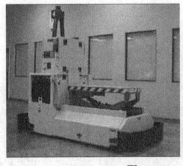

图5-22　自动导引车

任务三　货物的在库管理

一、储位管理与货位分配

（一）储位管理的概念

储位管理就是根据仓库的建筑、设备等条件，将库房、货棚、垛场划分为若干保管商品的储存区域，规划商品的储存位置（储位）。

利用储位使商品处于"被保管状态"并且能够明确显示所储存的位置，同时当商品的位置发生变化时能够准确记录，使管理者能够随时掌握商品的数量、位置，以及去向，以适应商品储存的需要；结合仓库管理软件系统，快速准确地定位和跟踪货品在仓库中的存储过程。

（二）储位管理要素

1. 储位管理的空间

仓库从功能上可分为仓储型仓库和流通型仓库，所以在储位空间的分配上，对于仓储型仓库，主要是仓库保管空间的储位分配；而对于流通型仓库，则为便于拣货及补货进行储位分配。在储位分配时，确定储位空间，应先考虑空间大小、柱子排列、梁下高度、过道、设备作业半径等基本因素，再结合其他因素，才能合理安排储存商品。

2. 储位管理的商品

储位管理的商品包括保管商品和非保管商品。

（1）保管商品。保管商品是指在仓库的储存区域中的保管商品，由于它对作业、储放搬运、拣货等方面有特殊要求，使得其在被保管时会有很多种的保管形态出现，例如，托盘、箱、散货或其他方式，这些虽然在保管单位上有很大差异，但都必须用储位管理的方式加以管理。

（2）非保管商品。非保管商品是指包装材料、辅助材料和回收材料。包装材料是一些标签、包装纸等包装材料；辅助材料是一些托盘、箱、容器等搬运器具；回收材料是经补货或拣货作业拆箱后剩下的空纸箱。

3. 储位管理的人员

储位管理的人员包括仓管人员、搬运人员、拣货补货人员等。在仓库的作业中人员在存取搬运商品时，讲求省时、高效。而在照顾员工的条件下，讲求的是省力。因此要达成存取效率高、省时、省力，则作业流程方面要合理化。储位配置及标识要简单、清楚、一目了然；且要好放、好拿、好找。表单要简单、标准化。

（三）储位管理的范围

1. 预备储区

预备储区是商品进出仓库时的暂存区，预备进入下一保管区域，虽然商品在此区域停留的时间不长，但是也不能在管理上疏忽大意，给下一作业程序带来麻烦。预备储区一般分为进货暂存区和出货暂存区。

2. 保管储区

保管储区是仓库中最大最主要的保管区域，商品在此的保管时间最长，所以是整个仓库的管理重点。为了最大限度地增大储存容量，要考虑合理运用储存空间，提高使用效率。

3. 动管储区

动管储区是在拣货作业时所使用的区域，主要任务是对储区货物的整理、整顿和对拣货单的处理，此区域的商品大多在短时期即将被拣取出货，其商品在储位上的流动频率很高，所以称为动管储区。

二、货物储存策略

（一）定位储存

定位储存是先根据仓库建筑形式、面积大小、库房、货场和库内道路的分布情况，并结合商品分类情况和各类商品的储存量，将仓库划分为若干区，确定每类商品储存的区域，每一项货物都有固定的储位，货物在储存时不可互相换位。

定位存放的优点：每项货品都有其固定的储存位置，拣货人员较容易熟悉每项物品的位置，便于收发查点，能提高收发货效率并减少差错。如绘制成货位分布图，非本库管理人员也能比较容易地找到所需货位。货品的储位可以按照周转率的大小（其畅销程度）来安排，这样可以缩短出入库时的搬运距离。

定位存放的缺点：储位必须按照各项货品的最大在库数量设计，不能充分利用每一个货位，造成储存能力的浪费。

（二）随机储存

随机储位又称自由货位，是指允许货物存放在仓库里的任何地方，每一个货位均可以存放任何一种物资（相互有不良影响者除外），只要货位空闲，入库各种货品均可存入。若能运用计算机协助随机存储的记忆管理，将仓库中每项物品的位置通过计算机记录，则可借助计算机来调配进货存储的空间位置。

随机存放的优点：是能充分利用每一个货位，最大限度地提高储区空间的利用率。如利用计算机进行货位管理，一般均采取自由货位。一个良好的储位系统中，采用随机储存能有效利用货架空间，减少储。通过模拟实验，随机储存比定位储存节约35%的移动储存时间，增加了30%的储存空间。这种方法适用于空间有限、货物品种不多的情况。

随机存放的缺点：每个货位的货品经常变动，每种物资没有固定的位置，管理人员进行物品的出入库管理及盘点工作的难度较大。

（三）分类随机储存

分类随机储存是指每一类货物均有固定储位，但在各储区内，每个储位的安排都是随机的。

分类随机存放的优点：具有分类储存的部分优点，又可节省储位数量，提高储区利用率。因此可以兼有定位储存和随机储存的特点。

分类随机存放的缺点：货物出入库管理，特别是盘点工作较困难。

（四）共同储存

共同储存是指在已确切知道各种货物的出库时间时，不同货物可共用相同的储位。这种储位方式在管理上较为复杂，但可以节省储存空间及搬运时间。

三、储位分配原则

（一）科学安全原则

仓库分区存放是根据仓库的建筑、设备等条件，将库房、货棚、垛场划分为若干保管商品的区域，以适应商品存放的需要，货区按顺序编号，分区管理。

在仓库布局时，必须同时考虑商品体积、形状、重量单位的大小，以确定商品所需堆码的空间。通常，重、大体积货物储存于地面上或坚固货架的下层位置并接近出货区，适应货架的安全并方便人工搬运，人的腰部以下的高度通常宜储放重物或大型商品。

（二）分类存放原则

以商品特性为基础分配储位是将同一种货物储存在同一保管位置，产品性能类似或互补的商品放在相邻位置，相关性大的产品经常被同时订购，所以应尽可能存放在相邻位置。这样可以减短提取路程，减少工作人员劳动量，简化清点工作。一般存放的平均时间越短，周转率越大，宜将周转率大的商品储存在接近出入口处，方便吞吐发运。

（三）节约仓容

仓容是指仓库能够用于堆放商品的容量，由仓库的面积和高度或载重量构成。货位的选择要符合节约的原则，以最小的仓容储存最大限量的商品。

在货位负荷量和高度基本固定情况下，应从储存商品不同的体积、重量出发，将货位与商品的重量、体积紧密结合起来。对于轻泡商品，应安排在负荷量小和空间高的货位。对于实重商品，应安排在负荷量大而且空间低的货位。

（四）重近轻远，方便存取

重货应离装卸作业区最近，以减少搬运作业量或者可以直接用装卸设备进行堆垛作业。使用货架时，重货放在货架下层，需要人力搬运的重货，存放在腰部高度的货位。所安排的货位能保证搬运、堆垛、上架的作业方便，有足够的机动作业场地，能使用机械进行直达作业。

（五）先进先出

食品、化学品等先进先出是指先入库的物品先出库，此原则通常适用于寿命周期短、易变质的商品。

四、储位分配方式

（一）人工分配方式

凭借管理者的知识和经验进行储位分配，将商品存放于指定的储位上，并且及时更新储位信息。当库存商品多时效率低，容易出差错。

（二）计算机辅助分配方式

计算机自动读取设备资料，通过无线电或网络，再配合储位监控或储位管理软件来控制储位分配，差错率低，效率高于人工，但由于是人工下达储位分配指示，仍需调仓作业。

（三）计算机全自动分配方式

利用监控及储位管理软件，在收集在库储位及其他入库指示信息后，经计算机运算来下达储位分配指示。计算机自动下达储位分配指示，任何时段都可以保持储位处于合理的分配中，所以不需调仓作业。

五、货位编码

库场除了通道、机动作业场地，就剩下存货的货位。仓库货位是仓库内具体存放货物的位置。为了使仓库管理有序、操作规范，存货位置能准确表示，人们根据仓库的结构、功能，按照一定的要求将仓库存货位置进行分块分位，形成货位。货位编码是将仓库范围的房、棚、场及库房的楼层、仓间、货架、走道、支道等按地点、位置顺序编列号码，并作出明显标识，每一个货位都用一个编号表示，以便商品进出库可按号存取。货位确定并进行标识后，一般不能随意改变。

（一）货位编码的要求

1. 标志设置要适宜

如无货架的库房内，走道、支道、段位的标志，一般都刷置在水泥或木板地坪上；有货架库房内，货位标志一般设置在货架上。

2. 标志制作要规范

统一使用阿拉伯数字制作标志，为了区别库房及走道、支道、段位等，可在数字大小、颜色上进行区分。

3. 编号顺序要一致

应采用统一的方法进行编号，每一货位的号码必须使用统一的形式、统一的层次和统一的含义编排。

4. 段位间隔要恰当

段位间隔的宽窄，应取决于货种及批量的大小。同时应注意的是，走道、支道不宜经常变更位置、变更编号。

（二）货位编码方法

1. 仓库（储存场所）的编号

整个仓库的编号是根据仓库建筑结构及其分布状况来进行的。它把整个仓库（包括库房、货棚、货场）各储存场所的地面位置按一定的顺序（自左向右或自右向左）各自连续编号，同时应有明显区别。

（1）库房的编号。库房的编号一般写在库房的外墙上或库门上，字体要统一、端正，色彩鲜艳、清晰醒目、易于辨认。

（2）货场的编号。货场的编号一般写在场地上，书写的材料要耐摩擦、耐雨淋、耐日晒。货场编号有两种方法：一是以进入仓库正门的方向，按左面单号右面双号的顺序排列；二是以进入仓库正门的方向，按货场远近、自左而右的顺序排列。

（3）货棚编号。货棚编号书写的地方，则可根据具体情况而定。

2. 库房内货架编号

地址式编号利用保管区仓库、区段、排、行、层、格等进行编码。多层库房，常采用"三位数编号""四位数编号""五位数编号"的方式编码。

三位数编号：是用三个数字或字母依次表示库房、层次和仓间，如，234编号，表示2号库房、3层楼、4号仓间。

四位数编号：是用四个数字或字母依次表示库房、层次、仓间和货架，如，1234编号，表示1号库房、2层楼、3号仓间、4号货架。

五位数编号：是用五个数字或字母依次表示库房、层次、仓间、货架、货格，如，13621，表示1号库房、3层楼、6号仓间、2号货架、1号货格。

3. 货位编号

货位布置的方式不同，其编号的方式也不同。货位布置的方式一般包括横列式和纵列式两种。横列式即货位横向摆放，可采用横向编号。纵列式即货位纵向摆放，常采用纵向编号。货位编号应建立货位卡。

六、货物堆垛

商品验收入库，根据仓库储存规划确定货位后，即应进行堆垛。堆垛是根据商品的包装形状、重量和性能特点，结合地面负荷、储存时间，将商品分别叠堆成各种垛形。采用适当的码垛技术合理地堆垛，能够使商品不变形、不变质，保证商品储存安全。同时，还能提高仓库的利用率，并便利商品的保管、保养和收发。

（一）货物堆垛的规范要求

1. 垛距

垛距是指货垛与货垛之间的必要距离，常以支道作为垛距。垛距应能方便存取作业，起通风、散热的作用，方便消防工作。库房一般为0.5～1米，货场一般不少于1.5米。

2. 墙距

为了防止库房墙壁和货场围墙上的潮气对商品造成影响，也为了开窗通风、消防工作、建筑安全、收发作业，货垛必须留有墙距。墙距分为库房墙距和货场墙距，其中，库房墙距又分为内墙距和外墙距。内墙是指墙外还有建筑物相连，因而潮气相对少些；外墙则是指墙外没有建筑物相连，所以墙上的湿度相对大些。库房的外墙距为0.3～0.5米；内墙距为0.1～0.2米，货场只有外墙距，一般为0.8～3米。

3. 柱距

为了防止库房柱子的潮气影响货物，也为了保护仓库建筑物的安全，必须留有柱距，一般为0.1～0.3米。

4. 顶距

货垛堆放的最大高度与库房、货棚屋顶间的距离称为顶距。顶距应便于搬运作业，能通风散热，有利于消防工作，有利于收发、查点。顶距的一般规定是：平库房为0.2～0.5米；人字形屋顶以不超过横梁为准；多层库房底层与中层为0.2～0.5米，顶层须大于、等于0.5米。

5. 灯距

货垛与照明灯之间的必要距离，称为灯距。为了确保储存商品的安全，防止照明灯发出的热量引起靠近商品的燃烧而发生火灾，货垛必须留有灯距。灯距应不少于0.5米。

（二）码垛方法

对于有包装（如箱、桶、袋、箩筐、捆、扎等包装）的货物，包括裸装的计件货物，采取堆垛的方式储存。科学的商品堆码技术、合理的码垛，对提高入库商品的储存保管质量、提高仓容利用率、提高收发作业及养护工作的效率有着不可低估的重要作用。堆垛方法很多，现将较为通用的码放垛形的方法介绍如下。

1. 重叠式堆垛

重叠式堆垛是逐件逐层向上重叠码高而成货垛，此垛形是机械化作业的主要垛形之一，适于中厚钢板、集装箱等商品，堆码板材时，可缝十交错，以便记数。这种垛形的优点是操作简单、计数容易、收发方便，缺点是稳定性差，易倒垛，因而常采用绳子、绳网、塑料弹性薄膜等辅助材料来防塌。重叠式堆垛如图5-23所示。

2. 纵横交错式堆垛

将长短一致、宽度排列能够与长度相等的商品，一层横放，另一层竖放，纵横交错堆码，形成方形垛。纵横交错式堆垛如图5-24所示。

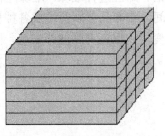
图5-23 重叠式堆垛

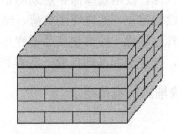
图5-24 纵横交错式堆垛

3. 仰伏相间式堆垛

对于钢轨、槽钢、角钢等商品，可以一层仰放、一层伏放，仰伏相间而相扣，使堆垛稳固；也可以伏放几层，再仰放几层，或者仰伏相间组成小组再码成垛。但是，角钢和槽钢仰伏相间码垛，如果是在露天存放，应该一头稍高，一头稍低，以利于排水。仰伏相间式堆垛如图5-25所示。

4. 压缝式堆垛

将垛底底层排列成正方形、长方形或环形，其纵横断面呈层脊形，每层物品有规则地排列，使每件物品跨压下层两件以上的物品，上、下层每件物品形成十字交叉。适于阀门、缸、建筑卫生陶瓷等用品。压缝式堆码如图5-26所示。

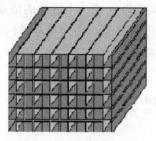

图5-25 仰伏相间式堆垛

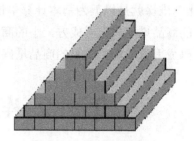

图5-26 压缝式堆码

5. 宝塔式堆垛

宝塔式堆垛与压缝式堆垛类似，但压缝式堆垛是在两件物体之间压缝上码，宝塔式堆垛则在四件物体之中心上码，逐层缩小，如电线电缆的堆垛。

6. 通风式堆垛

需通风防潮的商品堆垛时，商品之间需留有一定的空隙。上下两层图谱方向对称，矩形、方形图谱均可采用。其优点是有利于通风、透气，适宜商品的保管养护，但是空间利用率较低。通风式堆垛如图5-27所示。

7. 栽柱式堆垛

码放物品前先在堆垛两侧栽上木桩或者铁棒，然后将材料平铺在柱中，每层或间隔几层在两侧相对应的柱子上用铁丝拉紧，以防倒塌。这种堆垛方式多用于金属材料中的长条形材料，如圆钢、中空钢的堆码，适宜于机械堆码，采用较为普遍。栽柱式堆垛如图5-28所示。

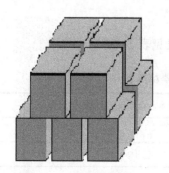

图5-27 通风式堆垛

图5-28 栽柱式堆垛

8. 衬垫式堆垛

在每层或每间隔几层商品之间夹进衬垫物，利用衬垫物使货垛的横断面平整，商品互相牵制，以加强货垛的稳固性。衬垫物需要视商品的形状而定。这种堆垛方式适用于四方整齐的裸装商品，如电动机。

9. 鱼鳞式堆码

将环形货物半卧，其一小半压在另一件货物上依次排列。第一件和最后一件直立堆成柱形，码第二层时的方法与第一层相同，但排列方向相反。此法对轮胎、钢圈、电缆等非常适用。

10. "五五化"堆垛

"五五化"堆垛就是以五为基本计算单位，一个集装单元或一个货垛的商品总量是五的倍数，即大的商品堆码成五五成方，小的商品堆码成五五成包；长的商品堆码成五五成行，短的商品堆码成五五成堆，带眼的商品堆码成五五成串。

任务四　库存管理与控制

一、库存管理的方法

库存是指某段时间内持有的存货（可看见、可称量和可计算的有形资产），库存里的物资叫存货，是储存作为将来目的而暂时闲置的资源，闲置的资源可以是在仓库里、生产线上或货架上，也可以是在运输中。

从理论上讲，库存属于闲置的资源，不但不会创造价值，反而还会因占用资源而增加企业的成本，本身是一种浪费。从现实看，库存不可避免，因为不具备彻底消除库存的条件，所以又要求保持合理水平的库存，以保证生产经营的正常进行。

（一）ABC 分类管理法

ABC 分类管理方法又称帕累托分析法，就是将库存物资按重要程度分为特别重要的库存（A 类库存）、一般重要的库存（B 类库存）和不重要的库存（C 类库存）三个等级，然后针对不同的级别分别进行管理和控制。

1. ABC 分类方法

ABC 分类标准见表 5-1。分层的 ABC 分析表见表 5-2。

表 5-1　ABC 分类标准表

库存类型	产品品种占存货总数的比例/%	库存成本占总库存成本数的比例/%	管理方法
A	15	70～80	重点管理
B	30	15～25	次重点管理
C	55	5	一般管理

表 5-2　分层的 ABC 分析表

按销售额分层范围/千元	品目数	累计品目数	累计品目百分数/%	销售额/千元	累计销售额/千元	累计销售额百分数/%	分类结果
>6	260	260	7.6	5 800	5 800	69	A
>5~6	86	346	10.1	500	6 300	75	A
>4~5	55	401	11.7	250	6 550	78	B
>3~4	95	496	14.4	340	6 890	82	B
>2~3	170	666	19.4	420	7 310	87	B
>1~2	352	1018	29.6	410	7 720	92	B
≤1	2421	3439	100	670	8 390	100	C

2. ABC 分类管理策略

ABC 分类管理策略见表 5-3。

表 5-3　ABC 分类管理策略

库存类型	A	B	C
管理要点	投入较大力量精心管理，将库存压缩到最低水平	按经营方针调节库存水平	集中大量订货，以较高的库存来减少订货费用
订货方式	计算每种商品的定货量，按最优批量订货，采用定期订货的方式	采用定量订货方式，当库存降到最低点时发出订货，订货量为经济批量	采用双堆法，用两个库位储存，一个库位发完了，用另一个库位发，并补充第一个库位的存货
定额水平	按品种甚至规格控制	按大类品种控制	按总金额控制
检查方式	经常检查	一般检查	按年度或季度检查
统计方法	详细统计，按品种、规格规定统计项目	一般统计，按大类规定统计项目	按金额统计

（二）关键因素分析法（critical value analysis，CVA）

有些企业发现，ABC 分类并不令人满意，因为 C 类物资往往得不到重视。例如，经销鞋的企业会把鞋带列入 C 类物资，但是如果鞋带短缺将会严重影响到鞋的销售；一家汽车制造厂商会把螺钉列为 C 类物资，但缺少一个螺钉往往会导致整个生产链的停工，因此有些企业采用关键因素分析法（CVA）。CVA 的基本思想是把存货按照其关键性分为 3～5 类。

（1）最高优先级。这是经营的关键性物资，不允许缺货。
（2）较高优先级。这是指经营活动中的基础物资，但允许偶尔缺货。
（3）中等优先级。这多属于比较重要的物资，允许合理范围内缺货。
（4）较低优先级。经营中需用这些物资，但可替代性高，允许缺货。

CVA 管理法比 ABC 分类法有着更强的目的性，但人们通常倾向于制定高的优先级，结果高优先级物资种类过多，从而哪种物资都无法得到应有的重视。

通常将 CVA 管理法和 ABC 分类法结合使用，这样就能对库存进行有效的管理和控制，首先能对存货进行处理，其次还可以分清主次、抓住关键。

(三)供应商管理库存

1. 供应商管理库存的含义

供应商管理库存(vendor managed inventory,VMI)是通过供应商共享客户的库存数据,并维持客户所需要的库存水平的一种优化供应链的方法。供应商与用户企业按一定方式共享企业的库存与耗用数据(对于制造企业:一般指生产领用;对于商业企业:一般指销售出货),自主决定供货计划,对于用户企业进行快速有效的补货。

VMI 是一种供应链集成化运作的决策代理模式,它把用户的库存决策权代理给供应商,由供应商代理分销商或批发商行使库存决策的权力。

VMI 是用户和供应商之间的合作性策略,以对双方来说都是最低的成本优化产品的可获性,在一个相互同意的目标框架下由供应商管理库存,这样的目标框架被经常性地监督和修正,以产生一种连续改进的环境。

2. 供应商管理库存的特点

供应链管理中供应商管理库存的意义是供应商共享用户企业的库存及耗用量;供应商代替客户维持库存水平;供应商自行对客户的库存进行有效补货;供应商管理库存的所有权根据双方合同来约定;供应商管理库存缓和了需求方对物料的不确定性,减少了需求方的库存,缩减了成本;使得需求方在仓库、配送、运输等环节提高了顾客的服务质量。

3. 供应商管理存货的方式

供应商管理存货的方式主要有四种。

(1)供应商提供包括所有产品的软件进行存货决策,用户使用软件执行存货决策,用户拥有存货所有权,管理存货。

(2)供应商在用户的所在地,代表用户执行存货决策,管理存货,但是存货的所有权归用户。

(3)供应商在用户的所在地,代表用户执行存货决策,管理存货,拥有存货所有权。

(4)供应商不在用户的所在地,但是定期派人代表用户执行存货决策,管理存货,供应商拥有存货的所有权。

通过 VMI,供应商可以客观评论放在供应商处的存货,供应商可以决定产品的标准,决定订货点,补充存货、交货的流程,建立多种库存优化模型并进行人员培训。

4. VMI 的实施方法

供应商管理库存的策略实施可以分为如下几个步骤。

(1)建立顾客情报信息系统。供应商要有效地管理销售库存,供应商必须能够获得顾客的有关信息。通过建立顾客的信息库,供应商能够掌握需求变化的有关情况,把由批发商(分销商)进行的需求预测与分析功能集成到供应商的系统中来。

(2)建立销售网络管理系统。供应商要很好地管理库存,必须建立起完善的销售网络管理系统,保证自己的产品需求信息和物流畅通。为此必须保证自己产品条形码的可读性和唯一性;解决产品分类、编码的标准化问题;解决商品存储运输过程中的识别问题。

(3)建立供应商与分销商(批发商)的合作框架协议。供应商和销售商(批发商)一起通过协商,确定订单处理的业务流程以及库存控制的有关参数,如再订货点、最低库存水平等;库存信息的传递方式,如 EDI 或 Internet 等。

（4）组织机构的变革。这一点也很重要，因为 VMI 策略改变了供应商的组织模式。传统的模式中，由会计经理处理与用户有关的事情；引入 VMI 策略后，在订货部门产生了一个新的职能负责控制用户的库存、库存补给和服务水平。

（四）联合库存管理（JMI）

1. 联合库存管理的含义

联合库存管理（jointly managed inventory，JMI）是供应链系统管理进一步集成为上游和下游两个协调管理中心，从而部分消除了由于供应链环节之间的不确定性和需求信息扭曲现象导致的供应链库存波动。通过协调管理中心，供需双方共享需求信息，因而起到了提高供应链运作稳定性的作用。联合库存管理则是一种风险分担的库存管理模式。

在供应链企业之间的合作关系中，更加强调双方的互利合作关系，联合库存管理就体现了战略供应商联盟的新型企业合作关系。

联合库存管理是解决供应链系统中由于各节点企业的相互独立库存运作模式而导致的需求放大现象的，是提高供应链同步化程度的一种有效方法。联合库存管理和供应商管理用户库存不同，它强调双方同时参与，共同制订库存计划，使供应链过程中的每个库存管理者（供应商、制造商、分销商）都从相互之间的协调性考虑，供应链相邻两个节点之间的库存管理者对需求的预期保持一致，从而消除了需求变异放大现象。任何相邻节点需求的确定都是供需双方协调的结果，库存管理不再是各自为政的独立运作过程，而是变成供需连接的纽带和协调中心。

2. 联合库存管理的优势

（1）为实现供应链的同步化运作提供了条件和保证。联合库存管理是解决供应链系统中由于各节点企业的相互独立库存运作模式导致的需求放大现象，降低库存的不确定性，提高供应链的稳定性，提高供应链的同步化程度的一种有效方法。

（2）为实现零库存管理、准时采购以及精细供应链管理创造了条件。联合库存管理和供应商管理用户库存不同，它强调双方同时参与，共同制订库存计划，使供应链过程中的每个库存管理者（供应商、制造商、分销商）都从相互之间的协调性考虑，保持供应链相邻两个节点之间的库存管理者对需求的预期保持一致。

（3）联合库存成为供需双方信息交流和协调的纽带。任何相邻节点需求的确定都是供需双方协调的结果，库存管理不再是各自为政的独立运作过程，而是供需连接的纽带和协调中心，进一步体现了供应链管理的资源共享和风险分担的原则。

3. 联合库存管理的实施策略

（1）建立供需协调管理机制。为了发挥联合库存管理的作用，供需双方应从合作的精神出发，建立供需协调管理的机制，通过相互的协调作用，明确各自的目标和责任，建立合作沟通的渠道，为供应链的联合库存管理提供有效的机制。没有一个协调的管理机制，就不可能进行有效的联合库存管理。

（2）发挥两种资源计划系统的作用。为了发挥联合库存管理的作用，在供应链库存管理中应充分利用目前比较成熟的两种资源管理系统：MRP Ⅱ 和 DRP。原材料库存协调管理中心应用制造资源计划系统 MRP Ⅱ，而在产品联合库存协调管理中心则应用物资资源配送计划 DRP。这样便可在供应链系统中把两种资源计划系统很好地结合起来。

（3）建立快速响应系统。快速响应系统是在 20 世纪 80 年代末由美国服装行业发展起来的一种供应链管理策略，目的在于减少供应链中从原材料到用户的过程时间和库存，最大限度地提高供应链的运作效率。

快速响应系统在美国等西方国家的供应链管理中被认为是一种有效的管理策略，经历了三个发展阶段。第一阶段为商品条形码化，通过对商品的标准化识别处理加快订单的传输速度；第二阶段是内部业务处理的自动化，采用自动补库与 EDI 数据交换系统提高业务自动化水平；第三阶段是采用更有效的企业间合作，消除供应链组织之间的障碍，提高供应链的整体效率，如通过供需双方合作，确定库存水平和销售策略等。

目前在欧美等西方国家，快速响应系统应用已到达第三阶段，通过联合计划、预测与补货等策略进行有效的用户需求反应。美国的 Kurt Salmon 协会调查分析认为，实施快速响应系统后供应链效率大有提高：缺货大大减少，通过供应商与零售商的联合协作保证 24 小时供货；库存周转速度提高 1～2 倍；通过敏捷制造技术企业的产品中有 20%～30% 是根据用户的需求而制造的。

快速响应系统需要供需双方的密切合作，因此协调库存管理中心的建立为快速响应系统发挥更大的作用创造了有利的条件。

（4）发挥第三方物流企业的作用。在联合库存管理系统中把供应链系统管理进一步集成为上游和下游两个协调管理中心，让第三方物流企业（3PL）在供应链集成中发挥重大作用；或以 3PL 为供应链核心企业，为用户提供各种服务，如产品运输、订单选择、库存管理等，可以使企业更加集中精力于自己的核心业务，第三方物流系统起到了供应商和用户之间的联系的桥梁的作用。面向协调中心的第三方物流系统使供应与需求双方都取消了各自独立的库存，增加了供应链的敏捷性和协调性，并且大大改善了供应链的用户服务水平和运作效率。

二、库存控制的方法

（一）库存控制原则

1. 保证 2～3 周的库存水平

对于快速消费品，一般保持 2～3 周的库存，这是在所有商品销售的基础上定的一个平均数，而食品（生鲜食品除外）因为保质期相对其他商品短，对这样的商品要有一个合理库存。

2. 提高商品流动速度

如果库存管理得好，商品在货架上流通得就快，不仅提高周转率，同时也提高了资金的流动速度，减少资金的占用率。没有大的库存，也减少了清仓降价的可能性，增加毛利，进而增加效益。

3. 采购员按顾客需要采购商品

控制库存的好处就是让采购员根据销售情况采购商品，按顾客的要求把顾客喜欢的商品采购进来。

（二）库存控制的方法

1. 经济订货批量（economic order quantity，EOQ）

每次订货量的多少直接关系到库存的水平和库存总成本，为使库存总成本最小，往往需要找到一个合适的订货数量，经济订货批量（EOQ）能满足这一要求。经济订货批量就是通过平衡采购进货成本和仓储保管成本，确定一个最佳的订货数量来实现最低总库存成本的方法。通常，在需要率是已知的和连续的、交货周期是已知的和固定的条件下，年总库存成本的计算公式为：

年总库存成本=年购置成本+年订货成本+年保管成本+缺货成本

在不允许缺货的条件下：年总库存成本=年购置成本+年订货成本+年保管成本

即
$$TC = DP + DC/Q + QH/2$$

式中：TC——年总库存成本；

D——年需求总量；

P——单位商品的购置成本；

C——每次订货成本，元/次；

H——单位商品年的保管成本，元/年；（$H=PF$，F 为年仓储保管费用率）；

Q——批量或订货量。

假设年采购总量一定，则库存总成本只与订货成本和保管成本相关。订货成本由订货次数的多少决定，订货次数随订购批量的增大而减少，因此订货成本与订购批量成反比关系；保管成本则与订购批量成正比关系。因此，经济订购批量是订货成本与保管成本之和为最小时的订购量，EOQ 订货法如图 5-29 所示。

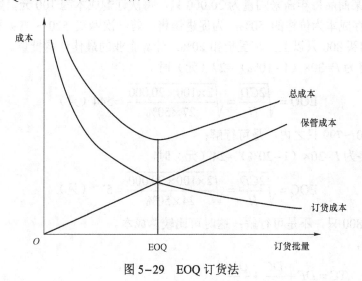

图 5-29　EOQ 订货法

通过对上式进行求导，并让求导后的方程为零，解得经济批量，经济订货批量的计算公式为：

$$EOQ = \sqrt{\frac{2CD}{H}} = \sqrt{\frac{2CD}{PF}}$$

此时的最低年总库存成本 TC=DP+H（EOQ）
年订货次数

$$N = D/\text{EOQ} = \sqrt{\frac{DH}{2C}}$$

平均订货间隔周期 T=365/N=365EOQ/D

【例 5-1】某企业 A 商品的年需求总量为 30 000 个，单位商品的购买价格为 20 元，每次订货成本为 240 元，单位商品的年保管费为 10 元，求该商品的经济订购批量，最低年总库存成本，每年的订货次数及平均订货间隔周期。

解：经济批量

$$\text{EOQ} = \sqrt{\frac{2 \times 30\,000 \times 240}{10}} = 1\,200 \text{（个）}$$

每年总库存成本 TC=30 000×20+10×1 200=612 000（元）
每年的订货次数 N=30 000/1 200=25（次）
平均订货间隔周期 T=365/25=14.6（天）

在现实生活中，为了诱发更大的购买行为，供应商往往在订购数量大于某个数值时提供价格优惠。购买方在争取数量折扣时要进行分析，一次采购量大，价格低，单位运费低，订货次数少；但是，一次采购量大，库存量增大，占用流动资金，资金周转减慢，库存管理费用上升，库存货物可能老化、陈旧、滞销等。问题的关键在于增加订货后是否有净收益，如果接受价格折扣所产生的总费用小于订购 EOQ 所产生的总费用，就应该增加订货而接受价格折扣。

【例 5-2】某商品每年需采购量为 20 000 只，每次订购成本为 100 元，购买单件价格为 30 元，单位储存成本为价格的 50%，为促进销售，若一次购买 520～799 只，可享受折扣 10%；若一次购买 800 只以上，享受折扣 20%；计算企业的最佳订购批量。

（1）当价格为 P=30×（1-10%）=27（元）时，

$$\text{EOQ} = \sqrt{\frac{2CD}{H}} = \sqrt{\frac{2 \times 100 \times 20\,000}{27 \times 50\%}} = 544 \text{（只）}$$

EOQ 在 520～799 只之内，是可行解；

（2）当价格为 P=30×（1-20%）=24（元）时，

$$\text{EOQ} = \sqrt{\frac{2CD}{H}} = \sqrt{\frac{2 \times 100 \times 20\,000}{24 \times 50\%}} = 577 \text{（只）}$$

EOQ 不到 800 只，不是可行解；这时可比较总成本。
当 P=27 时，

$$\text{TC} = DP + \frac{DC}{Q} + \frac{QH}{2}$$

=20 000×27+20 000×100/544+544×27×50%/2=547 348.5（元）

当 P=24 时，EOQ 为 577，不到 800 只，按 800 只计算，
　　TC=20 000×24+20 000×100/800+800×24×50%/2=487 300（元）

当购买 800 只时，其总成本是最低的，所以，选择最佳订货批量为 800 只。

经济订货批量的优点：管理简便，订购时间和订购量不受人为判断的影响，保证库存管理的准确性；由于订购量一定，便于安排库内的作业活动，节约理货费用；便于按经济订货批量订购，节约库存总成本，提高经济效益。

经济订货批量的缺点：要随时掌握库存动态，严格控制订货点库存，占用了一定的人力和物力；订货时间不能预先确定，对于人员、奖金、工作业务的计划安排不利；受单一品种订货的限制，对于实行多品种联合订货采用此方法时还需灵活掌握处理。

2. 安全库存法

安全库存（safety stock，SS）又称安全存储量或保险库存，是为防止未来物资供应或需求的不确定性因素（如大量突发性订货、交货意外中断或突然延期等）而准备的缓冲库存。其大小取决于供应和需求的不确定性、顾客服务水平（或订货满足率），以及缺货成本和库存持有成本。顾客服务水平较高，则安全库存量增加，并导致缺货成本较低，而库存持有成本较高；相反，顾客服务水平较低，则安全库存量减小，并导致缺货成本较高，而库存持有成本较低。那么如何确定安全库存量呢？这主要由企业期望达到的客户服务水平决定，通常用存货周期内不会出现断货的概率来表示服务水平。例如 95% 的客户服务水平，意味着在订货至交货这段前置期内有 5% 的概率需求大于安全库存。

$$服务水平 = 1 - 断货率$$

假设需求变化满足正态分布，安全库存的计算方法为：

$$SS = z\sqrt{\sigma_d^2(\overline{L}) + \sigma_L^2(\overline{d})^2}$$

式中：SS——安全库存；

　　　$\overline{L}$——提前期平均值；

　　　$\overline{d}$——日平均需求量；

　　　z——一定顾客服务水平需求化的安全系数，见表 5-4；

　　　σ_d——需求量 d 的标准差；

　　　σ_L——提前期 L 的标准差。

表 5-4 顾客服务水平及安全系数表

顾客服务水平/%	安全系数 z	顾客服务水平/%	安全系数 z
100	3.09	96	1.75
99.99	3.08	95	1.65
99.87	3	90	1.8
99.2	2.4	85	1.04
99	2.33	84	1
98	2.05	80	0.84
97.7	2	75	0.68
97	1.88		

（1）在日需求量和订货提前期都是随机变化的情况下计算安全库存量。

【例 5-3】某货代公司是某连锁企业的仓储服务供应商，为其提供某种水果的库存管理服务；根据历史记录，客户对某种水果的日需求量和订货提前期都不稳定，记录见表5-5。合同约定允许缺货率控制在5%，请计算安全库存量和确定订货点库存量。

表5-5 日需求量和订货提前期

日期/天	1	2	3	4	5	6	7	8	9	10
日需求量/箱 d	7	12	13	11	9	8	8	9	11	12
批次序号	1	2	3	4	5	6	7	8	9	10
订货提前期/天 L	4	6.5	6	5.5	5	8	6	7.5	6.5	5

日平均需求量：

$$\bar{d} = \frac{\sum d}{n} = \frac{7+12+\cdots+12}{10} = 10 \text{（箱）}$$

需求量 d 的标准差：

$$\sigma_d = \sqrt{\frac{\sum(d-\bar{d})^2}{n}}$$

$$= \sqrt{\frac{(7-10)^2+(12-10)^2+\cdots+(12-10)^2}{10}} = 2 \text{（箱）}$$

平均订货提前期：

$$\bar{L} = \frac{\sum L}{n} = \frac{4+6.5+\cdots+5}{10} = 6 \text{（天）}$$

提前期标准差：

$$\sigma_L = \sqrt{\frac{\sum(L-\bar{L})^2}{n}}$$

$$= \sqrt{\frac{(4-6)^2+(6.5-6)^2+\cdots+(5-6)^2}{10}} = 1 \text{（天）}$$

合同约定允许缺货率控制在5%，即顾客服务水平为95%，查表5-4安全系数 $z=1.65$。

安全库存量：

$$SS = z\sqrt{\sigma_d^2(\bar{L})+\sigma_L^2(\bar{d})^2}$$

$$= 1.65 \times \sqrt{2^2 \times 6 + 1^2 \times 10^2}$$

$$\approx 19 \text{（箱）}$$

订货点库存量：

R=提前期库存量+安全库存量

=日平均需求量×平均提前期天数+安全库存量

=10×6+19=79（箱）

（2）需求量是随机变化的，提前期为不变的常数。

提前期 L 是常量，即每次订货的提前期都是一样的时间，如都是6天，则提前期标准差为 $\sigma_L=0$，这时安全库存量的公式简化为：

$$SS = z\sigma_d\sqrt{L}$$

【例5-4】某企业的A材料平均日需求量为200件,并且服从正态分布,日需求量的标准差是15件,如果提前期是固定的常数6天,试问满足95%的顾客满意度的安全库存存量是多少?

解:由题意可知提前期是常量,即每次订货的提前期都是一样的时间,即6天,则提前期标准差为0,安全库存量:

$$SS = z\sigma_d\sqrt{L}$$
$$= 1.65 \times 15\sqrt{6} = 61(件)$$

(3)需求量固定不变为常数,提前期随机变化。

需求量为固定常数,即需求量的标准差为0,则公式简化为:

$$SS = z\sigma_L d$$

【例5-5】某企业零部件的日需求量为固定的常数2 000件,订货提前期是随机变化的,且服从正态分布,平均订货提前期为10天,提前期标准差为2天,试确定95%的顾客满意度下的安全库存量。

解:安全库存量:

$$SS = z\sigma_L d = 1.65 \times 2 \times 2\,000 = 6\,600(件)$$

跨境电商海外仓

海外仓储,是指在除本国各地区之外的其他国家设立海外仓库,通常用于电子商务。商品从本国出口,运用空运、海运、货运的形式存放到目的地的仓库,买家在网上购买所需物品直接下单,卖家收到订单后,直接对海外仓库的服务人员在网上下达指令,根据指令完成订单任务。商品在买家所在地包装递送,极大地缩短了从本国发货物流所需的时间。

一、海外仓成本

海外仓储在跨境电商行业中的运用已经非常普遍,也形成了一套标准化的成本模式,大体上包含头程费用、本地配送费用、仓储及处理费。

(1)头程费用是指货物从国内到海外仓库所需的运费。

(2)本地配送费用是指在海外的本土地区给客户配送商品时所花费的本地快递费用。

(3)仓储及处理费是指客户的商品存放在海外仓库与处理当地配送时所需的费用。

二、海外仓的特点优势

(1)传统国际快递代理四大国际快递、专线、小包,从盈利到微利的变化;海外仓是全新的物流模式。时代的发展离不开不断地创新,若墨守成规,止步不前,终究会被行业所淘汰。

(2)提供多元化的服务,买家在购买商品时,有更多的选择;利润低,但有多个盈利点,综合起来利润高,提升市场竞争力,满足客户的购物体验。

（3）降低物流成本、灵活的本地配送、仓库管理、实现多元化等功能，对于物流企业来说，这是发展中必备的良药。

三、海外仓的内容——WMS、TMS 软件

仓库管理系统（WMS）。WMS 有出库、入库、库存调拨、仓库调拨与虚仓管理等功能，是综合型的管理系统。系统功能还包括库存盘点、虚仓、批次管理、物料对应、质检、即时库存等功能，各项功能都可综合使用，完善企业仓储信息管理、仓库运行实况处理，有效地控制和跟踪仓库的成本与物流，在运输的全过程中把握全局实况。WMS 既可以独立完成库存各项操作，也可以与其他系统结合使用，共同完成库存需求，例如单据和凭证等，为企业的业务流程与财务管理提供更完善的信息。

（货代/物流/快递）管理系统软件（TMS）。系统从控制、适用、规范、精确的角度实施，其中包括报价、自动查件、运单、收付款核销对账等功能。其使用简单，易上手，没有烦琐的过程和过多华而不实的功能。其采用收货、分货、出货一站式操作模式，系统计算出收货价的同时，也相应地排好了成本价的顺序，操作人员直接选择出货渠道、出货代理，有效提升客服人员的工作效率。系统记录每一货物的所有操作过程，包括重写目的地、修改重量、金额、其他费用等相关信息，若是在操作中出现失误也可有依据的跟踪完成操作，为其规范业务管理、精确财务管理、提升效率、扩大利润。

华为的库存管理

库存是把双刃剑，一方面能提高供应柔性，另一方面也会占用大量资金。在华为，库存管理的特点主要在于库存规划和日常管理方法。华为在库存的日常管理方面主要有以下措施。

一、华为库存的 ABC 分类管理法

在华为，主要采用 ABC 分类法对物料进行管理。ABC 管理法是根据事物的经济、技术等方面的主要特征，运用数理统计的方法，进行统计、排列和分析，抓住主要矛盾，分清重点与一般，从而有区别地采取管理方式的一种定量管理方法，又称巴雷托分析法、分类管理法等。

华为根据通用性强弱、价值高低等差异，对不同的物料采取不同的采购、计划与库存控制策略。对战略性物料需要做适当的长单或储备，根据一定的方法（如根据其历史用量和未来 6 个月需求量，ABC 分类管理法等）对各种物料设定安全库存。

二、齐套性管理

齐套性是指完成某个半成品或成品的生产时，其构成的所有物料全部到位，能够进行全部工序的生产。物料的齐套性很重要，物料不齐套将造成生产停工待工，浪费机台和人力及管理成本，影响生产进度。因此，在华为，齐套性管理主要从两个方法入手：① 预缺料管理；② 风险预警及升级机制。为提高计划的准确性及计划的执行力度，应加强齐套性管理。

此外，华为还十分注意控制物料到货的进度与节奏，维持进出平衡。控制物料的到货主

要是加大对例外信息的处理力度，控制不合理到料。具体方法包括把例外信息处理的比例列入采购的考核指标（按金额），每周公布统计排名；或者考虑把这个标准列入供应商考核的指标等。

三、对于低周转物料的处理办法

华为对于低周转物料的处理办法：第一，定期处理，分责任人，提交处理报告。第二，低周转物料产生时，要把责任、原因分析清楚。第三，该报废的报废，该变卖的变卖，决不手软。并且，低采物料在不同情况下对它的周期有一些规定，如电容类、耐用品等的周期是不一样的，不能一刀切。

四、其他措施

除了上述几点，还有一些其他措施，比如：计划提前介入研发IPD进度，严格把关物料的可计划性、物料归一化管理、物料的多家供应等评审；推行分级备料的方式，让整个供应链条一起承担库存风险，也能提高供应柔性；建立计划/采购/核心供应商的定期沟通机制，提高信息透明化。

总之，华为在库存管理方面有不少方法，除了需要不断改进和优化，也需要和供应链其他环节如计划、采购相互配合，力争消除库存负面积压、周转率低等所造成消极影响。

资料来源：http://www.eepw.com.cn/article/201702/343926.htm。

自我测试

一、单选题

1.（　　）是利用自建或租赁库房、场地，储存、保管、装卸搬运、配送货物，是改变"物"的时间状态，是商品流通的重要环节之一，也是物流活动三大支柱之一。

　　A. 采购　　　　B. 仓储　　　　C. 流通加工　　　D. 配送

2.（　　）是指仓储保管人在物品仓储期间根据存货人的合同要求，对保管物进行合同规定的外观、形状、成分构成、尺度等方面的加工或包装，使仓储物品满足委托人所要求达到的变化的仓储方式。

　　A. 保管式仓储　B. 加工式仓储　C. 消费式仓储　D. 特殊物品仓储

3. 用于集装、堆放、搬运和运输的放置，作为单元负荷的货物和制品的水平平台装置是（　　）。

　　A. 货架　　　　B. 起重机　　　C. 叉车　　　　D. 托盘

4. 尤其适用多品种的小件货物的存储保管的货架类型是（　　）。

　　A. 自动货架　　B. 旋转式货架　C. 移动式货架　D. 托盘货架

5. 专门用来堆码货垛或提升物品的机械是（　　）。

　　A. 堆垛机　　　B. 叉车　　　　C. 托盘搬运车　　D. 手推车

6.（　　）允许货物存放在仓库里的任何地方，每一个货位均可以存放任何一种物资（相互有不良影响者除外）。

　　A. 定位存放　　B. 随机存放　　C. 分类存放　　D. 分类随机储放

7.（　　）是指根据物品的包装、外形、性质、特点、重量和数量，结合季节和气候情况，以及储存时间的长短，将物品按一定的规律码成各种形状的货垛。

  A. 分货   B. 堆码   C. 分拣   D. 上架

8. 预防商品到货误期或商品的品种、规格不合要求等意外情况，保证生产销售正常进行而储备商品的库存是（   ）。

  A. 经常储备库存   B. 保险储备库存
  C. 季节性储备库存   D. 独立需求库存

9. 通过平衡采购进货成本和保管仓储成本，确定一个最佳的订货数量来实现最低总库存成本的方法叫（   ）。

  A. 安全/保险库存法   B. EOQ/经济批量法
  C. ABC 控制法   D. CVA/关键因素分析法

10. 上游企业和下游企业权利责任平衡和风险共担的库存管理模式是（   ）。

  A. 供应商管理库存（VMI）   B. EOQ/经济批量法
  C. ABC 控制法   D. 联合库存管理（JMI）

二、多选题

1. 仓储的基本功能有（   ）。
  A. 调节功能   B. 保管检验功能   C. 养护功能   D. 运输功能

2. 仓储增值服务功能有（   ）。
  A. 流通加工   B. 包装   C. 配载、配送   D. 交易中介

3. 按仓储功能来划分，仓储可分为（   ）。
  A. 存储功能仓储   B. 物流中心仓储
  C. 配送中心仓储   D. 运输转换仓储和保税仓储

4. 托盘的特点包括（   ）。
  A. 机械化程度高   B. 操作效率高
  C. 货物防盗性能好   D. 操作方便

5. 货架的基本功能有（   ）。
  A. 便于存储规格复杂多样的货物   B. 有效保护货物
  C. 提高仓库空间的利用率   D. 减少装卸搬运的投入

三、问答题

1. 仓储在物流管理中有哪些作用？仓储的逆作用是什么？
2. 仓库中常用的货架有几种？各自的特点及其用途是怎样的？
3. 码垛的基本要求是什么？物料码垛的垛形有几种？分别有什么特点？
4. 什么是供应商管理库存？供应商管理库存有什么特点？供应商管理库存的方式有哪些？
5. 什么是联合库存管理？它有哪些好处？

项目实施

情境实训一　仓储设施设备认知和使用

一、实训目的

了解仓库常用设备的原理、用途等，熟悉仓储日常作业；了解仓库中的各种装卸搬运设

备，如叉车、起重机等的结构特点和使用及管理，正确操作方法及不合理操作的常见表现形式；仓库中的各种承载器具，如托盘、集装箱等，了解结构特点和使用及管理；学生通过实训应掌握仓库常用设备的基本结构、特点和使用原理，并能进行基本操作和管理，清楚影响仓储设备正常运转的含义及影响因素，掌握基础设施设备的操作规范。

二、实训步骤

（1）实训老师带领学生到物流实训室（实训基地），并强调本次实训的注意事项。

（2）实训老师带领小组成员认识仓储设施设备，介绍自动立体仓库、AGV 小车、RF、手推叉车、液压推高机、堆垛机、手动和自动打包机等物流设备性能及用途等，示范设备的操作，强调操作要领和易出现操作不当或失误的环节和位置。

（3）将学生分成若干个小组，每组大约 10 余人，每组承担一个类别的设备的实训任务，根据指导教师的要求，熟悉各类仓储设备的使用，如各种货架的认知及使用；托盘的认知及使用；叉车、起重机的认知及使用。

（4）学生记录本次实训的主要内容，各小组经讨论提出不懂或疑惑的问题，老师按时间分配及时解答。

（5）做好实训记录，记录学习的收获及心得体会，学生写出实训总结。

三、实训任务

（1）能够熟练使用常用的仓储设施设备。

（2）上网调查常用的不同种类的货架的特点及用途，并将其图片和价格下载制成 PPT。

（3）上网调查常用的不同种类的托盘、集装箱的特点及用途，并将托盘、集装箱图片和价格下载制成 PPT。

（4）上网调查常用的不同种类的装卸搬运设备，如巷道堆垛机、搬运车等的特点及用途，并将其图片和价格下载制成 PPT。

情境实训二　库存控制计算

一、实训目的

掌握经济定购批量的概念、特点；了解经济定购批量的适用条件；会运用经济定购批量方法确定采购数量。

二、实训步骤

（1）教师讲解 EOQ 模型。

（2）采购案例分析。

（3）学生自己计算。

三、作业题

（1）什么是经济订购批量（EOQ）？它适用的条件是什么？

（2）根据以下资料计算企业的最佳订购批量。

某连锁企业采购一种产品，在连锁分店该产品每月市场需求量为 8 870 万件，产品零售价为 42 元，每次订货费用为 2 100 元，单位产品年库存持有成本为产品零售价的 18%。企业为了避免因预测失误导致缺货，需要保有安全库存 1 万件。目前连锁企业有两个供应商，甲供应商在 6 月 30 日前可以供应 7 500 万件；乙供应商在 6 月 30 日前可以供应 4 600 万件，如果甲供应商在 6 月已经接受了其他客户的订单 2 300 万件，乙供应商在 6 月已经接受了其他客户的订单 1 700 万件。请计算：

① 经济订货批量是多少？

② 在现有安全库存下的下单数量是多少？

③ 如果连锁企业需要在 6 月订货，供应商是否能够满足连锁企业的订货量？

（3）在批量折扣条件下，计算商品的最佳经济订货批量。

某企业 A 商品年需求量为 30 000 个，单位商品的购买价格为 20 元，每次订货成本为 240 元，单位商品的年保管费为 10 元，A 商品供应商为了促销，采取以下折扣策略：一次购买 1 000 个以上打 9 折；一次购买 1 500 个以上打 8 折，参见多重折扣价格表。若单位商品的仓储保管成本为单价的一半，求在这样的批量折扣条件下，该商品的最佳经济订货批量应为多少？

情境实训三　仓储保管员、养护员的岗位职责和操作流程

一、实训目的

熟悉每种商品的特点；掌握商品的堆码技术，学会为物流配送中心仓储的四大类商品进行保管与养护的基本技术和方法。

（1）食品与日化：水果、干货、豆类、烟酒、食品饮料、副食、办公文教、家居用品、服饰、鞋帽、礼品玩具、日常用品等。

（2）机电类：电子元器件、仪器仪表、汽摩与配件、包装产品、电脑软件产品、装饰材料、家电用品、电气电工产品。

（3）五金类：锁、拉手、门窗类五金、家庭装饰小五金类、水暖五金类、建筑装饰五金、工具类、卫浴五金等。

（4）化学危险品类：化学药剂、烟花爆竹、石油、医用药剂等。

二、实训步骤

（1）在物流实训室学习商品的堆码。

（2）以小组为单位组织分工、讨论。可在小组内分工，由不同的人分别设计不同产品的养护方案，然后小组共同讨论修订。查阅相关资料，熟悉家电产品、日化用品、袋装食品及蔬菜四类商品的特性；学习每种商品的保管和养护方法。

（3）设计最常规的通用保管养护方法：控制温度、湿度；查阅每种商品的温湿度控制范围，制定相应的控制标准；常规的卫生管理；注意防尘和保持清洁。

（4）针对不同产品特性进行区别保管，提示：

① 家电产品要防锈蚀及霉腐，必要时也要防虫害；要选择适合家电类的措施。

② 日化用品在防氧化、挥发和分解上，主要注意防止日晒、包装严密等。

③ 食品类要防霉腐、虫蛀，设计方案时要注意不污染食品本身。

④ 蔬菜主要要保鲜，防止腐烂变质，注意温湿度和清洁度控制，考虑合适的包装。

三、实训任务

（1）在实训室学习商品的堆码，并将摆放好的各种商品堆码的图片按电子作业方式上交。

（2）小组成员分工并分别对不同大类商品设计保管与养护方案（要考虑其经济性和实用

性，要采用先进的技术，也要注意节约成本等）。要求根据不同的商品仓储存在的问题提出解决办法：

① 产生霉变的原因有哪些？如何进行有效的预防与控制？

② 产生金属锈蚀的原因有哪些？如何进行有效的预防与控制？

③ 产生虫蛀的原因有哪些？如何进行有效的预防与控制？

（3）分析四类商品最容易发生什么反应，比如家电产品的老化、锈蚀、霉腐；日化用品的氧化、挥发、分解；食品的霉腐、虫蛀；蔬菜的呼吸作用、后熟作用等。

（4）请说明仓储养护员的工作职责。

项目六

电子商务流通加工与包装管理

项目说明

流通加工、包装作业是仓储增值服务的主要内容，增值服务是根据客户需要，为客户提供的超出常规服务范围的服务，或者采用超出常规的服务方法提供的服务。传统的仓储业务以保管养护为主，现代仓储注重全方位的增值服务，包括流通加工、包装、货物分拣、配送、现货市场、信息服务、质押监管业务等，它们将成为现代仓储业的重要的利润增长点。通过本项目的学习，使学生了解流通加工的含义、作用和流通加工类型，明确流通加工和一般生产加工的区别；具备流通加工合理化管理的能力；掌握包装的含义、功能及包装的种类；懂得包装材料、包装容器的性能；学会设计商品包装、包装标记和商品包装说明书；学会运用包装设备和材料进行商品包装。

导入案例

惠普通过流通加工实现对供应链的重新构建

一、惠普（HP）打印机存在的问题

惠普（HP）公司成立于1939年，HP打印机的生产、研发节点分布在16个国家，销售服务部门节点分布在110个国家，而其总产品类型超过22 000种。欧洲和亚洲地区对于台式打印机电源供应（电压110伏和220伏的区别，以及插件的不同）、语言（操作手册）等有不同的要求。以前这些均由温哥华的公司完成，北美、欧洲和亚太地区是它的三个分销中心。这样一种生产组织策略，我们称之为"工厂本地化"（factory localization）。需要用大约一个月的时间将产品海运到欧洲和亚太分销中心，这么长的提前期导致分销中心没有足够的时间去对快速变化的市场需求做出响应，因而欧洲和亚太地区只能以大量的安全库存来保证对用户需求的满足，占用了大量的流动资金。若某一地区产品缺货，为了应急，可能会将原来为其他地区准备的产品拆开重新包装，造成更大的浪费，提高产品需求预测的准确性也是一个主要难点。

二、解决方案

重新设计供应链，在新供应链中，主要的市场制造过程由在温哥华的HP公司完成，包括印刷电路板组装与测试（printed circuit board assembly and test，PCAT）和总机装配（final assembly and test，FAT）。在PCAT过程中，电子组件（诸如ASICs、ROM和粗印电路板）

项目六 电子商务流通加工与包装管理

组装成打印头驱动板,并进行相关的测试;在FAT过程中,电动机、电缆、塑料底盘和外壳、齿轮、印刷电路板总装成打印机,并进行测试。其中的各种零部件原材料由惠普(HP)的子公司或分布在世界各地的供应商供应。

在温哥华生产通用打印机,在通用型打印机运输到欧洲和亚洲后,再由当地分销中心或代理商加上与地区需求一致的变压器、电源插头和用当地语言写成的说明书,完成整机包装后由当地经销商送到消费者手中,通过将客户化工作推迟到分销中心进行(或"延迟"策略),实现了根据不同的用户需求生产不同型号的产品。这样一种生产组织策略,称为"分销中心本地化"(DC-Localization)。产品设计上也有了一定变化,电源等客户化需求的部件设计成了即插即用的组件。

这大大改变了以前由温哥华的总机装配厂生产不同型号的产品,保持大量的库存以满足不同需求的情况,并且大大缩小了库存量,原来需要7周的成品库存量以满足98%的订货服务目标,现在只需要5周的库存量以满足生产需求,一年大约可以节约3 000万美元,电路板组装与总装厂之间也基本实现无库存生产。同时,打印机总装厂对分销中心实施JIT供应,以使分销中心保持目标库存量(预测销售量+安全库存量)。

通过供应链管理,惠普(HP)公司实现了降低打印机库存量的目标。同时,通过实施供应链管理还改善了惠普(HP)公司的服务水平,减少了因原材料供应而导致的生产不确定性和停工等待时间。由于通用打印机的价值低于同等数量的客户化产品,因而又进一步节省了运输、关税等项费用。除了降低成本,客户化延迟使得产品在企业内的生命周期缩短,从而对需求预测不准确性或是外界的需求变化都具有很好的适应性,一旦发现决策错误,可以在不影响顾客利益的情况下以更小的损失更快地得以纠正。

任务驱动:通过以上案例的学习导入如下任务。
(1)什么是包装?电子商务快递包装材料有哪些?
(2)流通加工和生产加工有何不同?电子商务环境下流通加工有何重要性?
(3)惠普(HP)是如何通过流通加工实现对供应链的重新构建的?

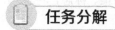
任务分解

任务一 流通加工作业管理

一、流通加工概念

流通加工是指在流通过程中对流通商品所做的辅助性加工活动,即商品在从生产地到使用地的过程中,根据需要施加包装、分割、计量、分拣、刷标志、拴标签、组装等简单作业的总称。流通加工是不改变商品的基本形态和功能,只是完善商品的使用功能,提高商品的附加价值,同时提高物流系统的效率。流通加工和生产加工的区别见表6-1。

表6-1 流通加工和生产加工的区别

类别	流通加工	生产加工
加工对象不同	加工对象是进入流通过程的商品	生产加工对象不是最终产品,是原材料、零配件、半成品
加工程度不同	流通加工程度大多是简单加工,而不是复杂加工,流通加工对生产是一种辅助及补充,如:板材的裁剪、玻璃的开片等	复杂加工应专设生产加工过程,完成大部分加工活动,流通加工对生产是一种辅助及补充。流通加工绝不是对生产加工的取消或代替
加工目的不同	是直接为消费进行的加工,流通加工的目的则在于完善物品的使用价值,并在这种完善中形成产品的附加价值	在于创造价值及使用价值
加工主体不同	流通加工主体是流通领域中商业或从事物流活动的物流经营组织	是生产领域中从事生产活动的企业

二、流通加工的类型

(一)为弥补生产领域加工不足的深加工

有许多产品在生产领域的加工只能到一定程度,这是由于许多限制因素的存在限制了生产领域不能完全实现终极加工。这种流通加工实际是生产的延续,是生产加工的深化,对弥补生产领域加工不足有重要意义。例如,木材如果在产地完成成材加工或制成木制品的话,就会给运输带来极大的困难,所以,在生产领域只能加工到圆木、板、方材这个程度,进一步的下料、切裁、处理等加工则由流通加工完成。

(二)为满足需求多样化进行的服务性加工

从需求角度来看,需求存在多样化和变化两个特点,为满足这种需求,经常是用户自己设置加工环节,如物品的分割、分拣、分装、冷冻。例如,把原木制作成板材、方材;平板玻璃按客户需要的规格进行开片加工;给T恤印上客户要求的个性化的图案、标志,将整鸡分割成翅、脖、腿等。

(三)为保护产品所进行的加工

在物流过程中,为了保护商品的使用价值,延长商品在生产和使用期间的寿命,防止商品在运输、储存、装卸搬运、包装等过程中遭受损失,可以采取稳固、改装、保鲜、冷冻、涂油等方式。例如,水产品、肉类、蛋类的保鲜、保持的冷冻加工、防腐加工等;丝、麻、棉织品的防虫、防霉加工等,金属材料的防锈蚀喷漆、涂防锈油等。

(四)为提高物流效率,方便物流的加工

有一些产品本身的形态使之难以进行物流操作。如鲜鱼的装卸、储存操作困难;设备搬运、装卸困难;气体物运输、装卸困难等。进行流通加工可以使物流各环节易于操作,如鲜鱼冷冻、设备解体、气体液化等。

这种加工往往改变"物"的物理状态,但并不改变其化学特征,并最终仍能恢复原物流

项目六 电子商务流通加工与包装管理

状态，如造纸用的木材磨成木屑的流通加工。

（五）为促进销售的流通加工

流通加工可以从若干方面起到促进销售的作用，如将过大包装或散装物分装成适合一次销售的小包装的分装加工；将原以保护产品为主的运输包装改换成以促进销售为主的装潢性包装；将零配件组装，以便于直接销售；将蔬菜、肉类洗净切块以满足消费者的直接使用要求等。

（六）为提高加工效率的流通加工

许多生产企业的初级加工由于数量有限，加工效率不高，也难以投入先进科学技术。流通加工以集中加工形式，解决了单个企业加工效率不高的问题。以一家流通加工企业代替了若干生产企业的初级加工工序，促使生产水平有一个发展。例如，电脑组装，自行车和电视等的组装，以及稻谷去壳、面粉加工等。

（七）为提高原材料利用率的流通加工

一些生产企业的初级加工由于数量有限，原材料加工利用率不高。流通加工利用其综合性强、用户多的特点，可以实现合理规划、合理套裁、集中下料的办法，这就能有效提高原材料的利用率，减少损失浪费。例如，将鱼类的内脏加工成某些药物或饲料、将鱼鳞加工成高级黏合剂等。

（八）衔接不同运输方式，使物流合理化的流通加工

在干线运输及支线运输的节点，设置流通加工环节，可以有效解决大批量、低成本、长距离干线运输与多品种、少批量、多批次末端运输和集货运输之间的衔接问题，在流通加工点与大生产企业间形成大批量、定点运输的渠道，又以流通加工中心为核心，组织对多用户的配送。也可在流通加工点将运输包装转换为销售包装，从而有效衔接不同目的的运输方式。例如，食用油的分装及玻璃的运输和切割。

（九）以提高经济效益、追求企业利润为目的的流通加工

流通加工是一种低投入、高产出的加工方式，往往经简单加工就能获得更大的收益。流通加工提供的利润并不亚于从运输和保管中挖掘的利润，因此，流通加工也是物流业的重要利润来源。例如，改变商品包装，使商品档次升级而充分实现其价值。

（十）生产—流通一体化的流通加工形式

依靠生产企业与流通企业的联合，或者生产企业涉足流通，或者流通企业涉足生产，形成对生产与流通加工进行合理分工、合理规划、合理组织，统筹进行生产与流通加工的安排，这就是生产—流通加工一体化的流通加工形式。

三、流通加工合理化的途径

（一）加工和配送结合

这是将流通加工设置在配送点中，一方面按配送的需要进行加工，另一方面加工又是配送业务流程中分货、拣货、配货中的一环，加工后的产品直接投入配货作业。这就无需单独设置一个加工的中间环节，使流通加工有别于独立的生产，而使流通加工与中转流通巧妙结合在一起。同时，由于配送之前有加工，可使配送服务水平大大提高。这是当前对流通加工做合理选择的重要形式，在煤炭、水泥等产品的流通中已表现出较大的优势。

（二）加工和配套结合

在对配套要求较高的流通中，配套的主体来自各个生产单位，但是，完全配套有时无法全部依靠现有的生产单位进行适当的流通加工，可以有效促成配套，大大提高流通的桥梁与纽带能力，如汽车零部件配送。

（三）加工和合理运输结合

流通加工能有效衔接干线运输与支线运输，促进两种运输形式的合理化。利用流通加工，在支线运输转干线运输或干线运输转支线运输这个本来必须停顿的环节不进行一般的支转干或干转支，而是按干线或支线运输合理的要求进行适当加工，从而大大提高运输及运输转载水平。

（四）加工和合理商流相结合

通过加工有效促进销售，使商流合理化，也是流通加工合理化的考虑方向之一。加工和配送结合，通过加工，提高配送水平，强化销售，是加工与合理商流相结合的一个成功的例证。此外，通过简单地改变包装加工，形成方便的购买量，通过组装加工解决用户使用前组装、调试的难题，都是有效促进商流的例子。

（五）加工和节约相结合

节约能源、节约设备、节约人力、节约耗费是流通加工合理化的重要考虑因素，也是目前我国设置流通加工、考虑其合理化的较普遍形式。对于流通加工合理化的最终判断，要看其是否能实现社会和企业本身两方面的效益，而且是否取得了最优效益。对流通加工企业而言，与一般生产企业的重要不同之处是，流通加工企业更应树立社会效益第一的观念，只有在补充完善为己任的前提下才有生存的价值。如果只是追求企业的微观效益，不适当地进行加工，甚至与生产企业争利，这就有违于流通加工的初衷，或者其本身已不属于流通加工范畴了。

任务二　货物的分拣作业

一、拣货作业的概念与意义

（一）拣货作业的概念

拣货作业是按照客户订单的要求或出库单的要求将商品挑选出来，并放在指定位置的物流作业活动。商品的入库是批量到货，并且相同的品种存放在一起，而客户的订单包含多种不同商品品种。

（二）拣货作业的意义

在物流中心内部所涵盖的作业范围里，拣货作业是其中十分重要的一环，它不但消耗大量的人力、物力，而且其所涉及的作业技术含量也是最高的。拣货信息来源于客户的订单，拣货作业的目的也就在于正确且迅速地挑选出顾客所订购的商品。

从人力需求的角度来看，目前大多数的物流中心仍属于劳力密集型企业，在配送中心搬运成本中，分拣作业搬运成本约占 90%；在劳动密集型配送中心，与分拣作业直接相关的人力占 50%；分拣作业时间约占整个配送中心作业时间的 30%～40%，由此可见，规划合理的拣货作业方式，对物流中心的运作效率具有决定性的影响。

二、拣货作业方式

拣货作业的基本方式有三种，分别是按订单拣货、按批量拣货和复合拣取。

（一）按订单拣货（single order pick）

这种作业方式是按照每一张订单的品种和数量的要求，依次将客户所需求的商品由存放位置挑选出来的方式，是较传统的拣货方式。按订单拣货作业流程图如图 6-1 所示。

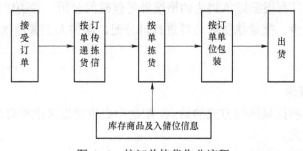

图 6-1　按订单拣货作业流程

按订单拣货的特点如下。

1. 按订单拣货的优点

按订单拣货作业方法简单；实施容易且弹性大；拣货后不用再进行分类作业，适用于大量订单的处理；作业人员责任明确；相关文件准备时间较短。

2. 按订单拣货的缺点

拣货区域大时，补货及搬运的系统设计困难；商品品种多时，拣货行走路径加长，拣货效率降低。

（二）按批量拣货（batch pick）

把多张订单汇集成一批，按商品类别及品种将数量相加后先进行初次拣货，然后再按照单一订单的要求将货品分配至每一张订单。批量拣货作业流程图如图6-2所示。

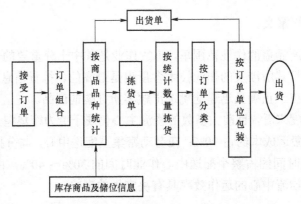

图6-2 批量拣货作业流程

按批量拣货作业方式的特点如下。

1. 按批量拣货的优点

按批量拣货可以缩短拣货时行走搬运的距离，增加单位时间的拣货量；适用于订单数量庞大的系统。

2. 按批量拣货的缺点

按批量拣货对订单无法快速反应，必须等订单累积到一定数量时才做一次性处理，因此容易出现停滞现象。只有根据订单到达的情况做等候时间分析，并决定适当的批量大小，才能将停滞时间减到最少。批量拣货后还要进行再分配，增加人工搬运次数。

（三）复合拣取

1. 复合拣取的概念

为克服订单拣取和批量拣取方式的缺点，配送中心也可以采取将订单拣取和批量拣取组合起来的复合拣取方式。

2. 复合拣取方式适用场合

复合拣取即根据订单的品种、数量及出库频率，确定哪些订单适应于订单拣取，哪些适应于批量拣取，分别采取不同的拣货方式。

三、拣货技术

（一）人工拣货

人工拣货是指所有拣货作业过程全部由人工根据单证或其他传递过来的信息进行拣取商品。拣货作业完成后由人工将各客户订购的商品放入已标示好的各区域或容器中。

（二）电子标签拣选系统

电子标签拣选系统又称半自动签拣，是计算机辅助拣选工具之一。为了提高拣选作业的效率，很多仓库通过引进自动拣选系统来提高拣选效率，电子标签拣选系统就是其中之一。

（三）自动分拣系统

自动分拣系统（automatic sorting system），又叫全自动分拣系统，是先进配送中心所必需的设施条件之一，具有很高的分拣效率，通常每小时可分拣商品 6 000～12 000 箱。可以说，自动分拣机是提高物流配送效率的一项关键因素，是自动分拣系统的一个主要设备。

1. 自动分拣系统作业过程

自动分拣系统是第二次世界大战后在美国、日本的物流中心广泛采用的一种自动分拣系统，该系统目前已经成为发达国家大中型物流中心不可缺少的一部分。该系统的作业过程可简单描述如下：物流中心每天接收成百上千家供应商或货主通过各种运输工具送来的成千上万种商品，在最短的时间内将这些商品卸下并按商品品种、货主、储位或发送地点进行快速准确的分类，将这些商品运送到指定地点（如指定的货架、加工区域、出货站台等）。同时，当供应商或货主通知物流中心按配送指示发货时，自动分拣系统在最短的时间内从庞大的高层货架存储系统中准确找到要出库的商品所在位置，并按所需数量出库。将从不同储位上取出的不同数量的商品按配送地点的不同运送到不同的理货区域或配送站台集中，以便装车配送。

2. 自动分拣系统的主要特点

能连续、大批量地分拣货物；分拣误差率极低；分拣作业基本实现无人化。

3. 自动分拣系统的组成

控制装置、分类装置、输送装置、分拣道口，以上四部分装置通过计算机网络联结在一起，配合人工控制及相应的人工处理环节构成一个完整的自动分拣系统。自动分拣系统设备如图 6-3 所示。

(a) 高速托盘式分拣机　　　(b) 环行斗式初分机　　　(c) 翻板式包裹分拣机

图 6-3　自动分拣系统设备

四、输出拣货清单

拣货清单是配送中心将客户订单资料进行计算机处理,生成并打印出拣货单。拣货单上标明储位,并按储位顺序来排列货物编号,作业人员据此拣货可以缩短拣货路径,提高拣货作业效率。拣货单见表 6-2。

表 6-2 拣货单

拣货单号码:								
顾客名称:				拣货时间:				
				拣货人员:				
				审核人员:				
				出货日期: 年 月 日				
序号	储位号码	商品名称	商品编码	包装单位			拣取数量	备注
				整托盘	箱	单件		

任务三 包装作业管理

一、包装的概念

包装是按照一定的技术方法使用容器、材料以及辅助物等将物品包封并予以适当的装饰和标志工作的总称,是包装物和包装操作的总称。

包装的目的在于对商品进行保护、方便搬运、商品包装单位化、使商品具有标识。我国电商的包装投诉多,特别是"双十一"期间,消费者抱怨包装过度,快递员诉苦快递箱无处存放;用户投诉多,包装不好流失客户。据统计,我国快递年业务量超过 300 多亿件,共消耗编织袋 32 亿条、塑料袋 68 亿个、纸箱 37 亿个、胶带 3.3 亿卷。为了降低包装成本,快递包装多为不可降解的劣质塑料制品,给环境带来非常严重的影响。

二、包装的功能

(一)保护商品

保护功能是包装最基本和最重要的功能,主要是防止有害生物对物品的侵害以及异物流入造成的污染和物品的丢失、散落等。具体体现在:防止商品破坏变形;防止物品发生化学变化,如吸潮,生锈;防止腐蚀、霉变、鼠虫侵食;防止污染;防止丢失,散失。

保护功能的好坏一般与包装的结构、材料有着直接的关系,如家电产品包装,需选用合适的瓦楞纸板、内衬泡沫等缓冲材料,保证其具有良好的防振缓冲性能,保护内装物。如对于农药、化工产品、带毒物品以及易燃商品等,其包装必须严密,通过适当的密封防止泄漏或渗透，否则内装产品本身就成了人类生存环境的污染源。

（二）便于流通

在物流过程中，包装物上对操作的说明可用于指导搬运作业。科学合理的包装会大大提高物流作业的效率和效果，具体体现在方便运输、方便装卸、便利储存、促进销售、方便消费。

三、包装材料

（一）纸质包装材料

纸质包装材料是包装行业中最为广泛的一种材料，其成本经济、加工方便，适合大批量生产，易成型和易折叠，材料本身也适于精美印刷。

1. 纸和纸板包装材料的特点

（1）具有适宜的强度、耐冲击性和耐摩擦性。

（2）密封性好，容易做到清洁卫生。

（3）具有优良的成型性和折叠性，便于采用各种加工方法，应用于机械化、自动化的包装生产。

（4）具有最佳的可印刷性，便于介绍和美化商品。

（5）价格较低，且重量轻，可以降低包装成本和运输成本。

（6）用后易于处理，可回收复用和再生，不会污染环境，并节约资源。

2. 纸质包装材料的种类

（1）白纸板。白纸板是一种里层用废纸浆或者草浆抄造，以漂白化学浆挂面的纸板。面层洁白，印刷性好，有的还有覆膜，多用于印刷精美的商品包装盒。

（2）黄纸板。黄板纸是一种厚度在1～3毫米、硬而结实的板纸，常被用作盒体或讲义夹、日记本等用品的面壳和内衬。

（3）瓦楞纸板。黄瓦楞纸板是一种以瓦楞芯纸为中间层的纸板。芯纸在瓦楞机上起楞而呈波浪状，然后在一边或两边粘贴面纸，组成高强度的纸板。

瓦楞纸板种类繁多，有单面瓦楞纸板、双面瓦楞纸板、双层及多层瓦楞纸板等。通常用作二级包装，因为它的保护性能优于卡纸板，可防止商品在运输过程中出现破损。当然，较细较薄的瓦楞纸也用作销售包装的材料。

（4）铝箔纸。铝箔纸是金属纸质，由铝箔和薄纸黏合而成，是一种防潮、隔热、遮光、紧密而不透气的加工纸，一般用于香烟、食品及高档包装的内壁或作为包装的内衬。

（5）铜版纸。铜版纸是一种以化学木浆为原料，在制造的原纸上涂白色涂料并经超级压光处理而制成的高级印刷用纸。纸质细腻、纸面洁白且富有光泽，特别适合画册、画报等精细彩色印刷，可分为单面铜版纸和双面铜版纸。一般每平方米70～250克，200克以上的叫铜版卡纸。

（6）牛皮纸。牛皮纸的特点是表面粗糙多孔、抗拉强度和抗撕裂强度高。牛皮纸又分为袋用牛皮纸、条纹牛皮纸、白牛皮纸等。由于成本低、价格低廉、经济实惠，并且因其别致的肌理特征，常常被设计师们采用，大多应用在传统食品及一些小工艺品的包装上。

（7）玻璃纸。玻璃纸是以天然纤维素为原料制成的，有原色、洁白和各种彩色之分。玻璃纸的特点是薄、平滑，表面具有高强度和透明度，抗拉强度大，伸缩度小，印刷适应性强，富有光泽；而且保香味性能好，具有防潮、防尘等作用，多用于糕点等即食食品的内包装。

（8）蜡纸。蜡纸就是在玻璃纸的基础上涂蜡而成的，它具有半透明、不变质、不黏、不受潮、无毒的特点，是很好的食品包装材料，可直接用来包裹食物。同时由于它半透明的特点，也常与其他材料搭配，形成朦胧的美感。

（9）过滤纸。过滤纸的主要用途是包装袋泡茶。

（二）塑料制品包装材料

塑料是一种人工合成的高级材料，属于天然纤维构成的高分子材料，与纸张不同。由于配料成分和聚合方式不同，以及加工环境、条件、方法不同，生产出的塑料产品性能、种类也不同。

1. 塑料制品包装材料特点

（1）物理机械性能优良，具有一定的强度和弹性，耐折叠、耐摩擦、耐冲击、抗震动、抗压、防潮、防水，并能阻隔气体等。

（2）化学稳定性好，耐酸碱、耐油脂、耐化学药剂、耐腐蚀、耐光照等。

（3）密度小，是玻璃密度的1/2，是钢铁密度的1/5，属于轻质材料，因此制成的包装容器重量轻，适应包装轻量化的发展需要。

（4）加工成型工艺简单，便于制造各种包装材料和包装容器。

（5）适合采用各种包装新技术，如真空、充气、拉伸、收缩、贴体、复合等。

（6）具有优良的透明性、表面光泽度、可印刷性和装饰性，为包装装潢提供了良好的条件。

2. 塑料制品包装材料的种类

按照包装形式不同，可分为塑料薄膜、塑料容器两大类。

（1）塑料薄膜。塑料薄膜具有强度高、防水防油性强、高阻隔性的特点。主要用于内包装材料和生产包装袋的材料。塑料薄膜根据使用需求的不同，加工成型的方法各异，主要可分为单层材料和复合材料。

（2）塑料容器。塑料容器是以塑料为基材制造出的硬质包装容器，可取代木材、玻璃、金属、陶瓷等传统材料。其优点是成本低、重量轻、可着色、易生产、易成型、耐化学性等，缺点是不耐高温、透气性较差。

塑料容器包装成型的方法主要有挤塑成型、注塑成型、吹塑成型等。

（三）金属包装材料

金属包装具有密封性好，可以隔绝空气、光线、水汽的进入和气味的散出，具有抗撞击性能强等特点。随着印铁技术的发展，金属包装的外观也越来越漂亮，呈现出艺术化发展趋势。

1. 白铁皮

白铁皮可制作成盒、罐、筒、听、桶形状的包装容器，可以反复使用，多用于各种食品、饮料、罐头、奶粉的包装。

2. 铝材

铝材有很好的延展性，并可以在上面进行印花、蚀花、电氧化、着色等表面处理。其优点是质量小，容易成型，易于回收利用，常用于啤酒、饮料等的包装。

金属容器的加工成型方法主要有金属塑性加工、金属切削加工、扎制、冲压等。

（四）玻璃包装材料

玻璃的主要原料是天然矿石、石英石、烧碱、石灰石等，它具有高度的透明性及抗腐蚀性。玻璃制造工艺简单，造型自由多变，硬度大、耐高温、易清理，也可以反复使用，主要用于酒类、油类、饮料、调味品、化妆品、液态化工产品的包装。它的缺点是重量大、不耐冲击、运输存储成本高等。玻璃包装材料的种类主要有以下几种。

1. 纳玻璃

纳玻璃为普通玻璃，又称为软玻璃，质地脆、易熔化、抵抗药剂性能较差，略带青绿色。

2. 铅玻璃

铅玻璃是由高铅含量的光学玻璃加工而成，内材清洁，透明度高，具有很强的防辐射能力。

3. 硼矽玻璃

硼矽玻璃的耐酸性强，硬度适当，容易加工。

玻璃容器的制作方法主要有人工吹制、机械吹制、挤压成型等。

（五）其他包装材料

除了以上四种主要应用的包装材料以外，木材、陶瓷、纺织品、皮革、藤、竹等也常被用作包装材料，特别是在个性化包装设计中。例如，竹子材料质地精纯、柔雅亲和、纹理清晰、手感舒适，常用作土特产的包装，不但丰富了产品和设计的艺术风格，而且在很大程度上提升了人们的审美观念和环保意识，以材质美感来突显商品的民族特色和文化品位。

为商品选择包装材料时，应遵循适用、经济、美观、方便、科学的原则，选用那些保护性好、安全性高，且取材方便、易于加工、易于回收、经济环保的材料。

四、商品常用的包装方法

（一）按功能来划分

按功能划分，包装分为工业包装和商业包装。

1. 工业包装

工业包装又称运输包装或外包装，是指为了在商品的运输、存储、装卸的过程中保护商品所进行的包装。它更强调包装的实用性和在此基础上费用的低廉性。

2. 商业包装

商业包装又称销售包装或内包装，其主要目的就是吸引消费者，促进销售。一般来说，在物流过程中，商品越接近顾客，越要求包装起到促进销售的效果。因此，这种包装的特点是造型美观大方，拥有必要的修饰，包装上有对于商品的详细说明，包装的单位适合顾客的购买以及商家柜台摆设的要求。

（二）按流程来划分

按流程划分，包装可分为逐个包装、内部包装、外部包装。

1. 逐个包装

逐个包装（单个包装、小包装）指交到使用者手里的最小包装，把物品的全部或一部分装进袋子或其他容器里并予以密封的，印有作为商品的标记或说明等信息资料。这种包装一般属于商业包装，应美观，能起到促进销售的作用，如袋装方便面。

2. 内部包装

内部包装指将逐个包装的物品归并为一个或两个以上的较大单位放进中间容器的状态和技术，包括为保护里边的物品，在容器里放入其他材料的状态和技术，如一箱方便面。

3. 外部包装

外部包装指从运输作业的角度考虑，为了保护并为搬运方便，将物品放入箱子、袋子等容器里的状态和技术，包括缓冲、固定、防湿、防水等措施，如多箱方便面包在一起。

（三）按通用性来划分

按通用性划分，包装可分为专用包装、通用包装。

1. 专用包装

专用包装是根据被包装对象的特点专门设计、专门制造，只适用于某种专门产品的包装，如水泥袋、蛋糕盒、可口可乐瓶等。

2. 通用包装

通用包装指根据标准系列尺寸制造的包装容器，用以包装各种无特殊要求的产品。

（四）包装的其他分类方法

按容器的抗变能力分为硬包装（又称刚性包装，包装体有固定形状和一定的强度）和软包装（又称柔性包装，包装体有弹性，可有一定程度的形变）。

按包装容器形状分为包装袋、包装箱、包装盒、包装瓶、包装罐等。

按包装容器结构形式分为有固定式包装和可拆卸折叠式包装。

按容器使用次数分为一次性包装和多次周转性包装。

按保护技术分为防潮包装、防锈包装、防虫包装、防腐包装、防震包装、危险品包装等。

五、包装技术

（一）普通包装技术

1. 合理置放、固定、加固内装物

能达到缩小体积、节省材料、减少损失的目的。外形规则的产品，要注意套装；薄弱的部件，要注意加固，包装内重量要均衡；产品与产品之间要隔离和固定。

2. 压缩蓬松产品

蓬松的产品占用容器的空间大，进行压缩后，可减少仓容量、降低成本。

3. 合理选择外包装的形状尺寸

包装件与集装箱之间的尺寸配合,不宜出现空隙,在提高装卸效率的同时,有效保护商品。避免包装件过高、过扁、过大、过重。

4. 包装外的捆扎

目的是将单件货物捆扎,便于运输、装卸、储存,并防止丢失。

5. 打包

包装简易,可分为手工打包和打包机作业。

6. 收缩薄膜包装

热处理后,能让收缩薄膜紧紧地贴在货物上,将货物固定在一起。

7. 拉伸薄膜包装

依靠机械装置,在常温下将有弹性的薄膜环绕包装件拉伸裹紧,最后在其末端进行封口。

(二)防震包装技术

防震包装技术,又称缓冲包装,是解决包装物品免受外界冲击和震动的方法。

1. 全面缓冲包装技术

内装物和外包装之间全部用防振材料(衬垫、弹簧、木屑、纸)填满进行防振,包括压缩包装、浮动包装、裹包包装、模具包装等。

2. 现场发泡缓冲包装技术

先用喷枪将发泡液喷入箱的底部,待其发泡膨胀而形成泡沫体时,其上讯速覆盖一层聚乙烯薄膜,再将内装物质在泡沫体中形成裹型,然后在内装物上再覆盖一层聚乙烯薄膜,在薄膜上部继续喷入发泡液,并使其发泡充满包装箱体内,封盖完成全部作业程序。这种技术具有节约时间、节省人力、缓冲防振性能良好的特点。适用于各种仪器、仪表、家用电器、玻璃陶瓷制品以及不规则的内装物品。

3. 部分缓冲包装方法

对于整体性能好的物品和有内装容器的物品,仅在物品或内包装的拐角或局部区域使用防震材料进行衬垫即可。包装材料主要有泡沫塑料防振垫、充气型塑料薄膜防震垫、橡胶弹簧等,包括天地盖、左右套、四棱衬垫,八角衬垫、侧衬垫等。

4. 悬浮式缓冲包装方法

对于某些贵重品和易损品,为了有效地保证其在流通过程中不被破损,外包装容器应比较坚固,然后用绳、带、弹簧等将被包装物悬吊在包装容器内,使其在物流中不会与包装容器发生碰撞。

(三)防潮包装技术

采用不通湿气的包装材料,如聚乙烯、聚氯乙烯、偏氯乙烯、聚酯、玻璃纸等,采用完全封闭的操作法。大气中湿气及其变化是引起物品变质的重要原因,有些易吸潮的产品,如医药、农药、食盐等会潮解变质;有些含水分的食品和果品会因水分散失而变质;还有些食品、纤维制品、皮革等受潮会发霉;金属及其制品受潮易生锈。

(四)防破损包装技术

可采用:①缓冲包装;②捆扎及裹紧技术,使散货和杂货形成一个牢固的整体,防止丢失，便于装卸，减少破损；③集装技术，利用大中小型集装箱运输，减少破损。

（五）防锈包装技术

防锈包装注意事项如下。
（1）控制作业场所的温湿度，最好在低温度、低湿度、无尘、清洁环境中包装。
（2）使包装内部所容纳空气的容积最小，减少潮气、有害气体、尘埃的影响。
（3）尽量不要沾上指纹，否则用清除剂处理掉。
（4）要特别注意产品是否有尖突部位或因移动而破坏包装现象，要预先采用包扎固定措施。

（六）防霉腐包装技术

防霉腐包装技术包括填充、装放、瓶装、封口、捆扎、包裹，加标签，检斤等。防霉腐时应注意采用耐低温包装、防潮包装、高密封包装，要满足产品的运输销售使用需要，减少费用，经济合理。

（七）防虫包装技术

使用驱虫剂，在包装中放入一些毒性和臭味的药物，利用药物在包装中挥发气体灭杀和驱除各种害虫。食品、药物、衣物等物品最好采用真空包装、充气包装、脱氧包装等包装技术，使害虫缺少生存环境。

（八）真空和充气包装技术

一般肉类食品及易氧化变质商品采用真空包装技术，能减少脂肪氧化和抑制细菌生长。充气包装是在包装内充填一定比例理想气体的一种包装方法，目的与真空包装相似，通过破坏微生物赖以生存的条件，减少包装内部的含氧量及充入一定量的理想气体来减缓包装食品的生物生化变质；充气包装是在抽真空后立即充入一定量的理想气体，如氮气、二氧化碳气体等，或者采用气体置换方法，用理想气体置换包装内的空气。

任务四 包装标志

一、包装标志

包装标志指在货物包装的明显处书写、印刷一定的图形或文字，以便于人们识别或提醒人们操作时注意的标志。包装标志包括产品标志、运输包装标志和收发货标志。

二、运输包装标志

（一）识别标志

识别标志也称运输包装收发标志，又称唛头。唛头是用来表明商品起运、到达地点和收发货单位等的文字记号。对于进出口商品，这种标记由外经贸部统一编制向国外订货的代号。

联合国欧洲经济委员会简化国际贸易程序工作组,在国际标准化组织和国际货物装卸协调协会的支持下,制定了一项标准运输标志向各国推荐使用。该标准运输标志包括收货人或买方名称的英文缩写字母或简称、参考号,如运单号、订单号或发票号、目的地、件数号码。

(二)指示标志

指示标志也称包装储运图示标志、安全标志或注意标志,主要针对产品的某些特性提出运输和保管过程中应注意的事项,包括小心轻放、禁用手钩、向上、怕热、由此吊起、怕湿、重心点、禁止滚翻、堆码极限、温度极限等。此标志图形、颜色、形式、位置、尺寸等在《包装储运图示标志》(GB/T 191—2016)中,有明确规定。

(三)警告性标志

警告性标志也称危险货物包装标志,主要指包装上用图形和文字表示化学危险品的标志。这类标志为引起人们的特别警惕,常采用特殊的色彩或黑白菱形图形。危险货物包装标志必须指出危险货物的类别及危险等级,主要有爆炸品、易燃气体、易燃压缩气体、有毒气体、易燃液体、易燃固体、自燃物品、遇湿易燃危险品、氧化剂、有机过氧化物、腐蚀性物品、有毒品感染性物品、剧毒品、放射性物品等。此标志的图形、颜色、标志形式、位置尺寸等,在国家标准《危险货物包装标志》(GB 190—2009)中均有明确的规定。

包装中所涉及的知识产权

知识产权是指民事主体对其创造性的智力劳动成果依法享有的专有权利。它分为工业产权和著作权(版权)两大部分,工业产权包括商标权和专利权。包装中所涉及的知识产权主要为商标权和专利权。

1. 商标权

商标权又称商标专用权,是指商标所有人在法律规定的有效期限内,对其经商标主管机关核准注册的商标所享有的独占地、排他地使用和处分的权利。商标通常印刷在包装,特别是销售包装上,成为包装的一部分,从而作为知识产权,也受到法律的保护,在进行包装设计时要特别注意不要造成对商标权的侵害。根据《中华人民共和国商标法》,以下行为都属于侵害商标权的行为。

(1)未经商标注册人的许可,在同一种商品或者类似商品上使用与其注册商标相同或者近似的商标的。

(2)销售侵犯注册商标专用权的商品的。

(3)伪造、擅自制造他人注册商标标志或者销售伪造、擅自制造的注册商标标志的。

(4)未经商标注册人同意,更换其注册商标并将该更换商标的商品又投入市场的。

(5)给他人的注册商标专用权造成其他损害的。

2. 专利权

专利权是指专利主管机关依照专利法授予专利所有人或持有人或者他们的继受人在一

定期限内依法享有对该专利制造、使用或者销售的专有权和专用权。根据《中华人民共和国专利法》，专利包括发明、实用新型和外观设计。

（1）发明是指对产品、方法或者其改进所提出的新的技术方案。新的包装材料的发明可以申请发明专利。

（2）实用新型是指对产品的形状、构造或者其结合所提出的适用于实用的新的技术方案。新的包装形状可以申请实用新型专利。

（3）外观设计是指对产品的形状、图案、色彩或其结合所作出的富有美感并适用于工业上应用的新设计。新的包装图案设计可以申请外观设计专利。专利权是一种无形资产，随着时代的发展，我们已经进入了知识经济的年代，专利作为一种资产的价值越来越明显，随之而来的是有关专利侵权的事件也越来越多。我国包装专利特别是外观设计专利很少，由于忽视包装专利注册工作而引起很多麻烦，甚至造成巨大的无形资产流失，应予以充分重视，加强包装中知识产权的保护。按出版、印刷方面法律的规定，有些文字、图案等在包装物上的使用也要受到限制。

顺丰注重包装标准化，玩起包装魔术

顺丰速运有限公司于1993年3月26日成立，经营范围包括国际货运代理、货物进出口（专营专控商品除外）、技术进出口、广告业、跨省快递业务、国际快递业务、道路货物运输、省内快递业务等。

中国冷链物流发展报告显示，我国冷冻产品损坏率高达20%～30%，发达国家的损耗量约为5%。生鲜产品从田间地头到餐桌需要通过采收、分解、预冷、包装、运输中转、派送到客户的手中等环节。每一个环节做不好都会影响产品品质，导致耗损增加。

顺丰的包装解决方案，不仅仅是把生鲜产品放到箱子里面这种一个单体的包装，而是包括全流程中对所有环节的控制。

预冷环节是水果保鲜的第一步。水果从树枝上采摘下来带有田间热，这个热量占总热量的52%，预冷工作就是把52%的温度去掉。实验证明预冷越及时，货品保鲜越强。传统的冷库造价成本高，也很难进入到田间地头，顺丰在2016年做了移动预冷库，既可以灵活运用又可以达到资源利用最大化。

包装是水果保鲜最关键的一个步骤。生鲜包装不同于传统的包装，多加了一个保鲜技术，保鲜技术要达到温控的作用，就需要保温箱和冷媒，EPP循环保温箱是顺丰在冷链方面使用的循环保温箱，有独立的冰盒卡槽设计，避免货物挤压，可以循环使用，避免了白色泡沫箱EPS的浪费。顺丰使用的冷媒主要有可循环使用的冰盒，以及一次性冰袋，不同颜色代表不同的冷媒。派送员可以针对不同的产品放置不同颜色的冷媒，从而提高工作效率。

一个商品的包装，后面需要一系列的物流、设备与之匹配。顺丰的包装设计除了考虑产品的安全性之外，还考虑流通环节与各类设备、容器的匹配度与感知，注重包装的标准化。比如，一个单品包装，搜集到一起，放到一个车辆中，货物与货物的匹配，将直接影响到车辆的装载率，货物运输到中转厂进行分解的时候，与包装不匹配的话，很难分拣到合适的位置，将会导致浪费大量的人力。托盘的尺寸、车辆的尺寸、机舱的尺寸、自动化中转匹配、包装工具的匹配，承载了一系列的操作。顺丰呼吁，绿色包装必须要考虑后面包装匹配度，考虑标准化的问题。

资料来源：http://www.chinawuliu.com.cn/xsyj/201711/27/326531.shtml.

自我测试

一、单选题

1.（　　）是商品在从生产地到使用地的过程中，根据需要施加包装、分割、计量、分拣、刷标志、拴标签、组装等简单作业。

　　A. 包装　　　　B. 分拣　　　　C. 流通加工　　　　D. 配送

2. 流通加工是不改变商品的基本形态和功能，只是完善商品的使用功能，提高商品的（　　），同时提高物流系统的效率。

　　A. 必要附加加工　　　　　　　B. 附加加工
　　C. 附加价值　　　　　　　　　D. 一般加工

3. 流通加工能有效地衔接干线运输与支线运输，促进两种运输形式的合理化，这种流通加工的措施属于（　　）。

　　A. 加工和节约相结合　　　　　B. 加工和合理运输相结合
　　C. 加工和合理商流相结合　　　D. 加工和配套相结合

4.（　　）是按照客户订单的要求或出库单的要求将商品挑选出来，并放在指定的位置的物流作业活动。

　　A. 拣货作业　　　　　　　　　B. 加工作业
　　C. 包装作业　　　　　　　　　D. 配送作业

5. 按照一定的技术方法使用容器、材料以及辅助物等将物品包封并予以适当的装饰和标志工作的总称是（　　）。

　　A. 采购　　　　B. 仓储　　　　C. 包装　　　　D. 流通加工

6. 在商店里，包装吸引着顾客的注意力，并能把顾客的注意力转化为兴趣的包装功能是（　　）。

　　A. 保护商品　　　　　　　　　B. 便于流通
　　C. 方便消费和管理　　　　　　D. 促进销售

7. 包装造型美观大方，拥有必要的修饰，其主要目的是吸引消费者，促进销售，这种包装的类型属于（　　）。

　　A. 工业包装　　　　　　　　　B. 商业包装
　　C. 内部包装　　　　　　　　　D. 外部包装

8. 专门用来在商品包装上标明生产厂家和说明商品名称的标记，包括厂牌、商标等，这种商品包装标记是指（　　）。

　　A. 等级标记　　　　　　　　　B. 牌号标记
　　C. 唛头　　　　　　　　　　　D. 一般描述性标记

9. 在商品包装上标有小心轻放、禁用手钩、向上、怕热、由此吊起、怕湿、重心点、禁止滚翻、堆码极限、温度极限等一些文字和图案，这样的商品包装标志属于（　　）。

　　A. 识别标志

　　B. 指示标志

　　C. 警告性标志

　　D. 国际通用装卸货批示标志和国际海运危险品标志

10. 用来表明商品起运、到达地点和收发货单位等的文字记号是（　　）。

　　A. 一般描述性标记　　　　　　　　B. 唛头

　　C. 牌号标记　　　　　　　　　　　D. 等级标记

二、多选题

1. 流通加工和生产加工的区别包括（　　）。

　　A. 加工对象不同　　　　　　　　　B. 加工程度不同

　　C. 附加价值不同　　　　　　　　　D. 加工责任人和加工目的不同

2. 不合理的流通加工形式主要有（　　）。

　　A. 流通加工成本过高，效益不好　　B. 流通加工地点设置不合理

　　C. 流通加工方式选择不当　　　　　D. 流通加工作用不大，形成多余环节

3. 按包装容器形状来分，包装可分为（　　）。

　　A. 包装袋　　　　　　　　　　　　B. 包装箱

　　C. 包装盒　　　　　　　　　　　　D. 包装瓶和包装罐

4. 合理化包装的原则有（　　）。

　　A. 标准化包装原则　　　　　　　　B. 包装单位大型、机械化原则

　　C. 包装成本低廉化原则　　　　　　D. 绿色包装原则

5. 拣货作业方式有（　　）。

　　A. 按订单拣货　　　　　　　　　　B. 按批量拣货

　　C. 复合拣取　　　　　　　　　　　D. 按标准拣货

三、问答题

1. 流通加工和生产加工有什么不同？实现流通加工合理化有哪些途径？

2. 不合理的流通加工形式有哪些？如何实现流通加工的合理化？

3. 为减少货物在装卸搬运、运输等过程中的损坏，要求防震包装，请问防震包装技术有哪些？分别有什么特点？

4. 什么是商品包装标志？其种类有哪些？

5. 包装材料有哪些？怎样包装才能绿色环保？结合案例分析顺丰在商品包装上是怎样做的？

项目实施

情境实训一　电商物品包装材料的选择

一、实训目的

掌握包装的含义、功能及包装的种类；懂得包装材料、包装容器的性能。

项目六　电子商务流通加工与包装管理

二、实训步骤

（1）知识准备。学习包装的功能，包装材料，包装技术，各种包装标志的含义、作用等。

（2）让学生上网搜集各种包装材料的图片，并学习其作用。

（3）上网查询有关包装的企业案例。

三、实训任务

（1）电商商品包装材料有哪些？分析有什么特点和用途。

（2）上网调查包装材料供应商的网站，将各种包装材料的图片下载制作成 PPT，并说明其包装材料的作用及价格。

情境实训二　包装储运指示标志的识别

一、实训目的

包装储运指示标志是根据商品的某些特性，如怕湿、怕震、怕热、怕冻等确定设计的标志，让学生掌握常见的包装储运指示标志，为在储存与配送活动中减少错误操作，降低物流成本。

危险货物包装标志是用来标明化学危险品的，目的是在货物运输、装卸和储存过程中引起人们的特别警惕，使他们按指示的标志要求进行操作。通过本项目的实训，使学生认识、了解各种危险品包装指示标志的含义，掌握其使用方法。

二、实训步骤

（1）教师通过多媒体投影设备指导学生学习各种包装标志的含义、作用；讲解常见的危险品的特点及储存保管。

（2）学习包装储运指示标志、危险品包装指示标志的图形尺寸、颜色和使用方法。

（3）让学生上网搜集各种包装标志及危险品包装指示标志的图片，并学习其作用。

（4）学习各种包装标志粘贴在包装正确的位置上。

三、实训任务

（1）学生上网搜集各种包装指示标志的名称和标志图形，并指出每种标志图形的含义，做成 PPT 上交作业。

（2）学生上网搜集各种警告性标志图片的名称、含义等做成 PPT 上交作业。

（3）制定仓储公司安全管理规章制度。

情境实训三　自动分拣作业系统

一、实训目的

掌握物流企业的加工、拣货、包装作业方式及流程；学习自动分拣系统、人工电子标签拣货系统等的工作原理及操作技巧；掌握商品出库的流程；熟悉出库单证流转流程；理解商品出库过程中出现的问题及应对的措施。

二、实训步骤

此实训有条件的可以在实训室学习仓储管理（中诺思）教学软件，上机模拟商品的入库、在库、出库软件操作，或是到物流企业参观学习自动分拣系统，也可通过视频学习自动分拣系统。

（1）现场观看自动分拣系统操作，现场按订单拣选客户所需的商品名称、数量和储存仓位，将商品从货垛或货架上取出；通过拣货输送机将拣的货物搬运到现货场所，或是观看视频（或用本书提供的视频）。

（2）电子标签拣货系统的电脑操作及现场拣货。

（3）仓储管理软件实训。

（4）仓库出库的工作职能和操作流程。

三、实训任务

（1）简述电子标签拣货系统的操作流程。

（2）自动分拣系统是由哪些部分组成的？自动分拣系统有哪些特点？

（3）通过仓储管理软件实训，说明商品的入库、在库、出库作业流程。

项目七

电子商务物流配送与运输管理

📄 项目说明

配送是在经济合理区域范围内,根据用户要求,对物品进行拣选、加工、包装、分割、组配等作业,并按时送达指定地点的物流活动。配送运输是复杂的作业体系,通常伴随着较高的作业成本,但合同的配送运输可寻找最佳配送运输路线,使配送的时间最少、距离最短,高效率的配送运输能大大降低库存成本和提高应对商品市场需求变化的快速反应能力。通过本项目的学习,使学生了解配送的作业流程;掌握配送路线设计的方法;了解电子商务物流快递的起源与发展;明确快递网点建设与管理;学会规划快递线路,熟悉快件收派技术,掌握物流运输方式的特点及运输路线的设计;熟悉各种货物运输管理。

📄 导入案例

7-11便利店的配送系统

每一个成功的零售企业背后都有一个完善的配送系统支撑。7-11这个名字来自遍布全球的便利名店7-11,名字的来源是这家便利店在建立初期的营业时间是从早上7点到晚上11点,后来这家便利店改成了一星期七天全天候营业,这家70多年前发源于美国的商店,是全球最大的便利连锁店,在全球20多个国家拥有约2.1万家连锁店。中国台湾地区就有2 690家7-11店,美国有5 756家,泰国有1 521家,日本是最多的,有8 478家。

一、7-11的物流配送模式

7-11的物流配送模式先后经历了三个阶段的变革。

第一阶段:7-11并没有自己的配送中心,它依靠批发商来完成货物配送。每种商品的供应商把自己的产品交给自己的批发商,所有的配送和销售都会由多个商品的批发商分别向更多的7-11便利店送货。

第二阶段:由各个分散化的批发商分别送货变为批发商和生产商合作构建统一的集约化的配送系统。在这种系统之下,7-11改变了以往由多家批发商分别向各个便利点送货的方式,改由在一定区域内由一家特定批发商统一管理该区域内的同类供应商,然后向7-11统一配货,这种方式称为集约化配送。集约化配送有效地降低了批发商的数量,减少了配送环节,为7-11节省了物流费用。

第三阶段:7-11自己建一个配送中心,该配送中心代替了特定批发商,配送中心有一

159

个电脑网络配送系统,分别与供应商及7-11店铺相连。为了保证不断货,配送中心保留4天左右的库存,同时,中心的电脑系统每天都会定期收到各个店铺发来的库存报告和要货报告,配送中心把这些报告集中分析,最后形成一张张向不同供应商发出的订单,由电脑网络传给供应商,而供应则会在预定时间之内向中心派送货物。7-11配送中心在收到所有货物后,将各个店铺所需要的货物分别打包,等待发送。第二天一早,派送车就会从配送中心鱼贯而出,择路向自己区域内的店铺送货。整个配送过程就这样每天循环往复,为7-11连锁店的顺利运行修石铺路。

二、7-11配送方式

7-11配送方式是根据食品的保存温度来建立配送体系的。7-11对食品的分类为:冷冻型(零下20摄氏度),如冰激凌等;微冷型(5摄氏度),如牛奶、生菜等;恒温型,如罐头、饮料等;暖温型(20摄氏度),如面包、饭食等。不同类型的食品会用不同的方法和设备配送,如各种保温车和冷藏车。由于冷藏车在装卸货时经常开关门,容易引起车厢温度的变化和冷藏食品的变质,7-11还专门用一种两仓式货运车来解决这个问题,一个仓中温度的变化不会影响到另一个仓,这样需冷藏的食品就始终能在需要的低温下配送了。

任务驱动:通过以上案例的学习导入如下任务。

(1)什么是配送?其有什么特点?自建配送中心有什么好处?结合案例分析合理化配送有哪些做法。

(2)电子商务物流快递的特点是什么?快递配送的步骤是怎样的?

(3)什么是物流运输?运输方式有几种?分别有什么特点?

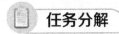

任务一 配送作业管理

一、物流配送的概念及流程

(一)物流配送的概念

配送是在经济合理的区域范围内,根据用户要求,对物品进行拣选、加工、包装、分割、组配等作业,并按时送达指定地点的物流活动。它将"配"和"送"有机结合起来,配送是一种特殊的、综合的物流活动,是商流与物流相结合,包含物流若干功能要素的一种物流方式。

(二)物流配送的特点

1. 中转型送货

从事送货的是专职流通企业,而不是生产企业;从工厂至用户的送货往往是直达型,一般送货是生产什么送什么,有什么送什么;配送则是企业需要什么送什么,必须在一定中转环节筹集这种需要。

2. 物流终端运输

不是单纯的运输，而是运输与其他活动共同构成的组合体。配送的运输在整个运送过程中处于"一次运输""支线运输""终端运输"。

3. 任务多重性

送货，还有拣选、分货、包装、分割、组配、配货等项工作，这些工作难度很大。

4. 技术手段现代化

大量采用各种传输设备及识码、拣选等机电装备，现代化技术和装备的采用，使配送在规模、水平、效率、速度、质量等方面远远超过以往的送货形式。

5. 以客户要求为出发点

配送是从用户利益出发、按用户要求进行的一种活动，因此，在观念上必须明确"用户第一""质量第一"，配送企业的地位是服务地位而不是主导地位。

（三）物流配送的流程

1. 备货

备货是配送的准备工作或基础工作，备货工作包括筹集货源、订货或购货、集货、进货及有关的质量检查、结算、交接等。配送的优势之一就是可以集中用户的需求进行一定规模的备货。备货是决定配送成败的初期工作，如果备货成本太高，则会大大降低配送的效益。

2. 储存

配送中的储存有储备及暂存两种形态。配送储备是按一定时期的配送经营要求，形成的对配送的资源保证。这种类型的储备数量较大，储备结构也较完善，视货源及到货情况，可以有计划地确定周转储备及保险储备结构及数量。配送的储备保证有时在配送中心附近单独设库解决。

配送暂存是具体执行日配送时，按分拣配货要求，在理货场地所做的少量储存准备。由于总体储存效益取决于储存总量，所以，这部分暂存数量只会对工作方便与否造成影响，而不会影响储存的总效益，因而在数量上控制得并不严格。还有另一种形式的暂存，即分拣、配货之后，形成的发送货载的暂存，这个暂存主要是调节配货与送货的节奏，暂存时间不长。

3. 配送加工

在配送中，配送加工这一功能要素不具有普遍性，但是往往是有重要作用的功能要素。主要原因是通过配送加工，可以大大提高用户的满意程度。配送加工是流通加工的一种，但配送加工有它不同于一般流通加工的特点，即配送加工一般只取决于用户要求，其加工的目的较为单一。

4. 分拣及配货

分拣及配货是配送不同于其他物流形式的有特点的功能要素，也是配送成败的一项重要支持性工作。分拣及配货是完善送货、支持送货准备性工作，是不同配送企业在送货时进行竞争和提高自身经济效益的必然延伸，所以，也可以说是送货向高级形式发展的必然要求。有了分拣及配货，送货服务水平会大大提高，所以，分拣及配货是决定整个配送系统水平的关键要素。

5. 配装

在单个用户配送数量不能达到车辆的有效载运负荷时,就存在如何集中不同用户的配送货物,进行搭配装载以充分利用运能、运力的问题,这就需要配装;配装与一般送货的不同之处在于,通过配装送货可以大大提高送货水平及降低送货成本,所以,配装是配送系统中有现代特点的功能要素,也是现代配送不同于以往送货的重要之处。

6. 配送运输

配送运输属于运输中的末端运输、支线运输,其与一般运输形态的主要区别在于:配送运输是较短距离、较小规模、额度较高的运输形式,一般使用汽车作为运输工具。与干线运输的另一个区别是,配送运输的路线选择问题是一般干线运输所没有的,干线运输的干线是唯一的运输线,而配送运输由于配送用户多,一般城市交通路线又较复杂,如何组合成最佳路线,如何使配装和路线有效搭配等,是配送运输的特点,也是难度较大的工作。

7. 送达服务

配好的货运输到用户处还不算配送工作的完结,因为送达货和用户接货往往还会出现不协调,使配送前功尽弃。因此,要圆满地实现运到之货的移交,并有效地、方便地处理相关手续并完成结算,还应讲究卸货地点、卸货方式等。送达服务也是配送独具的特殊性。

二、电子商务物流配送的特点

电子商务物流配送是利用现代通信技术和计算机技术所进行的配送活动,或者是把现代信息技术应用于配送活动中。

电子商务配送＝网上信息传递＋网上交易＋网上结算＋门到门服务

电子商务物流配送的特点如下。

(一) 信息化

电子商务时代,物流信息化是电子商务的必然要求。物流信息化表现为物流信息的商品化、物流信息收集的数据库化和代码化、物流信息处理的电子化和计算机化、物流信息传递的标准化和实时化、物流信息存储的数字化等。因此,条码技术、数据库技术、电子订货系统、电子数据交换、快速反应及有效的客户反映、企业资源计划等技术与观念在我国的物流中将会得到普遍的应用。物流信息化是一切的基础,没有物流的信息化,任何先进的技术设备都不可能应用于物流领域,信息技术及计算机技术在物流中的应用将会彻底改变世界物流的面貌。

(二) 自动化、无人化

自动化的效果是省力化,还可以扩大物流作业能力、提高劳动生产率、减少物流作业的差错等。物流自动化的设施非常多,如条码/语音/射频自动识别系统、自动分拣系统、自动存取系统、自动导向车、货物自动跟踪系统等。这些设施在发达国家已普遍用于物流作业流程中,而在我国由于物流业起步晚,发展水平低,自动化技术的普及还需要相当长的时间。

(三) 网络化

物流领域网络化的基础也是信息化。这里指的网络化有两层含义。

一是物流配送系统的计算机通信网络，包括物流配送中心与供应商或制造商的联系要通过计算机网络，另外与下游顾客之间的联系也要通过计算机网络通信，如物流配送中心向供应商提出订单这个过程，就可以通过计算机网络平台的电子订货系统和电子数据交换技术来自动实现，物流配送中心通过计算机网络收集下游客户订货过程也可以自动完成。

二是组织的网络化，即所谓的企业内部网。物流的网络化是物流信息化的必然，是电子商务下物流活动的主要特征之一。当今世界 Internet 等全球网络资源的可用性及网络技术的普及为物流的网络化提供了良好的外部环境，物流网络化不可阻挡。现在的电脑、汽车等企业在 20 世纪 90 年代创造出了"全球运筹式产销模式"，这种模式的基本特点是按照客户订单组织生产，生产采取分散形式，即将全世界的电脑资源都利用起来，采取外包的形式将一台电脑的所有零部件、元器件、芯片外包给世界各地的制造商去生产，然后通过全球的物流网络将这些零部件、元器件和芯片发往同一个物流配送中心进行组装，由该物流配送中心将组装的电脑迅速发给客户。这一过程需要有高效的物流网络支持，当然物流网络的基础是信息、电脑网络。

（四）智能化

智能化是物流自动化、信息化的一种高层次应用，物流作业过程大量的运筹和决策，如库存水平的确定、运输（搬运）路径的选择、自动导向车的运行轨迹和作业控制、自动分拣机的运行、物流配送中心经营管理的决策支持等问题都需要借助大量的知识才能解决。在物流自动化的进程中，物流智能化是不可回避的技术难题。好在专家系统、机器人等相关技术在国际上已经有比较成熟的研究成果。为了提高物流现代化水平，物流的智能化已成为电子商务下物流发展的一个新趋势。

（五）柔性化

柔性化本来是为实现"以顾客为中心"理念而在生产领域提出的，但要真正做到柔性化，即真正地能根据消费者需求的变化来灵活调节生产工艺，没有配套的柔性化的物流系统是不可能达到目的的。

三、电子商务物流配送的作用

1. 对于配送企业的作用

（1）电子商务配送将会大幅度地提高配送企业的配送效率。

（2）电子商务配送将会大幅度地提高货物供应的保证程度，降低客户因缺货而产生的风险，提高配送企业的客户满意度。

（3）电子商务配送将会大幅度地提高配送企业的经济效益。

（4）电子商务配送有利于提高配送企业的管理水平。

2. 对于客户的作用

（1）对于需求方客户来说，电子商务配送可降低这些客户的库存，甚至可实现这些企业的零库存，减少客户的库存资金，改善客户的财务状况，实现客户经营成本的降低。

（2）对于供应方客户来说，如果供应方实施自身配送模式，电子商务配送可提高其配送效率，降低配送成本。

3. 对于物流系统的作用

（1）完善了整体物流系统。配送是构成整体物流系统的一个重要系统，处于物流活动的末端，其完善和发展将会使整个物流系统得以完善和发展。

（2）强化了整体物流的功能。

（3）提高了整体物流的效率。

四、配送的类型

（一）按配送组织者不同来分

按配送组织者不同，配送可分为生产企业配送、配送中心配送、仓库配送和商店配送。

1. 生产企业配送

生产企业配送指配送的组织者是生产企业，尤其是进行多品种生产的企业，可以直接由企业配送，而无须再将产品发运到配送中心进行中转配送。

2. 配送中心配送

配送中心配送是指配送的组织者是专职从事配送业务的配送中心。

3. 仓库配送

仓库配送指以一般仓库为据点进行配送的形式，在仓库保持原有功能的前提下，增加配送功能。

4. 商店配送

商店配送指配送的组织者是商业或物资经营网店，主要承担零售业务，规模一般不大，但经营品种齐全，容易组织配送。

（二）按配送时间及数量来分

按配送时间及数量，配送可分为定时配送、定量配送、定时定量配送、定时定路线配送和即时配送。

1. 定时配送

定时配送是按规定时间或时间间隔进行配送，有小时配、日配、准时配送方式、快递方式等。

2. 定量配送

定量配送是按事先协议规定的数量进行配送。

3. 定时定量配送

定时定量配送是按规定的配送时间和配送数量进行配送，兼有定时、定量两种方式的优点，是一种精密的配送服务方式。

4. 定时定路线配送

定时定路线配送是在规定的运行路线上，按配送车辆运行时间表进行配送，客户在指定时间到指定位置接货。

5. 即时配送

即时配送是完全按客户突发的配送要求随即进行配送的应急方式，是对各种配送服务的补充和完善，灵活但配送成本很高。

（三）按配送品种和数量不同来分

按配送品种和数量不同，配送可分单（少）品种大批量配送，多品种少批量配送，和配套、成套配送。

1. 单（少）品种大批量配送

一般来讲，对于工业企业需要量较大的商品，由于单独一个品种或几个品种就可达到较大输送量，可使车辆满载并使用大吨位车辆。同时，由于配送中心的内部设置、组织、计划等工作也较为简单，因此配送成本较低。

2. 多品种少批量配送

多品种少批量配送是根据客户的要求，将所需的各种物品（每种物品的需要量不大）配备齐全，凑整装车后由配送据点送达客户。这种配送作业水平要求高，配送中心设备要求复杂，配货送货计划难度大，因此需要高水平的组织工作来保证和配合。

3. 配套、成套配送

配套、成套配送是为满足企业的生产需要，按其生产进度，将装配的各种零配件、部件、成套设备定时送达生产线进行组装的一种配送形式。这种配送方式完成了生产企业大部分供应工作，使生产企业专门致力于生产，与多品种、少批量、多批次配送效果相同。

（四）按配送专业化程度来分

按配送专业化程度，配送可分为综合配送、专业配送和共同配送。

1. 综合配送

综合配送是指配送商品种类较多，不同专业领域的产品在同一个配送结点中组织对客户的配送。它可以减少客户为组织所需全部进货的负担，只需通过和少数配送企业联系，便可解决多种需求的配送。因此，它是对客户服务较强的配送形式。

2. 专业配送

专业配送是指按产品性状不同适当划分专业领域的配送方式。专业配送并非越细分越好，实际上在同一性状而类别不同的产品方面也是有一定综合性的。专业配送可按专业的共同要求优化配送设施、优选配送机械及配送车辆，制定适应性强的工艺流程，从而大大提高配送各环节的工作效率。

3. 共同配送

共同配送也称共享第三方物流服务，指多个客户联合起来共同由一个第三方物流服务公司来提供配送服务。它是在配送中心的统一计划、统一调度下展开的。共同配送是由多个企业联合组织实施的配送活动其本质是通过作业活动的规模化降低作业成本，进行横向联合、集约协调、求同存异及效益共享。

五、配送网络的规划设计

物流配送网络是配送过程中相互联系的组织与设施的集合。它的最终目的是使最终顾客满意，从而实现整个供应链的价值，并增强供应链的能力。商贸物流配送网络是整个供应链的末端，属于末端物流，是最接近客户，直接影响客户满意度，并能快速掌握市场变动的一个环节。配送网络需要从结构、选址、路线、运输等方面进行规划设计。

（一）配送结构

配送结构是指在确定物品从生产区域到消费区域的空间转移过程中移动（运输）和静止（中转集运、换装、分拣、库存、包装等）的控制策略和组织方式。配送结构决定了不同层次的节点在整个配送网络中承担的任务不同。配送的功能不同，所需要的设施、设备也必然存在一定的差别。

（二）配送选址

配送需要根据配送区域内各需求点已给定的配送需求条件，选择配送设施的数量和最佳位置，使配送设施的运作成本及运输成本降到最低。选址决策涉及的影响因素非常多，其中运输成本和配送效率是配送设施选址决策中要考虑的重要因素。

（三）配送路线

规划配送路线是整个配送网络优化的关键环节。合理确定配送路线就是用最少的动力，走最短的里程，花最少的费用，经最少的环节，以最快的速度把货物运至客户手中。合理规划配送路线对配送成本的影响要比一般运输大得多，所以必须在全面计划的基础上，制定高效的运输路线，选择合理的运输方式和运输工具。

（四）配送运输

运输优化主要包括运输方式和商品搭载的优化。在配送中心常将生产商送来的商品，按类别、品种分门别类地存放到指定位置。进行配送时为了充分利用载货车辆的容量和提高运输效率，配送中心常把一条送货路线上不同客户的货物组合，配装在同一辆载货车上，这样不但能降低送货成本，而且可以减少交通流量、改变交通拥挤状况。

六、电子商务物流配送模式

（一）自营配送模式

自营配送模式的企业（集团）通过独立组建物流中心，实现对企业内部各部门、场、店的物品供应。这种物流模式中糅合了传统的"自给自足"的"小农意识"，形成了新型的"大而全""小而全"模式。

优势：这种模式有利于企业供应、生产和销售的一体化作业，系统化程度相对较高。既可满足企业内部原材料、半成品及成品的配送需要，又可满足企业对外进行市场拓展的需求。

劣势：企业为建立配送体系的投资规模将会大大增加，在企业配送规模较小时，配送的成本和费用也相对较高。

典型的自营配送模式企业是规模较大的集团公司和大大小小的连锁企业，如亚马逊、京东商城、海尔集团、沃尔玛连锁超市、北京华联、沃尔玛、麦德龙、96128购物网、E国一小时等，该类型的企业在全国主要城市建设物流仓储中心，接近消费者与电子商务之间的距离，增强了物流过程中的可控性，提升了客户的购物体验。

（二）共同配送模式

根据国家标准《物流术语》对共同配送的定义是"由多个企业联合组织实施的配送活动"，是指"在城市里，为使物流合理化，在几个有定期运货需求的货主的合作下，由一个卡车运输业者，使用一个运输系统进行的送配"。共同配送好处如下。

（1）有利于实现配送资源的有效配置，促使企业配送能力的提高和配送规模的扩大，弥补配送企业功能的不足，达到配送作业的经济规模。

（2）提高物流作业的效率，降低企业营运成本。不需企业自己投入大量的资金、设备、土地、人力等，可以节省企业的资源。进行共同配送的核心在于充实和强化配送的功能，提高配送效率，降低配送成本。

（3）共同配送能更好地满足客户需求，实现配送的合理化和系统化。

（4）企业可以集中精力经营核心业务，培养自己的核心竞争力，更好地适应激烈的市场竞争。

（5）从社会角度来讲，可以减少社会车辆总量，减少闹市区卸货妨碍交通的现象，改善交通运输状况；通过集中化处理，提高车辆的装载效率，节省物流处理空间和人力资源，实现社会资源的共享和有效利用。

（三）互用配送模式

互用配送模式是几个企业为了各自利益，以契约的方式达成某种协议，互用对方配送系统而进行的配送模式。互用配送模式比较适合于电子商务条件下B2B的交易方式。互用配送模式的优点在于企业不需要投入较大的资金和人力，就可以扩大自身的配送规模和范围，但需要企业有较高的管理水平以及与相关企业的组织协调能力。互用配送模式和共同配送模式的区别如下。

（1）共同配送模式旨在建立配送联合体，以强化配送功能为核心，为社会服务；而互用配送模式旨在提高自己的配送功能，以企业自身服务为核心。

（2）共同配送模式旨在强调联合体的共同作用，而互用配送模式旨在强调企业自身的作用。

（3）共同配送模式的稳定性较强，而互用配送模式的稳定性较差。

（4）共同配送模式的合作对象需要经营配送业务的企业，而互用配送模式的合作对象既可以是经营配送业务的企业，也可以是非经营业务的企业。

（四）第三方配送模式

第三方物流是由相对"第一方"发货人和"第二方"收货人而言的，第三方配送模式是实行电子商务营销的企业将配送、包装、仓储、运输、送货等相关配送业务环节交由专业化的物流配送企业去完成的一种配送运作模式。这一配送模式成为电子商务网站初建时期进行货物配送的一个首选模式和方向。电子商务企业采用第三方物流配送方式的作用如下。

1. 电商企业可集中精力于核心业务

企业应把自己的主要资源集中于自己熟悉的主业，而把物流等辅助功能留给物流公司，这样可以提高自己主业的市场竞争力。

2. 电商企业运用新技术，实现以信息换库存，降低成本

由于科学技术的日益进步，普通的单个制造公司通常在短时间内难以更新自己的资源和技能，不同的零售商可能有不同的、不断变化的配送和信息技术等需求，此时，第三方物流公司能以一种快速、更具成本优势的方式满足这些需求，而这些服务通常都是制造商一家难以做到的。同样，第三方物流供应商还拥有满足一家企业的潜在顾客需求的能力，从而使企业接洽到零售商。

3. 电商企业减少固定资产投资，加速资本周转

与自营物流相比较，使用第三方物流公司不仅可以减少设备设施的投资，还能够免去仓库和车队方面的资金占用，加速资金的周转。如果企业不能直接控制物流职能；不能保证供货的准确和及时；不能保证顾客服务的质量，维护与顾客的长期关系，企业将放弃对物流专业技术的开发等。

（五）物流一体化配送模式

物流一体化就是以物流系统为核心的由生产企业，经由物流企业、销售企业，直至消费者的供应链的整体化和系统化。物流一体化是在第三方物流的基础上发展起来的。在这种模式下，物流企业通过与生产企业建立广泛的代理或买断关系，与销售企业形成较为稳定的契约关系，从而将生产企业的商品或信息进行统一组合，处理后，按部门订单要求，配送到店铺。这种配送模式还表现为在客户之间交流供应信息，从而起到调剂余缺、合理利用资源的作用。

在电子商务时代，这是一种比较完整意义上的物流配送模式，它是物流业发展的高级和成熟阶段。在国内，海尔集团的物流配送模式可以说已经是物流一体化了，并且是一个非常成功的案例。

（六）集约型物流配送模式

集约型物流配送模式，即从国家宏观上对物流配送企业加以整合，建构集约型物流配送体系的步骤如下。

第一步：在局部地区内对各行业、各部门内部的物流企业实行兼并、重组、优化配置物流配送资源。

第二步：在全国范围内进行跨行业、跨部门、跨区域整合，形成网状结构的信息化、社会化、自动化、集成化、多功能配送体系。

任务二　电子商务快递收派作业管理

一、快递服务的概念与发展

（一）快递的概念与特点

快递是快递公司快速收寄、运输、投递单独封装的、有名址的快件，在向寄件人承诺的

时限内将快件或其他不需储存的物品通过铁路、公路和空运等方式送到指定地点递交给收件人、获得签收的服务形式。快递的特点是快速、点到点服务、运费高、运量少。

随着网购的发展，网购热潮越来越高，宅男宅女们都喜欢网上购物，既方便便宜，又快捷。网购为快递业提供了巨大的市场空间，快递业在这方面也是一个巨大机遇。节假日（五一、"双十一"、元旦等）时快递送货越来越多。

（二）快递服务发展

1. 外资阵营

外资阵营有美国联邦快递集团（FedEx）、敦豪（DHL）、天地快运（TNT）、荷兰的TNT集团等。外资快递企业具有丰富的经验、雄厚的资金以及发达的全球网络。

2. 国企阵营

国企阵营有中国邮政（EMS）、民航快递（CAE）、中铁快运（CRE）等。国有快递企业依靠其背景优势和完善的国内网络而在国内快递市场处于领先地位。

3. 民企阵营

民企阵营有顺丰速运、宅急送、"四通一达"（即申通、圆通、中通、百世汇通和韵达快递）等。大型民营快递企业在局部市场站稳脚跟后，已逐步向国内外扩张。

二、快递的网络建设

网点是快递网络的最基础节点，主要负责地区（城市）内某一小块区域的快件收派。

（一）快递网络特点

1. 整体性

快递网络的节点和线路相互依赖，共同构成一个有机整体，从而实现快递服务的综合功能。快递网络不是各节点和线路的简单连接、整合，节点和线路的连接有一定标准，这种连接是以实现快递网络的整体效应为目标的。

2. 层次性

组成快递网络的节点和路线在规模、地理区位和功能等方面都存在差异，使得快递网络对外呈现出一定的层次性，如省际快递网络和城际快递网络。

3. 环境适应性

快递网络规模、快递节点规模及路线规模等会随着区域经济、交通、区位环境的变化而变化，因而也带来快递服务能力的增强或者减弱。

4. 复杂性

快递网络的复杂性体现在组成快递网络元素及其关系的复杂性上。有些构成快递网络的元素本身就是一个复杂的集合体。

（二）快递网络的拓扑结构

快递网络中的各快递节点和路线相互连接的方法和形式称为网络拓扑。根据其组成元素相互连接的方式不同，快递网络的拓扑结构可概括为三种类型。

1. 线状结构

线状结构是指各种快递节点由快递路线连接成线状，节点之间没有形成网。其特点是连接方式简单，便于管理，基础设施建设投入少。主要出现在专为某一快递项目而制订的服务路线，以及快递网络的建设初期。

2. 简单网状结构

简单网状结构是指各快递节点和路线以比较有规则的方式连接成网，网络中各快递节点与其邻近的节点基本实现点到点连接。其特点是快递基础设施建设投入小，组建速度快。这种结构是我国中小快递企业的主要建网方式，主要出现在同城派送网络、邻近城市之间形成的区域型快递网络等。

3. 复杂网络结构

复杂网络结构是指各快递节点和路线能以多种方式连接成网，网络中各快递节点之间基本都有快递路线实现点到点的连接，节点之间的业务频繁。其特点是网络运行可靠性高，一个或几个快递节点、路线的增减不会影响整个快递网络的运作。这是一种比较成熟的快递网络，是快递网络的发展方向。主要出现在全国性快递网络、全球性快递网络。

（三）快递网点选址

快递网点选址合理与否会直接影响到配送系统的服务水平、作业效率和经济效益。所以快递网点选址的目标是服务好、效率高、费用低。快递网点选址应考虑以下主要因素。

1. 客户分布

物流网点是为客户服务的，首先要考虑客户分布。对于商业物流网点，其客户主要是超市和零售店，分布在城市内人口较密集的地区。为提高服务水平，同时也考虑其他条件的影响，物流网点通常设置在城市边缘地区。

2. 供应商分布

物流网点靠近供应商，对货源供给的可靠性高，库存可以减少，但供应商一般离需求地比较远，而且也比较分散。物流网点靠近客户，对降低运输成本是有利的，因为进货的批量大。

3. 交通条件

交通条件是影响配送成本和物流效率的重要因素，特别是大宗物资的配送。因此物流网点应尽可能靠近交通通道，如高速公路、铁路货运站、港口、空港等。

4. 土地条件（可得性、土地成本）

物流网点需要占用一定面积的土地，用地必须符合国家的土地政策和城市规划；土地成本也是影响物流成本的重要因素。

5. 人力资源因素

物流网点需要不同层次的人员，一般操作属劳动密集型作业形态，用人较多，其工资待遇应与当地工作水平相适应，因此物流网点选址应考虑员工来源和人类成本。

6. 地区或城市规划

物流网点规划属地区或城市规划的一部分，必须符合城市规划的要求，包括布局、用地，以及与其他行业规划的协调。

7. 自然条件

物流网点需要存放货物，自然环境中的湿度、盐分、降雨量、台风、地震、河川等都会产生风险，也会增大物流成本。

（四）快递网络的运作模式

快递网络的运作模式是指为了实现快递网络的运行目标，对快递网络进行组建、扩张和管理的方式。目前快递行业中的主要网络运作模式如下。

1. 自营模式的快递网络

自营模式的快递网络是指快递网络的各类基础设施以及快递网络的组建、扩张基本上是由快递企业自身投资运作形成，快递企业对网络具有完全的控制权、管理权。因此，快递企业可根据业务需求和战略发展目标，对快递网络进行资源优化配置，对各类快递服务活动进行严格的组织及控制，实现快递网络整体的最优化。理论上来说，自营模式是最佳的快递网络运作方式。不过，随着网络的扩张，自营模式的快递网络运作需要大量人力、车辆及营运设施，需要投入大量的资金，营运难度高。因此，一般的快递企业很难建立大规模自营模式的快递网络。

2. 加盟模式的快递网络

加盟模式的快递网络是指网络加盟总公司和网络加盟者缔结契约，网络加盟总公司将商标、快递网络、经营技术授权给网络加盟者。而网络加盟者在得到上述权利之时，必须支付一定金额给网络加盟总公司，并根据网络加盟总公司的指导、培训及协助，使用相同商标、网络、服务标准和经营技术，使整个网络达到集中管理的效果。同时，加盟网络的建设，所需资金大部分（或全部）由网络加盟者负责，加盟网络所需人员原则上也由加盟者负责。

加盟模式的快递网络的主要特征：统一领导、统一快递服务标准、统一市场策略等。加盟模式中的网络加盟总公司通过授权加盟的方式，实现了以较少的投资，快速建立一个较大的快递服务网络，并从网络的管理和营运中获取利润以及无形资产的增值。而网络加盟者则可以在总公司的支持和协助下，用合理的资金快速建立一个区域（地区、片区）的快递网络，并共享总公司的品牌、网络，取得该区域（地区、片区）专属营运权和经营权，实现了低风险、高效率的创业。正是这些优势，使得加盟模式的快递网络在我国快递行业中取得迅速发展，我国有相当多的全国性大型快递服务网络是采用这种运作模式建立起来的，如申通快递、中通快递等快递企业。

3. 联盟模式的快递网络

联盟模式的快递网络是指两个或多个独立的快递网络为了实现网络扩张的战略目标，通过契约形式建立长期合作，从而使合作各方的快递网络实现互联互通、共享，形成一个更大型的快递服务网络。加盟模式是一种纵向的网络运作与整合模式，而联盟模式是一种横向的快递网络运作与整合模式。

联盟模式的各方通过制订合作协议及网络对接标准，搭建连接各方网络的网络运输干线，将多个快递网络合并成一个整体，实现网络虚拟化的扩张。联盟模式的运作过程无需常设机构，结构比较松散，具有较大的灵活性。参与联盟的各方一般都处于平等且相互依赖的地位，并在经营中保持各自的独立性，可以根据自己的目的和需求开展快递服务活动，获取各自的利益。联盟模式的最大优势就是运作简单、迅速、经济。

由万国邮政联盟管理的 EMS（邮政特快专递服务）的国际快递网络就是联盟模式的快递网络运作成功的典范。

宅急送是国内最大的民营快递公司，拥有的快递网点多，但大部分是合作网络，宅急送通过联盟网络使电商货物配送速度更快。

三、快件收寄流程及要求

快件收寄是指快递业务员从客户处收取快件，包括验视、包装、运单填写和款项交接等环节。快件收寄的形式有上门收寄、营业场所收寄。快件收寄流程及要求如下。

（一）快递人员应询问和验视内件

快递人员应询问和验视内件的性质和种类：若是法律、法规规定的禁寄物品，应拒收并向寄件人说明原因；若是限寄物品，应告知寄件人处理方法及附加费用；向寄件人建议贵重物品宜购买保价或保险服务；寄件人应将交递快件的性质和种类告知快递服务人员。

禁运物品、限运物品在运输过程中，因气压、温度变化，或受震动、空气限制等，可能发生爆炸、自燃、有毒气体泄漏等等，对生命财产安全造成极大威胁。

1. 禁运品

指在任何情况下，均不能收件、快递的禁运物品。

（1）各类武器、弹药，如枪支、子弹、炮弹、手榴弹、地雷。

（2）各类易爆炸性物品，如雷管、炸药、火药、鞭炮。

（3）各类易燃烧性物品（包括液体、气体和固体），汽油、磷。

（4）各类易腐蚀性物品，如硫酸、盐酸、硝酸、农药。

（5）各类放射性元素及容器，如铀、钴、镭。

（6）各类烈性毒药，如铊、氰化物、砒霜。

（7）各类麻醉药物，如鸦片、吗啡、可卡因、海洛因、大麻。

（8）各类生化制品和传染性物品，如危险性病菌、医药用废弃物。

（9）各类危害国家安全和社会政治稳定以及淫秽的物品。

（10）各类妨害公共卫生的物品。

（11）国家法律、法规、行政规章明令禁止流通、寄递或进出境的物品（货币、有价证券、管制刀具、机密文件等）。

（12）包装不妥，可能危害人身安全、污染或者损毁其他寄递件、设备的物品等。

（13）各寄达国（地区）禁止寄递进口的物品等。

（14）其他禁止寄递的物品。

禁寄物品的处理办法如下：

（1）企业发现各类武器、弹药等物品，应立即通知公安部门，疏散人员，维护现场，同时通报国家安全机关。

（2）企业发现各类放射性物品、生化制品、麻醉药物、传染性物品和烈性毒药，应立即通知防化及公安部门及时按应急预案处理，同时通报国家安全机关。

（3）企业发现各类易燃易爆等危险物品，收寄环节发现的，不予收寄；经转环节发现的，应停止转发；投递环节发现的，不予投递。

（4）企业发现各种危害国家安全和社会政治稳定以及淫秽的出版物、宣传品、印刷品，应及时通知公安、国家安全和新闻出版部门。

（5）企业发现妨害公共卫生的物品和容易腐烂的物品，应视情况通知寄件人限期领回，无法通知寄件人领回的可就地销毁。

（6）企业对包装不妥、可能危害人身安全、污染或损毁其他寄递物品和设备的物品，收寄环节发现的，应通知寄件人限期领回；经转或投递环节发现的，应根据具体情况妥善处理。

（7）企业发现禁止进出境的物品，应移交海关处理，其他情形，可通知相关政府监管部门处理。

2．限运品

限运品是指在特定条件下，需要特定条件方可受理的物品。

（1）无线电收发信机、通信保密机。

（2）烟、酒。

（3）濒危的和珍贵的动物、植物（均含标本）及其种子和繁殖材料。

（4）国家货币。

（5）海关限制进境的其他物品。

限制出境物品如下：

（1）金银等贵重金属及其制品。

（2）国家货币。

（3）外币及其有价证券。

（4）无线电收发信机、通信保密机。

（5）贵重中药材。

（6）一般文物。

（7）海关限制出境的其他物品。

限运品的处理办法如下：

（1）限量和限值。

（2）华侨和港澳台同胞寄递的出境物品，如果是外汇购买的，只要不超过合理数量，原则上不受出口限制。

（3）寄达国（地区）对某些寄递物品有限量、限值的规定，应按照寄达国（地区）的规定办理。

（二）快件的封装

快件封装形式有快递服务员负责和寄件人自行封装两种。封装时应防止快件出现以下情况：

（1）变形破裂；

（2）伤害顾客、快递服务员或其他人；

（3）污染或损毁其他快件。

（三）重量与规格

（1）快件重量通用标准：《快递服务》邮政行业标准对快件重量的规定为：国内单件快件的重量不宜超过 50 千克。

（2）快件长度标准：快件的单件包装规格任何一边的长度不宜超过 150 厘米；长、宽、高三边长度之和不宜超过 300 厘米；为防止在运输途中超小快件发生遗失，航空运输规定，其长、宽、高之和不得小于 40 厘米。

（3）各快递公司自己的规定。

（四）快件的单据

快递服务人员应指导寄件人按照相关要求填写快递运单（纸质和电子形式），快递运单等同快递合同；快递运单的格式条款应符合法律规定，体现公平、公正的原则；快递运单的文字表述应真实、简洁、易懂。

快件运单又称快件详情单，是快递企业为寄件人准备的，由寄件人或其代理人填写并签发的重要的运输单据，是快递企业与寄件人之间的寄递合同，其内容对双方均具有约束力。快递运单内容包括正面寄递信息和背书条款，具体内容见表 7-1。

表 7-1 快递运单应包括的内容

正面寄递信息	寄件人信息	名称、地址、单位、联系电话
	收件人信息	名称、地址、单位、联系电话
	快递服务组织信息	名称、标识、联系电话
	快件信息	品名、数量和重量、价值、封装形式
	费用信息	计费项目及金额、付款方式、是否报价（保险）
		报价（保险）金额
	时限信息	收寄时间、投递时间
	约定信息	双方约定事项，包括产生争议后处理途径
		寄件人对快递运单信息的确认
背书条款		查询方式与期限；客户和快递服务组织双方权利与责任，包括客户和快递服务组织产生争议后的解决途径；赔偿的有关规定

（五）快件的收款

收款——收费报价、收取运费、出具发票。快递服务人员应告知寄件人服务费用。寄件人支付费用时，快递服务人员应将与服务费同等金额的发票交给寄件人。

（六）快件的包装

快件的包装应适合运输、便于装卸、适度包装。

1. 快件包装材料的选择

（1）纸质类的寄递物品。厚度不超过 1 厘米的纸质物品，使用文件封进行包装；厚度超过 1 厘米且不易破碎、抗压类的书刊、样品等寄递物品，可选择包装袋包装。

（2）质脆易碎物品。此类快件必须在包装内部的六个面加垫防震材料，且每一件物品单独使用泡沫或其他缓冲材料进行包装。

（3）体积微小，五金配件、纽扣及其他易散落、易丢失的物品：此类快件用塑料袋作为内包装将寄递物品聚集，并严密封口。数量较少可使用包装袋作为外包装；数量较大可使用质地坚固、大小适中的纸箱作为外包装，并用填充材料填充箱内的空隙。

（4）重量较大的物品。此类快件先使用材质较软的包装材料包裹，然后采用质地较好、耐磨性能好的塑料袋包装，或以材质较好的纸箱包装后并用打包带加固，还可使用木箱进行包装。

（5）不规则、超大、超长的物品。此类快件以气泡垫等材质较软的材料进行全部或局部（如两端等易损部位）包装。

（6）较大的圆柱形或原材料物品，如蜂蜜等。此类快件可以先使用透明的塑料薄膜进行包裹，然后再使用胶纸对其进行缠绕包装；严禁使用各种有色的垃圾袋进行包裹。

2. 快递包装要求

（1）包装的基本要求是箱子内不能有空隙，标准是无晃动时并且在用力摁箱子的接缝口时胶带不会脱落，同时确保包装箱从 2 米高度自然坠地不会损坏。

（2）涉及空运物品的包装要特别注意，因为汽车运输一般就装卸 1~2 次，而空运则可能有 6~7 次的装卸过程。

（3）单件重量不超过 50 千克。杆类货物的单件长度不超过 180 厘米；板类货物长宽相加不超过 150 厘米对于过小的物品，最小包装不能小于运单大小。

（4）严格禁止子母包发运（指两个独立的物品通过简单捆绑、缠绕的方式组合到一起成为一件物品）。

（5）一般质软和不怕冲击的物品（衣物、包、毛绒玩具）可以采用塑料袋包装的方式以降低运输成本，但要注意封口。

（6）所有的内件物品先用塑料薄膜或塑料纸做一层包装。

（7）对于原本带有销售包装的物品，由于商家已考虑到运输的风险，以在外面加包一层发泡薄膜后再加 2~3 层牛皮纸，并用胶带反复缠绕即可。

（8）自行包装时可根据内件物品的不同，选择 3 层或 5 层箱。

（9）自己包装的一般物品，可以准备些废旧包装，将其揉碎（用海绵或泡沫塑料碎片更好），在箱内做垫充。

（10）圆桶装物品外包装不得短于内件，尺寸较长且易折断的物品应以内衬有坚实圆棍或以硬质塑料圆桶作为外包装物。

（11）书籍包装，如果不用箱子建议一沓一捆。一般非专业人员的多摞包装极易造成散包。

（12）易碎物品包装，需要特别处理：如果是分拣的物品一定要分开包装，先用发泡薄膜包 4~5 层，再用报纸在物品中间和箱体之间垫充；如果体积比较大或特别易碎物品及贵重物品（如玻璃器皿、显示器等），一定要再加木框包装。

（13）液体物品还需要填充足够吸收所有液体的吸收物（布或棉花）。

（14）一般用胶带在箱子接缝处缠 1~2 道，同时在箱子的各个边缘角上缠 1 道。

(15）体积超过 0.1 立方米或特别重（10 千克以上）的箱子一定要打包装带，可以打成井字形或丰字形。

(16）颗粒装物品，务必先装入坚固的袋内再放置于箱内。

3. 在外包装上粘贴运单

粘贴运单：将随货运单平整地粘贴在指定的位置。

粘贴标签：根据货物的类别、属性，选用相应的标签贴纸，按要求贴在指定的位置；运单与快件边缘宜留出 5 厘米的距离；应把表面的四个角落位置留出来，以备标识、随带单证的粘贴。

（七）快件分拣、封发业务

1. 快递分拣类型

快递分拣作业是快件配送中心依据顾客的订单要求或配送计划，迅速、准确地将快件从送货车辆里拣取出来，并按一定的程序进行分类，集中派送给开往各地的运输工具的作业过程。

（1）手工分拣。在分拣过程中所有环节都采用手工方式进行。

特点：手工分拣方式效率低、速度慢、差错率高、连续作业能力差，但是对场地、工具的要求低、投入资金少、分拣成本低，是中小快递企业主要采用的分拣方法。

（2）半自动分拣。采用手工和机械设备相结合的方式，将快件从运输车辆上卸往自动传送带，再由人工根据快件标识进行手工分拣的一种分拣方式。

特点：使用机械对快件进行自动输送，减轻分拣人员劳动强度，改善分拣作业环境，实现连续不断的分拣，提高分拣效率。

（3）自动分拣。通过计算机自动识别待分拣快件的分拣区域，并由自动分拣设备将快件输送到该区域的分拣道口。

特点：能连续、大量、准确地分拣，分拣误差率极低，分拣过程基本实现无人化，大幅度提高劳动效率。

2. 封发

封发是将快件分类装袋，建立总包，分类发往目的地。

（1）生成封发清单。如分拣机具备称重和测体功能，则由系统自动生成封发清单；如分拣机无称重和测体功能或由人工分拣作业的，应由封发员按封发格口扫描快件条码录入封发清单。

（2）快件称重。扫描录入封发清单后，将待封总包的快件置于电子秤上称重，由系统采集或人工输入重量信息。

（3）快件封袋。打印封发清单和总包条码牌，快件装袋封发，系统生成总包快件信息。

（4）封发检查。检查总包封发规格及条码质量，检查现场有无遗漏封发快件。

任务三　电子商务物流运输管理

一、物流运输方式及特点

我国国家标准《物流术语》中对运输的定义：用设备和工具，将物品从一个地点向另一地点运送的物流活动。其中包括集货、搬运、中转、装入、卸下、分散等一系列操作。运输是物流过程各项业务的中心活动。

现代运输手段有四个要素：① 运输工具，如轮船、火车、汽车、飞机、管道等；② 运输动力，包括自然动力（风力、水力、人力、畜力等）和人工动力（蒸汽力、石油燃烧爆发力、气体燃烧力、压缩空气力、电力、原子能、核能等）；③ 运输通道，如河流、湖泊、海洋、铁路、公路、空间、地道等；④ 电信设备，如有线电、无线电、雷达、广播、计算机等。

物流运输的基本方式有公路、铁路、水路、航空、管道五种，为了提高运输的效率，在五种基本运输方式的基础上，还形成了具有特殊功能的运输方式：联合运输、散装运输、集装箱运输等。

（一）公路运输

公路运输是使用汽车或其他车辆在公路上采用的运输方式。公路运输主要承担近距离、小批量的货运和水运、铁路运输难以到达地区的长途、大批量货运及铁路、水运优势难以发挥的短途运输。由于公路运输有很强的灵活性，近年来，在有铁路、水运的地区，较长途的大批量运输也开始使用公路运输。

1. 公路运输的特点

公路运输的优点如下。

（1）灵活性强。公路建设期短，投资较少，易于因地制宜，对收到站设施要求不高，可灵活制订运输时间表，也可作为其他运输方式的衔接手段。

（2）实现"门到门"服务，而不需转运或反复装卸搬运。

（3）适用性强。主要承担近距离、小批量的货运和水运、铁路运输难以到达地区的长途、大批量货运及铁路、水运优势难以发挥的短途运输，而且对货运量的大小有较强的适应性。

（4）费用较低。对于近距离的中小量货物运输来说，费用较低；运输过程中几乎没有中转装卸作业，碰撞概率较小，对于包装的要求不太高。

公路运输的缺点如下。

（1）运载量有限，不适合大批量运输。

（2）长距离运输时运费较高；公路运输的经济半径，一般在200千米以内。

（3）受气候和环境变化影响较大，可能会影响运送时间的准确性。

2. 公路运输的分类

（1）整车运输。一般来说，一批货物按照它的重量或体积需要单独使用30吨一辆以上货车装运的业务，或者虽然不能装满一辆货车，但是由于货物的性质、形状或运送条件等的原因，必须单独使用一辆货车装运时，都应该以整车的方式运输。

（2）零担运输。零担运输是相对于整车运输而言。按照国家有关部门的定义，零担货物是指3吨以下的货物，可分为普通零担、快件和特快专运。但在实际的市场操作中，对于零担运输和整车运输的划分，基本上是以能否装满一车作为区别。有的时候，零担运输的价格是整车运输的2倍以上。

（3）集装箱运输。符合集装箱运输条件的，可以按集装箱运输。集装箱货物运价是铁路对集装箱运送物品规定的运价,由每箱的发到基价和每箱千米的运价基价组成。以下货物不能使用集装箱装运。

① 易于污染和腐蚀箱体的货物,如水泥、炭黑、化肥、盐油脂、生毛皮、牲骨、没有衬垫的油漆等。

② 易于损坏箱体的货物,如生铁块、废钢铁、无包装的铸件和金属块等。

③ 鲜活货物(经铁路局确定,在一定季节和区域内不易腐烂的货物除外)。

④ 危险货物(另有规定的除外)。

(二)铁路运输

铁路运输主要承担长距离、大数量的货运,在没有水运条件地区,几乎所有大批量货物都是依靠铁路,铁路运输是在干线运输中起主力运输作用的运输形式。

1. 铁路运输的优点

(1)运量大,速度较快。比公路和水路快,适用于大批量和长距离的货物运输。

(2)运输成本较低。铁路运输经济里程一般在 200 千米以上。符合规模经济和距离经济的要求,随着装运规模的增长,单位质量的运输成本会降低。

(3)适用性强。受地理和气候影响的程度小,有较高的连续性和可靠性;在没有水运条件地区,几乎所有大批量货物都是依靠铁路,铁路运输是在干线运输中起主力运输作用的运输形式。

(4)网络覆盖面大。铁路线路网络密集,主要承担长距离、大数量的货运。

2. 铁路运输的缺点

(1)灵活性差。货车只能在固定的轨道线路上行驶,需要以其他运输手段配合和衔接。

(2)近距离运输时,费用较高。适用于大批量和长距离的货物运输。

(3)车辆调配困难。因为车辆调配困难,所以不适合紧急运输。

(三)水路运输

水路运输主要承担大数量、长距离的运输,是在干线运输中起主力作用的运输形式。在内河及沿海,水运也常作为小型运输工具使用,担任补充及衔接大批量干线运输的任务。

1. 水路运输的优点

(1)运量大。水运主要承担大数量、长距离的运输,是在干线运输中起主力作用的运输形式。特别适合超大型、超重物和大批量的物品运输。

(2)成本低。比公路、铁路、航空的成本都低。国际贸易中 70%~80%是通过水路运输。

2. 水路运输的缺点

(1)速度较慢。比铁路运输慢 1~2 倍。

(2)受天气的制约。受气候影响,运输计划很容易被打乱。

(3)无法完成"门对门"服务。所运物品必须在码头停靠装卸,等待时间长、成本高,而且无法完成"门对门"的服务。

（四）航空运输

航空运输是使用飞机或其他航空器进行运输的一种形式。采用空运，成本很高，因此，主要适合价值高、运费承担能力很强的货物和紧急需要的物资。比如贵重设备的零部件、高档产品、救灾抢险物资等等。

1. 航空运输的优点

（1）速度快。非常适合急需品、易腐烂变质物品的运输。

（2）货物损坏少。运输途中对于货物的振动和冲击较少，物品只需简单包装即可。

（3）不受地形的限制。在火车、汽车都到达不了的地区也可依靠航空运输，因而有其重要意义。

2. 航空运输的缺点

（1）运费非常高。运费是铁路运输的 12～15 倍，是公路运输的 2～3 倍。主要适合运载的货物有两类：一类是价值高、运费承担能力很强的货物，如贵重设备的零部件、高档产品等；另一类是紧急需要的物资，如救灾抢险物资等。

（2）适应性差。除了靠近机场的城市外，对于其他地区不太适用；受天气影响较大。

（五）管道运输

管道运输是利用管道输送气体、液体和粉状固体的一种运输方式。其运输形式是靠物体在管道内顺着压力方向循序移动实现的。和其他运输方式的重要区别在于：管道设备是静止不动的。

1. 管道运输的优点

（1）运量大、安全。适合于大且连续不断运送的物资。利用管道运输的大部分是一些流体的能源物资，如石油、天然气、成品油等。

（2）管道在地下或是水下，受天气影响非常小。

（3）成本低廉，可长期稳定使用。由于采用密封设备，在运输过程中可避免散失、丢失等损失，也不存在其他运输设备本身在运输过程中消耗动力所形成的无效运输问题。

2. 管道运输的缺点

（1）不灵活。只有接近管道的用户才能使用。

（2）实用性差。一般只适合运输液态或气态的产品。

（3）运输速度慢。

（六）联合运输

联合运输是一种综合性的运输形式，它是将两种或两种以上的基本运输方式或运输工具连接起来，实行多环节、多区段相互衔接的接力式运输。联合运输的优点如下。

（1）联合运输能沟通各种运输方式之间的横向联系。

（2）联合运输能挖掘运输潜力，提高运输效率。

（3）可减少物资流通费用。

（4）有利于开展集装单元化运输，有效提高装卸效率。

二、运输合理化

（一）运输合理化的概念

运输合理化是按照货物流通规律，组织货物运输，力求用最少的劳动消耗，得到最高的经济效益。影响运输合理化的因素有运输距离、运输环节、运输工具、运输时间、运输费用。指导运输管理和营运的两条基本原理分别是规模经济和距离经济。

1. 规模经济

规模经济的特点是随装运规模的增长，使单位重量的运输成本降低。另外，通过规模运输还可以获得运价折扣，也使单位货物的运输成本下降。

2. 距离经济

距离经济是指每单位距离的运输成本随距离的增加而减少。距离经济的合理性类似于规模经济，尤其体现在运输装卸费用上的分摊。

（二）不合理运输的类型

1. 返程或启程空驶

例如，运蔬菜的过程中，空车去郊区，满载后运回市区。空车去郊区，属于空驶，造成了运力浪费、运输时间增加、运费超支等；同时，也增加了车由于损耗造成的维修费、司机劳力成本等问题。

造成空驶的原因：能利用社会化的运输体系却不利用，依靠自备车送货；由于工作失误或计划不周，造成货源不实，车辆空去空回；由于车辆过分专用，无法搭运回程货，只能单程空驶周转。

2. 对流运输

对流运输是指同一种物资或两种能够相互代用的物资，在同一运输线或平行线上作相对方向的运输，与相对方向路线的全部或一部分发生对流。对流运输分以下两种情况。

一是明显的对流运输，即在同一运输线上对流。如一方面把甲地的物资运往乙地，而另一方面又把乙地的同样物资运往甲地，产生这种情况大都是由于货主所属的地区不同、企业不同。

二是隐蔽性的对流运输，即把同种物资在违背近产近销的情况下，采用不同的运输方式在平行的两条路线上，朝着相反的方向运输。

3. 重复运输

一种情况是本来可以直接将货物运到目的地，但是在未达目的地之处，或目的地之外的其他场所（例如中转仓库）将货卸下，再重复装运送达目的地，增加了一道中间装卸环节，增加了装卸搬运费用，延长了商品在途时间。这是重复运输的一种形式。

另一种情况是同品种货物在同一地点一面运进，同时又向外运出。

重复运输的最大弊端是增加了非必要的中间环节，这就延缓了流通速度，增加了费用，增大了货损。

4. 迂回运输

迂回运输也称过远运输，是指舍近求远的运输现象。

如生产企业购买原材料本可以由距离较近的产地供应物资，却从远地供应商处采购进来；"烟台的客户企业希望购买苹果，到新疆购买运输，不但苹果味道不好，运费也太高；烟台本地苹果价廉物美。"

如工业产品不是就近销售，却运送到较远的其他消费地，违反了近产近销的原则。这样不但增加了占用运力的时间和运输路径，还增加了运输成本；汽车由于磨损造成的维修费、运输成本；货物占压资金时间长，易出现货损，增加费用支出的后果。

（三）提高车辆装载效率的办法

（1）研究各类车厢的装载标准，根据不同货物和不同包装体积的要求，合理安排装载顺序，努力提高装载技术和操作水平，力求装足车辆核定吨位。

（2）根据客户所需要的货物品种和数量，调派适宜的车型承运。这就要求配送中心根据经营商品的特性，配备合适的车型结构。

（3）凡是可以拼装运输的，尽可能拼装运输，但要注意防止差错。

厢式货车有确定的车厢容积，车辆的载货容积为确定值。设车厢容积为 V，车辆载重量为 W，现要装载质量体积为 R_a、R_b 的两种货物，使得车辆的载重量和车厢容积均被充分利用。

设：两种货物的配装重量为 W_a、W_b，则

$$W_a + W_b = W$$

$$W_a \times R_a + W_b \times R_b = V$$

$$W_a = \frac{V - W \times R_b}{R_a - R_b}$$

$$W_b = \frac{V - W \times R_a}{R_b - R_a}$$

【例 7-1】某仓库某次需运输水泥和玻璃两种货物，水泥质量体积为 0.9 米³/吨，玻璃是 1.6 米³/吨，计划使用的车辆的载重量为 11 吨，车厢容积为 15 米³。试问如何装载使车辆的载重能力和车箱容积都被充分利用？

设水泥的装载量是 W_a，玻璃的装载量是 W_b。

其中：$V = 15$ 米³，$W = 11$ 吨，$R_a = 0.9$ 米³/吨，$R_b = 1.6$ 米³/吨

$$W_a = \frac{V - W \times R_b}{R_a - R_b} = \frac{15 - 11 \times 1.6}{0.9 - 1.6} = 3.71 \text{（吨）}$$

$$W_b = \frac{V - W \times R_a}{R_b - R_a} = \frac{15 - 11 \times 0.9}{1.6 - 0.9} = 7.29 \text{（吨）}$$

通过以上计算可以得出两种货物的搭配使车辆的载重能力和车厢容积都得到充分的利用。但前提条件需是车厢的容积系数介于所要配载货物的容重比之间，如所需要装载的货物的质量体积都大于或小于车厢容积系数，则只能是车厢容积不满或者不能满足载重量。当存在多种货物时，可以将货物比重与车辆容积系数相近的货物先配装，剩下两种最重和最轻

的货物进行搭配配装；或者对需要保证数量的货物先足量配装，再对不定量配送的货物进行配装。

（四）车辆的调度

配送中心每天要配送几十上百客户的货物，对于这些货物的配送，不可能每个客户安排一台车运送一次，这样成本很高而且时间也大大延长。因此，必须对这些客户进行搭配，将多个客户的货物配装在一台车上配送。配送系统的调度作业即根据客户信息和货物特性以及车辆情况，合理搭配货物和车辆，以便降低配送运输的成本，并提高效率。

车辆调度指的是如何调度车辆配载客户的货物送达客户的手中，其目的是降低运输成本，主要针对的是车辆的调派问题，即指挥监控配送车辆正常运行、协调生产过程以实现车辆运行作业计划的重要手段。车辆调度是整个配送系统调度作业的一部分，也是最重要的一部分。

车辆调度的方法有许多种，可根据客户所需货物、配送中心站点及交通线路的布局不同而选用不同的方法。简单的运输可采用定向专车运行调度法、循环调度法、交叉调度法等。但如果配送运输任务量大，交通网络复杂，为合理调度车辆，可运用运筹学中线性规划的方法，如图上作业法、表上作业法等。

三、货物运输合同

（一）运输合同的形式

1. 书面合同和契约合同

书面合同是签订正式书面协议形式的合同，主要是租船运输合同。

契约合同是以货物运输单据作为运输合同，包括海洋提单运输、铁路运输、公路运输、航空运输。

2. 单一运输合同和多式联运合同

单一运输合同：以一种运输工具运送货物。

多式联运合同（简称联运合同）：用两种以上不同运输方式组合而成的运输活动，分为国内联运合同和国际多式联运合同。

（二）运输合同的一般规定条款

（1）货物运输的起运地点和到达地点。
（2）托运方或收货方应付运费和杂费。
（3）承运方不得拒绝托运方正常与合理的运输要求。
（4）承运方应当在约定期间或合理期间内，约定运输路线将货物安全运到约定地点。
（5）违约货物的处理。
（6）合同纠纷解决途径等。

（三）货运合同当事人的权力和义务

1. 货物运输合同的托运人的权力和义务

托运人是委托承运人运送货物并支付运费的自然人或法人。是运输合同的甲方。

（1）托运方的权力。

要求承运方按照合同规定的时间、地点，把货物运输到目的地。货物托运后，托运方需要变更到货地点或收货人，或者取消托运时，有权向承运方提出变更合同的内容或解除合同的要求。但必须在货物未运到目的地之前通知承运方，并应按有关规定付给承运方所需费用。

（2）托运方的义务。

按约定向承运方交付运杂费；否则，承运方有权停止运输，并要求对方支付违约金。托运方对托运的货物，应按照规定的标准进行包装，遵守有关危险品运输的规定，按照合同中规定的时间和数量交付托运货物。

2. 货物运输合同的承运人

承运人是承担运输责任的有独立民事责任的自然人或法人。是运输合同的乙方。

（1）承运方的权利。

向托运方、收货方收取运杂费用。如果收货方不交或不按时交纳规定的各种运杂费用，承运方对其货物有扣压权。查不到收货人或收货人拒绝提取货物，承运方应及时与托运方联系，在规定期限内负责保管并有权收取保管费用，对于超过规定期限仍无法交付的货物，承运方有权按有关规定予以处理。

（2）承运方的义务。

在合同规定的期限内，将货物运到指定的地点，按时向收货人发出货物到达的通知。对托运的货物要负责安全，保证货物无短缺、无损坏、无人为的变质，如有上述问题，应承担赔偿义务。在货物到达以后，按规定的期限负责保管。

3. 货物运输合同的收货人

收货人是指有权力提取货物的自然人或法人。

（1）收货人的权利。

在货物运到指定地点后有以凭证领取货物的权利。必要时，收货人有权向到站或中途货物所在站提出变更到站或变更收货人的要求，签订变更协议。

（2）收货人的义务。

在接到提货通知后，按时提取货物，缴清应付费用。超过规定时限提货时，应向承运人交付保管费。

绿色配送

目前，创建绿色食品配送体系吸引了许多食品企业的眼球，也是食品行业未来发展的一个趋势。绿色食品配送主要从以下三个方面入手。

一、运输绿色化

开辟公路、铁路、航空及水上常年性食品运输通道，并按照经济合理的原则将其联结起来，发挥各类运输工具的优势，消除不必要、不合理的关卡和收费，在全国范围内构建高效率、无污染、低成本的绿色运输网络和联运系统。

二、流通加工绿色化

一方面变消费者分散加工为专业集中加工，以规模作业方式提高资源利用效率，以减少环境污染，如餐饮服务业对食品的集中加工、配送中心对生鲜蔬菜的附加工等；另一方面是集中处理消费品加工中产生的边角废料，以减少消费者分散加工所造成的废弃物污染。

三、包装绿色化

主要途径：促进生产部门采用尽量简化的以及由可降解材料制成的包装，食品流通过程中尽量采用可重复使用单元式包装，并对包装上印制的广告与使用说明作出明确的规定和要求；建立合理的包装材料回收体系等。最终出路在于构建食品供应链，基于我国食品物流面临的新环境，解决与食品物流密切相关的食品消费多样快捷化要求、食品安全卫生控制、食品企业规模扩大等问题，我们需要从源头抓起，建立统一的物流战略框架。

当当网物流配送模式

当当网是北京当当网信息技术有限公司营运的一家中文购物网站，以销售图书、音像制品为主，兼具发展小家电、玩具、网络游戏点卡等其他多种商品的销售，总部设在北京。当当网1999年11月开通，是全球最大的中文网上图书音像商城，面向全世界中文读者提供30多万种中文图书和音像商品。

当当网已组建了一支由当当网控股的配送服务公司，为电子商务企业提供商品储存、分拣、包装及全国1 200多个城市的COD配送服务。"当当网整合第三方物流资源后，将充当物流整合者和公众服务平台的角色。"当当网运作副总裁张昀表示，当当日后可为电子商务企业提供商品储存、分拣、包装的COD配送服务。

当当在物流配送方面的策略是自己运营仓储环节，由第三方物流供应商负责配送。当当董事长俞渝表示："这种策略选择主要是出于成本考虑。只要第三方物流供应商能够提供比我们自己运营更低的成本和更优质的服务，我们还会继续选择第三方供应商。"而不建设配送公司，也是当当与京东物流建设的最大差别。

当当网已组建配送服务公司，将其打造成为独立高效的物流开放平台。这是当当网在北京、上海、广州、成都、武汉等地设立物流配送中心后，强化其物流服务的又一举动，也标志着当当网正式涉足快递行业。

自我测试

一、单选题

1. 在经济合理区域范围内，根据用户要求，对物品进行拣选、加工、包装、分割、组配等作业，并按时送达指定地点的物流活动是（   ）。

　　A. 物料采购　　　　B. 物料仓储　　　　C. 物料配送　　　　D. 物料运输

2. （　　）是按照规定的时间品种、数量进行配送作业。

项目七 电子商务物流配送与运输管理

  A. 定时配送　　　B. 定量配送　　　C. 定时定量配送　　D. 定时定路线

 3. 车辆装货时，必须将重货置于底部，轻货置于上部，避免重货压坏轻货，并使货物重心下移，从而保证运输安全，这种配送车辆积载的原则是（　　）。

  A. 大小搭配的原则　　　　　　　　B. 一次积载的原则

  C. 轻重搭配的原则　　　　　　　　D. 垂直摆放的原则

 4. （　　）是完全按用户突发的配送要求随即进行配送的应急方式，是对各种配送服务的补充和完善，灵活但配送成本很高。

  A. 即时配送　　　　　　　　　　　B. 定时定路线配送

  C. 定时定量配送　　　　　　　　　D. 定量配送

 5. 多个客户联合起来共同一个第三方物流服务公司来提供配送服务的配送是（　　）。

  A. 专业配送　　　　　　　　　　　B. 共同配送

  C. 综合配送　　　　　　　　　　　D. 定时定路线配送

 6. 下列运输方式中，（　　）运输方式能实现门到门的运输服务。

  A. 铁路运输　　　B. 公路运输　　　C. 水路运输　　　D. 航空运输

 7. 下列运输方式中，速度最快的是（　　）。

  A. 铁路运输　　　B. 航空运输　　　C. 水路运输　　　D. 公路运输

 8. （　　）是影响运输成本的主要因素。

  A. 搬运方式　　　B. 产品密度　　　C. 积载能力　　　D. 距离

 9. 战争险属于（　　）。

  A. 一般附加险　　B. 特别附加险　　C. 特殊附加险　　D. 意外附加险

 10. 运输合同主要表现为承运人与托运人双方签署（　　）。

  A. 信用证　　　　B. 运费协议　　　C. 运输单证　　　D. 托运单

二、多选题

 1. 配送的特点有（　　）。

  A. 配送是"中转"型送货

  B. 配送是物流"终端运输"

  C. 配送以用户要求为出发点、任务的多重性

  D. 技术手段现代化

 2. 电子商务物流配送的特点有（　　）。

  A. 信息化　　　　　　　　　　　　B. 自动化、无人化

  C. 网络化　　　　　　　　　　　　D. 智能化、柔性化

 3. 按配送组织者不同来分，配送可分为（　　）。

  A. 配送中心配送　B. 仓库配送　　　C. 商店配送　　　D. 生产企业配送

 4. 快递网络的特点有（　　）。

  A. 整体性　　　　　　　　　　　　B. 层次性

  C. 一般的环境适应性　　　　　　　D. 复杂性

 5. 快递和一般的配送相比突出的特点有（　　）。

185

    A. 快速　　　　　　　　　　B. 点到点服务
    C. 运费高　　　　　　　　　D. 运量少

三、问答题

1. 什么是共同配送？共同配送有什么好处？
2. 什么是快递配送？我国快递业的发展状况如何？
3. 快递网点选址应考虑哪些主要因素的影响？应如何进行快递配送的网络建设？
4. 物流运输的基本方式有几种？分别有什么特点？
5. 货物运输合同的当事人有哪些？在货物运输过程中各种当事人应承担的业务和享有的权利分别是什么？

项目实施

情境实训一　签订货物运输合同

一、实训目的

掌握运输合同的相关内容；了解运输合同签定时的注意事项，掌握合同签订的过程；掌握谈判的程序、策略和技巧，培养学生经营风险的防范意识。

二、实训步骤

（1）教师讲解运输合同的有关知识；提供合同范例进行讲解。
（2）把学生分成学习小组进行情境模拟，角色扮演洽谈运输合同条款内容。
（3）正确书写和签订运输合同书。
（4）对这次谈判的过程进行经验的总结，包括在谈判过程中遇到的问题，采取的谈判技巧等。

三、实训任务

（1）运输合同包括哪些内容？
（2）在运输合同模拟谈判过程中遇到哪些问题？你认为在谈判中应提高自己哪些方面的能力？
（3）以小组为单位上交电子版运输合同书。

情境实训二　学习快递派送业务

一、实训目的

了解快递的起源与发展；掌握快递派送业务流程；掌握物流快递系统的运筹与规划；明确快递网点建设与管理；学会运用最短的路径进行快件派送。

二、实训步骤

（1）结合顺丰、宅急送等快递公司，参观学习快递企业的有关快递派送知识、快件的收寄流程及要求、快递的网络建设、快件的路线设计与派送等。
（2）让学生上网搜集快递派送企业的案例。
（3）通过上网搜索引擎查找有关内容，实训结束书写实验报告。

项目七　电子商务物流配送与运输管理

三、实训任务

（1）我国现在快递业的发展现状是怎样的？结合顺丰、宅急送等民营快递公司的创业史，你认为毕业后创业加入快递行业有没有发展前景。

（2）结合参观学习快递企业，你认为完整的快递派送作业流程是怎样的。

（3）我国快递禁运物品和限运物品有哪些？请上网将禁运物品的标志下载并学习应用，快递服务人员面对顾客要寄递的物品是禁寄物品时，应怎样处理。

（4）到网上查找两个快递企业（国外的、国有的、民营的），看看它们分别提供哪些方面的服务。

（5）快递服务人员应具备怎样的素质。

情境实训三　危险品运输

一、实训目的

掌握危险品的种类和性质；掌握各种危险品在装卸过程中应注意的问题；掌握运输危险品的设施和设备的特点；了解危险品在运输过程中应注意的事项。

二、实训步骤

（1）教师通过案例和视频讲解危险品的种类和性质，及在装卸搬运过程中应注意的事项。

（2）装运危险物品应有固定的车辆和专业驾驶员、押运员、装卸工，驾驶证、押运证、准运证等要齐全；行驶中要按照指定的路线，不得在繁华闹市中行驶、停靠。

（3）要做好危险品装运车辆的日常维护、保养、检测，防止痛车投入营运。保证车辆状况符合安全要求，尤其是安全防护装置必须保持良好性能，做到有遮阳、防雨、防散失设备或用具，排气管装有有效的隔热和熄灭火星的装置，电路系统应有切断总电源和隔离电火花的装置，车上应悬挂黄底黑字"危险品"字样的旗号。

（4）运输过易燃易爆危化品的车辆，再装其他危化品前，必须彻底清扫洗刷干净。清洗时要在安全的地方，严禁明火，使用安全洗刷工具，残渣残液和废水不得随意排放，要安全妥善处理。

（5）装运货物前应严格检查，特别是要检查各种容器的腐蚀情况，各种卸压阀、紧急切断装置、遮阳物及消静电等装置是否失灵、损坏。对包装不牢、破损或品名标签、标志不明显的易燃、易爆、剧毒危化品和不符合安全要求的罐体及没有瓶帽的气体钢瓶等，不得装运。

（6）装卸场地必须平坦畅通，夜间装车条件要好；严禁野蛮装卸；装卸危化品货物时车辆发动机应灭火；装卸工人应注意防护和穿戴必要的防护用品，必须轻装轻卸，使用不发生火花的工具；吊装设备必须牢靠，防止拖拉、滚翻、震动、摔倒、重压、摩擦。

三、实训任务

（1）到企业或是网上学习危险品的种类并下载图片，并说明各种危险品的性质及用途。

（2）各种危险品在装卸和搬运过程应注意的事项分别是什么？

项目八

跨境电子商务与国际物流管理

项目说明

跨境电子商务作为推动经济一体化、贸易全球化的技术基础,不仅冲破了国家间的障碍,使国际贸易走向无国界贸易,同时推动国际物流的快速发展。通过本项目的学习,使学生熟悉跨境电子商务物流模式的类型及特点;掌握国际货运中转业务管理步骤,熟悉国际多式联运及其业务管理;了解国际物流通道、一带一路物流业发展等;具有签订国际集装箱合同的能力,具有集装箱空箱调运管理的能力;具有班轮货运与代理人业务管理的能力;具有国际多式联运管理的能力;掌握国际货运保险知识,具有转移国际物流风险的意识。

导入案例

美国联邦快递(FedEx)

联邦快递在1971年由前美国海军陆战队队员Frederick W. Smith在阿肯色州小石城创立,是一家国际性速递集团,提供隔夜快递、地面快递、重型货物运送、文件复印及物流服务,总部设于美国田纳西州,隶属于美国联邦快递集团(FedEx Corp)。联邦快递开创了一个崭新的行业——隔夜快递,它是全球最大快递企业,业务遍及全球211个国家,拥有超过660架货机及约9.5万辆货车,并且在全球聘用超过21.5万名员工和独立承包商,每天平均处理500万件货件。

2014年12月16日,美国联邦快递公司同意收购逆向物流公司Genco。这表示联邦快递向电子商务领域大举进军。联邦快递设有环球航空及陆运网络,通常只需一至两个工作日,就能迅速运送时限紧迫的货件,而且确保准时送达。联邦快递为顾客和企业提供涵盖运输、电子商务和商业运作等一系列的全面服务。联邦快递集团通过相互竞争和协调管理的运营模式,提供了一套综合的商务应用解决方案。

美国联邦快递是较早看准中国这个庞大市场的外资公司之一,它于1984年进入中国。联邦快递发展迅速,一年一个台阶,取得了骄人的业绩,创造了诸多世界之最:当初的每周两次变为现在每周有11个班机进出中国,是拥有直飞中国航班数目最多的国际快递公司;快递服务城市发展到220多个;联邦快递与天津大田集团在北京成立合资企业大田—联邦快递有限公司后,进一步推动了中国快递业务的发展。联邦快递亚太转运中心一期工程于2016

项目八　跨境电子商务与国际物流管理

年 1 月 16 日在广州花都区花东镇奠基动工。联邦快递是第一个在中国设立洲际转运中心的跨国货运巨头。

任务驱动：通过以上案例导入如下任务。

（1）结合美国 FedEx 的案例说说什么是国际物流。国际物流和国内物流比较有什么特点？

（2）跨境物流模式有哪些？分别有什么特点？

（3）跨境货物运输方式有哪些？分别有什么特点？

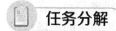

任务一　跨境电子商务与国际物流概述

一、跨境电子商务

（一）跨境电子商务的概念

跨境电子商务是指分属不同关境的交易主体，通过电子商务平台达成交易、进行支付结算，并通过跨境物流送达商品、完成交易的一种国际商业活动。

跨境电子商务是基于网络发展起来的，网络空间相对于物理空间来说是一个新空间，是一个由网址和密码组成的虚拟但客观存在的世界。网络空间独特的价值标准和行为模式深刻地影响着跨境电子商务，使其不同于传统的交易方式而呈现出自己的特点。

1999 年阿里巴巴实现用互联网连接中国供应商与海外买家后，中国对外出口贸易就实现了互联网化。实现从信息服务到在线交易全产业链服务的跨境电子产业转型。我国跨境电子商务主要分为 B2B 和 B2C 的贸易模式。

B2B 模式下主要以电商平台对接境内外商户，为境内外会员商户提供网络营销平台，传递供应商或采购商等合作伙伴的商品或服务信息，并最终帮助双方完成交易。盈利模式一般是收取会员费/营销推广费或者交易佣金。代表企业有阿里巴巴、环球市场、敦煌网、大龙网、易唐网、东方机械网等。

B2C 模式下，我国企业直接面对国外消费者，以销售个人消费品为主，物流方面主要采用航空小包、邮寄、快递等方式，其报关主体是邮政或快递公司。

跨境电商分为出口跨境电子商务和进口跨境电子商务。

中国出口跨境电商平台主要包括阿里巴巴国际站、生意宝 Toocle3.0、环球资源、中国制造网、大龙网、敦煌网、全球速卖通、eBay、亚马逊、Wish、兰亭集势、DX、米兰网、跨境通、百事泰、傲基国际、执御、小笨鸟等。

中国进口跨境电商平台主要包括淘宝全球购、网易考拉海购、洋码头、小红书、唯品国际、丰趣海淘、天猫国际、宝贝格子、苏宁海外购、聚美优品、京东全球购、亚马逊海外购、1 号店全球进口、国美海外购、蜜芽、美囤妈妈等。

189

（二）我国跨境电子商务的发展

1. 1999—2003 年主要是网上展示、线下交易的外贸信息服务模式

跨境电子商务这一阶段第三方平台的主要功能是为企业信息以及产品提供网络展示平台，并不在网络上涉及任何交易环节。此时的盈利模式主要是通过向进行信息展示的企业收取会员费（如年服务费），逐渐衍生出竞价推广、咨询服务等为供应商提供的一条龙信息流增值服务。

在跨境电子商务第一阶段中，阿里巴巴国际站、环球资源网为典型的代表平台。在此期间还出现了中国制造网、韩国 EC21 网、Kellysearch 等大量以供需信息交易为主的跨境电子商务平台。这一阶段虽然通过互联网解决了中国贸易信息面向世界买家的难题，但是依然无法完成在线交易，对于外贸电商产业链的整合仅完成信息流整合环节。

2. 2004—2012 年是线下交易、支付、物流等流程实现电子化，逐步实现在线交易平台

2004 年，跨境电子商务第二阶段来临。这个阶段的跨境电子商务平台开始摆脱纯信息黄页的展示行为，体现电子商务的本质，借助于电子商务平台，通过服务、资源整合，有效打通上下游供应链，包括 B2B（平台对企业小额交易）和 B2C（平台对用户）两种平台模式。B2B 平台模式为跨境电商主流模式，通过直接对接中小企业商户实现产业链的进一步缩短，提升商品销售利润空间。

在跨境电子商务第二阶段，第三方平台实现了营收的多元化，同时实现后向收费模式，将"会员收费"改以收取"交易佣金"为主，即按成交效果来收取百分点佣金。同时还通过平台上营销推广、支付服务、物流服务等获得增值收益。

3. 2013 年至今跨境电子商务平台承载能力更强，全产业链服务在线化

2013 年成为跨境电子商务重要转型年，跨境电子商务全产业链都出现了商业模式的变化，主要卖家群体正处于从传统外贸业务向跨境电子商务业务艰难转型期，生产模式由大生产线向柔性制造转变，对代运营和产业链配套服务需求较高。主要平台模式也由 C2C、B2C 向 B2B、M2B 模式转变，批发商买家的中大额交易成为平台主要订单。随着跨境电子商务的转型，跨境电子商务具有五大特征：具有大型工厂上线、B 类买家成规模、中大额订单比例提升、大型服务商加入、移动用户量爆发。

在跨境电子商务第三阶段，用户群体由草根创业向工厂、外贸公司转变，且具有极强的生产设计管理能力。平台销售产品由网商、二手货源向一手货源好产品转变，服务全面升级，平台承载能力更强，全产业链服务在线化也是这一时代的重要特征。

（三）跨境电子商务特征

1. 全球性

网络是一个没有边界的媒介体，具有全球性和非中心化的特征。电子商务与传统的交易方式相比，其一个重要特点在于电子商务是一种无边界交易，丧失了传统交易所具有的地理因素。互联网用户不用跨越国界就可以把产品尤其是高附加值产品和服务提交到市场。

网络的全球性特征带来的积极影响是信息最大程度的共享，任何人只要具备了一定的技术手段，在任何时候、任何地方都可以让信息进入网络，相互联系进行交易。

消极影响是用户必须面对因文化、政治和法律的不同而产生的风险。

2. 无形性

电子商务是数字化传输活动的一种特殊形式,其无形性的特性使得税务机关很难控制和检查销售商的交易活动,税务机关面对的交易记录都体现为数据代码的形式,使得税务核查员无法准确地计算销售所得和利润所得,从而给税收带来困难。

数字化产品和服务基于数字传输活动的特性也必然具有无形性,传统交易以实物交易为主,而在电子商务中,无形产品却可以替代实物成为交易的对象。

以书籍为例,传统的纸质书籍,其排版、印刷、销售和购买被看作是产品的生产、销售。然而在电子商务交易中,消费者只要购买网上的数据权便可以使用书中的知识和信息。而如何界定该交易的性质、如何监督、如何征税等一系列的问题却给税务和法律部门带来了新的挑战。

3. 匿名性

由于跨境电子商务的非中心化和全球性的特性,很难识别电子商务用户的身份和其所处的地理位置。在线交易的消费者往往不显示自己的真实身份和自己的地理位置,重要的是这丝毫不影响交易的进行,网络的匿名性也允许消费者这样做。

在虚拟社会里,隐匿身份的便利迅即导致自由与责任的不对称,人们在这里可以享受最大的自由,却只承担最小的责任,甚至干脆逃避责任。

电子商务交易的匿名性导致了逃避税现象的恶化,网络的发展,降低了避税成本,使电子商务避税更轻松易行。

4. 即时性

传统交易模式,信息交流方式如信函、电报、传真等,在信息的发送与接收间有地理距离,存在着长短不同的时间差。

而对于网络而言,传输的速度和地理距离无关。电子商务中的信息交流,无论实际时空距离远近,一方发送信息与另一方接收信息几乎是同时的,就如同生活中面对面交谈。某些数字化产品(如音像制品、软件等)的交易,还可以即时清结,订货、付款、交货都可以在瞬间完成。

电子商务交易的即时性提高了人们交往和交易的效率,免去了传统交易中的中介环节,但也隐藏了法律危机。在税收领域表现为:电子商务交易的即时性往往会导致交易活动的随意性,电子商务主体的交易活动可能随时开始、随时终止、随时变动,这就使得税务机关难以掌握交易双方的具体交易情况,不仅使得税收的源泉扣缴的控管手段失灵,而且客观上促成了纳税人不遵从税法的随意性。

5. 无纸化

在电子商务中,电子计算机通信记录取代了一系列的纸面交易文件。无纸化带来的积极影响是使信息传递摆脱了纸张的限制,但由于传统法律的许多规范是以规范"有纸交易"为出发点的,因此,无纸化带来了一定程度上法律的混乱,如合同成立的时间。

电子商务以数字合同、数字时间取代了传统贸易中的书面合同、结算票据,削弱了税务当局获取跨国纳税人经营状况和财务信息的能力,且电子商务所采用的其他保密措施也将增加税务机关掌握纳税人财务信息的难度。在某些交易无据可查的情形下,跨国纳税人的申报额将会大大降低,应纳税所得额和所征税款都将少于实际所达到的数量,从而引起征税国国际税收流失。

6. 快速演进

互联网是一个新生事物,基于互联网的电子商务活动也处在瞬息万变的过程中,不断地改变着人类的生活。

同时,税法制定者必须考虑的问题是网络,各国为维护社会的稳定,都会注意保持法律的持续性与稳定性,税收法律也不例外。跨国电子商务在税法制度等方面必然会在电子商务贸易中漏洞百出。

跨境电子商务作为推动经济一体化、贸易全球化的技术基础,具有非常重要的战略意义。跨境电子商务不仅冲破了国家间的障碍,使国际贸易走向无国界贸易,同时它也正在引起世界经济贸易的巨大变革。

对企业来说,跨境电子商务构建的开放、多维、立体的多边经贸合作模式,极大地拓宽了进入国际市场的路径,大大促进了多边资源的优化配置与企业间的互利共赢;对于消费者来说,跨境电子商务使他们非常容易地获取其他国家的信息并买到物美价廉的商品。

(四)跨境电子商务模式

1. 海外代购平台

海外代购平台的运营重点在于尽可能多地吸引符合要求的第三方卖家入驻,不会深度涉入采购、销售以及跨境物流环节。入驻平台的卖家一般都是有海外采购能力或者跨境贸易能力的小商家或个人,他们会定期或根据消费者订单集中采购特定商品,在收到消费者订单后再通过转运或直邮模式将商品发往中国。海外代购平台走的是典型的跨境 C2C 平台路线。代购平台通过向入驻卖家收取入场费、交易费、增值服务费等获取利润。典型代表企业包括淘宝全球购、京东海外购、易趣全球集市、美国购物网。

优势:为消费者提供了较为丰富的海外产品品类选项,用户流量较大。

劣势:消费者对于入驻商户的真实资质报以怀疑的态度,交易信用环节可能是 C2C 海外代购平台目前最需要解决的问题之一;对跨境供应链的涉入较浅,或难以建立充分的竞争优势。

2. 直发/直运平台模式

直发/直运平台模式又被称为 Dropshipping 模式。在这一模式下,电商平台将接收到的消费者订单信息发给批发商或厂商,后者则按照订单信息以零售的形式对消费者发送货物。由于供货商是品牌商、批发商或厂商,直发/直运平台的部分利润来自于商品零售价和批发价之间的差额。对跨境供应链的涉入较深,后续发展潜力较大,因此直发/直运是一种典型的 B2C 模式。典型代表企业包括天猫国际(综合)、洋码头(北美)、跨境通(上海自贸区)、苏宁全球购(意向中)、海豚村(欧洲)、一帆海购网(日本)、走秀网(全球时尚百货)。

优势:直发/直运模式在寻找供货商时是与可靠的海外供应商直接谈判签订跨境零售供货协议的;为了解决跨境物流环节的问题,这类电商会选择自建国际物流系统(如洋码头)或者和特定国家的邮政、物流系统达成战略合作关系(如天猫国际)。

劣势:招商缓慢,前期流量相对不足;前期所需资金体量较大。

3. 自营 B2C 模式

在自营 B2C 模式下,大多数商品都需要平台自己备货,因此这应该是所有模式里最重的一类。自营 B2C 模式分为综合型自营和垂直型自营两类。

（1）综合型自营跨境 B2C 平台。综合性自营跨境 B2C 平台只有亚马逊和 1 号店。近期，亚马逊和 1 号店先后宣布落户上海自贸区开展进口电商业务。它们所出售的商品将以保税进口或者海外直邮的方式入境。典型企业包括亚马逊、1 号店的"1 号海购"。

优势：跨境供应链管理能力强，有强势的供应商管理和较为完善的跨境物流解决方案；后备资金充裕。

劣势：业务发展会受到行业政策变动的显著影响。

（2）垂直型自营跨境 B2C 平台。垂直是指平台在选择自营品类时会集中于某个特定的范畴，如食品、奢侈品、化妆品、服饰等。典型企业包括中粮我买网（食品）、蜜芽宝贝（母婴）、寺库网（奢侈品）、莎莎网（化妆品）、草莓网（化妆品）。

优势：供应商管理能力相对较强。

劣势：前期需要较大的资金支持。

4. 导购/返利平台模式

导购/返利平台模式是一种比较轻的电商模式，可以分两部分来理解：引流部分+商品交易部分。引流是指通过导购资讯、商品比价、海购社区论坛、海购博客以及用户返利来吸引用户流量；商品交易是指消费者通过站内链接到海外 B2C 电商或者海外代购者提交订单实现跨境购物。为了提升商品品类的丰富度和货源的充裕度，这类平台通常会搭配海外 C2C 代购模式。因此，从交易关系来看，这种模式可以理解为海淘 B2C 模式+代购 C2C 模式的综合体。

在典型情况下，导购/返利平台会把自己的页面与海外 B2C 电商的商品销售页面进行对接，一旦产生销售，B2C 电商就会给予导购平台 5%～15%的返点。导购平台则把其所获返点中的一部分作为返利回馈给消费者。典型企业包括 55 海淘、一淘网（阿里旗下）、极客海淘网、海淘城、海淘居、海猫季、Extrabux、悠悠海淘、什么值得买、美国便宜货。

优势：定位于对信息流的整合，模式较轻，较容易开展业务。引流部分可以在较短时期内为平台吸引到不少海购用户，可以比较好地理解消费者的前端需求。

劣势：长期而言，把规模做大的不确定性比较大。对跨境供应链把控较弱；进入门槛低，玩家多，相对缺乏竞争优势，若无法尽快达到一定的可持续流量规模，其后续发展可能比较难以维持下去。

5. 海外商品闪购模式

除了以上进口零售电商模式之外，海外商品闪购是一种相对独特的模式。由于海外商品闪购所面临的供应链环境比起境内更为复杂，因此在很长一段时间里，涉足海外商品闪购的玩家都处于小规模试水阶段。典型企业包括蜜淘网（原 CN 海淘）、天猫国际的环球闪购、1 号店的进口食品闪购活动、聚美优品海外购、宝宝树旗下的杨桃派、唯品会的海外直发专场。

优势：一旦确立行业地位，将会形成流量集中、货源集中的平台网络优势。

劣势：闪购模式对货源、物流的把控能力要求高；对前端用户引流、转化的能力要求高。任何一个环节的能力有所欠缺都可能以失败告终。

6. VR 购物模式

2016 年 4 月 1 日，淘宝推出全新购物方式 Buy+。Buy+使用 Virtual Reality（虚拟现实）

技术,利用计算机图形系统和辅助传感器,生成可交互的三维购物环境。Buy+将突破时间和空间的限制,真正实现各地商场随便逛、各类商品随便试。Buy+能够大大加码线上商品的真实感,甚至通过虚拟技术拥有实体店所没有的惊喜和体验。

(五)跨境电子商务支付模式

我国跨境电子商务支付模式有以下几种。

1. 银行电汇

作为最早出现的跨境贸易支付方式,电汇主要通过 SWIFT 电报协议进行国与国银行间的资金往来。相比其他支付方式,银行电汇过程烦琐,收费项较多,主要包括电报费、手续费、中转费、汇兑费等。

2. 银联国际

作为中国银联子公司,银联国际成员行主要来自国外,成员行主要以国际通用的 EMV 标准实现与中国银联的资金清结算。目前,银联国际主要侧重于境外线下 POS 机刷卡交易。

3. 国际卡组织

VISA、MASTER、JCB、AE、大莱是目前五大国际信用卡组织,其成员行遍布全球,包括大多数国内银行。国际信用卡组织交易类型分为两种:一类为线下 POS 机刷卡交易,另一类 Motor 方式通过在线网关突破地域限制,实现全球范围内收单及资金清结算。

4. 第三方跨境支付机构

第三方跨境支付机构特指获得互联网第三方支付许可及外汇支付许可的公司。但获得相应资质的支付机构具备银联卡交易、收单、支付、清结算能力,同时也能处理在线汇兑、国际清结算业务。在国外,跨境支付市场已初见端倪,Paypal,Payoneer 逐渐崭露头角。

二、跨境电子商务物流

(一)跨境电子商务物流的概念

跨境电子商务物流是指位于不同国家或地区的交易主体在跨境电子商务平台达成交易,通过跨境物流将商品送达消费者手中的一种商务活动。物流环节主要包含两大类的企业,一是综合物流服务商,提供一整套的跨境物流服务,涵盖海外物流仓储、通关、国内物流仓储等所有环节,如出口贸易;二是一般物流服务商,特指提供跨境物流中快递环节的企业。

全球网络经济的发展,特别是跨境电子商务的发展,不仅缩短了交易时间,加快了交易速度,而且大大降低了交易成本。特别是跨境电子商务物流,其是一种具有高度关联性的产业,集资金流、信息流于一体,形成规模便具备稳定增长的特性,可以提高国民经济总体质量和抗御危机的能力。世界各国开始认识到国际物流是继降低原材料消耗和节约劳动消耗两大利润源之后的第三大利润源,其重大效益价值是绝不可低估的,为国际企业带来新的价值增殖,成为全球化背景下的第三利润源泉。

（二）跨境电子商务物流的特点

跨境电子商务交易主体的双边性，使得跨境电商物流不仅流程复杂，需要多个传统物流商合作完成，而且跨境物流涉及两国海关，需要清关代理公司。交易商品通过国际段运输到达消费者所在国，并在海关和检验检疫部门的监督下完成清关，清关完成后，通过国内段运输送达消费者手中。

1. 跨境电子商务物流必须有国际化信息系统的支持

国际物流向信息化、自动化、网络化、智能化、柔性化、标准化方向发展，特别是建立技术先进的信息网络系统成为发展现代国际物流的关键。发展信息网络技术必须加强电信基础设施建设，在电信领域导入自由竞争，通过产生大量增置网企业，提高基础传输网络的规模总量、技术性能和服务水平，以发展高效、安全的现代化通信体系。

国际物流信息系统较好的建立办法是和各国海关的公共信息系统联机，以及时掌握有关各个港口、机场和联运路线、站场的实际状况，为供应或销售物流决策提供支持。

2. 物流系统涉及的范围广，物流环境复杂

国际物流本身的功能要素、系统与外界的沟通已经是很复杂，再加上在这复杂系统上增加不同国家的要素，这不仅是地域的广阔和空间的广阔，而且所涉及的内外因素更多，所需的时间更长，广阔范围带来的直接后果是难度和复杂性增加，风险增大。

国际物流的一个非常重要的特点是各国物流环境的差异，尤其是物流软环境的差异。不同国家的不同物流适用法律使国际物流的复杂性远高于一国的国内物流，甚至会阻断国际物流；不同国家不同经济和科技发展水平会造成国际物流处于不同科技条件的支撑下，甚至有些地区根本无法应用某些技术而迫使国际物流全系统水平的下降；不同国家不同标准，也造成国际间"接轨"的困难，因而使国际物流系统难以建立；不同国家的风俗人文也使国际物流受到很大局限。由于物流环境的差异迫使一个国际物流系统需要在几个不同法律、人文、习俗、语言、科技、设施的环境下运行，无疑会大大增加物流的难度和系统的复杂性。

3. 物流作业渠道长、环节多

跨境物流涉及多个国家和地区，其地理范围广大，运输需跨越海洋和大陆，运输距离长，需用多种运输方式衔接运送，所以，物流作业的渠道长、环节多，这就需要合理地选择运输路线和运输方式，尽量缩短运输距离，缩短货物在途时间，加速货物的周转，降低物流成本。

4. 跨境电子商务物流的标准化要求较高

要使国际间物流畅通起来，统一标准是非常重要的。美国、欧洲基本实现了物流工具、设施的统一标准，如托盘采用1 000毫米×1 200毫米，集装箱的统一规格及条码技术等，这样一来，大大降低了物流费用，降低了转运的难度。国际物流标准不统一，必然在转运、换车底等许多方面多耗费时间和费用，从而降低其国际竞争能力。

在物流信息传递技术方面，欧洲各国不仅实现了企业内部的标准化，而且实现了企业之间及欧洲统一市场的标准化，这就使得欧洲各国之间的系统比其与亚、非洲国家的交流更简单、更有效。

5. 跨境电子商务物流的风险大

跨境电子商务涉及跨国交易，无法回避当地的政治、知识产权、区域习惯、政策变化等因素。乌克兰政变、越南政局动荡、巴西高赋税高福利、伊斯兰国家宗教信仰、东南亚排外政策和地方保护主义等诸多因素，对中国跨境电子商务物流都会产生较深的影响。

跨境贸易涉及汇率兑换的问题。当一国货币贬值或升值时，税率就会发生变化，从而间接导致跨境电子商务利润的缩减。以卢布为例，自 2013 年起，卢布对美元和人民币的汇率下降，货币持续贬值。中国跨境电子商务在网上交易时用卢布结算，回款却是人民币，因为卢布的持续贬值，导致从事对俄业务的中国跨境电子商务利润下滑。

6. 跨境电子商务的运输及配送周期长，物流成本高

跨境电子商务最大的抱怨集中在物流方面，而物流周期长又是客户抱怨的重点。跨境贸易自身的特点使得物流的产业链和环节更长，加上清关和商检的周期，导致中国跨境电子商务物流周期要远远长于国内电子商务物流。

在跨境物流上，运输与配送时间问题突出，短则半个月一个月，长则数个月，遇到购物旺季，如圣诞节，物流时间会更长。许多电商止步于物流配送，加上清关和商检的时间，跨境物流的长周期已成为制约中国跨境电子商务发展的一道屏障。

物流成本一般为总成本的 30%～40%，但是中国跨境电子商务的物流成本更高。由于涉及跨境贸易和跨境物流，物流的产业链和环节更长，包括国内物流、国内海关、国际运输、国外海关、国外物流等多个环节，尤其是海关和商检，操作难度和风险更高，无形中增加了中国跨境电子商务的物流成本。

三、跨境货物运输方式

（一）国际陆路输送

陆路输送是指陆地相邻国家，使用火车和卡车完成的进出口货物的物流方式。有时，在多式联运过程中，托运人分别与铁路公司、汽车公司或支线轮船公司签订运输合同中的陆地运输部分，也可称为陆路输送。陆路输送主要包括以下内容。

1. 国际铁路货物联运

国际铁路货物联运是指在两个或两个以上国家铁路运送中，使用一份运送单据，办理货物的全程运送，在由一国铁路向另一国铁路移交货物时，无须发、收货人参加。

2. 国际公路货物运输

国际公路货物运输是指国际货物借助一定的运载工具，沿着公路跨及两个或两个以上国家或地区的移动过程。

（二）国际海洋输送

国际贸易大部分的货物是通过海上运送完成的，运输工具主要是各种船舶。

1. 班轮运输方式

班轮运输又称"提单运输"，是指托运人将一定数量的货物交由作为承运人的轮船公司，轮船公司按固定航线，沿线停靠固定的港口，按固定船期、固定运费所进行的国际海上货物运输。班轮运输多用于运输量少、货价高、交接港分散的货物，是海上货物运输中使用最为广泛的一种方式。轮船公司或其代理人在接受交付托运的货物后签发提单，提单是班轮运输合同的形式和证据。

2. 租船运输方式

租船运输又称不定期船运输，是相对于班轮运输即定期船运输而言的另一种远洋船舶营运方式。它和班轮运输不同，没有预制定的船期表，没有固定的航线，停靠港口也不固定，无固定的费率本。船舶的营运是根据船舶所有人与需要船舶运输的货主双方事先签订的租船合同来安排的。

（三）国际航空输送

在国际物流中，航运货物在物流量中占的比重最大，因而国际航运被认为是国际物流最主要的输送方式。贵重和数量小的货物为了争取时效往往可采用专门的运输机或普通客机搭乘方式完成航空运货。国际航空货物运输的经营方式有以下几种。

1. 班机运输方式

班机运输指具有固定开航时间、航线和停靠航站的飞机。通常为客货混合型飞机，货舱容量较小，运价较贵，但由于航期固定，有利于客户安排鲜活商品或急需商品的运送。由于班机运输有固定的航线、挂靠港、固定的航期，并在一定时间内有相对固定的收费标准，对进出口商来讲可以在贸易合同签署之前预期货物的起运和到达时间，核算运费成本，合同的履行也较有保障，因此成为多数贸易商的首选航空货运形式。

2. 包机运输方式

包机运输是指航空公司按照约定的条件和费率，将整架飞机租给一个或若干个包机人（包机人指发货人或航空货运代理公司），从一个或几个航空站装运货物至指定目的地。包机运输适合于大宗货物运输，费率低于班机，但运送时间比班机要长些。

（四）国际多式联运

国际多式联运是指根据一个多式联运合同，采用两种或两种以上的运输方式，由多式联运经营人把货物从一个国家境内发货地运至另一个国家境内指定的交货地点。

国际多式联运由多式联运经营人承担或组织完成全线联运任务，签订一个运输合同，对全程负责，采用一次托运、一次付费、一单到底、统一理赔的运输业务方法，是一种极大地便利货主的运输组织形式，大大提高了运输效率，降低了运输成本；其组织形式能使各种运输方式达到最佳的组合和衔接，提高了货运速度，使国际货物快速送达世界每个指定的收货点，从而提高了外贸商品在国际市场的竞争力。国际多式联运的形式主要有以下几种。

1. 海空联运

海空联运方式始于 20 世纪 60 年代初，将远东船运至美国西海岸的货物，再通过航空运至美国内陆地区或美国东海岸，从而出现了海空联运。采用这种运输方式，运输距离越远，采用海空联运的优越性就越大，因为同完全采用海运相比，其运输时间更短；同直接采用空运相比，其费率更低。因此，从远东出发将欧洲、中南美以及非洲作为海空联运的主要市场是合适的。国际海空联运线主要有以下几种。

（1）远东—欧洲。远东与欧洲间的航线有以温哥华、西雅图、洛杉矶为中转地，也有以香港、曼谷为中转地，此外还有以旧金山、新加坡为中转地。

（2）远东—中南美。远东至中南美的海空联运发展较快，因为此处港口和内陆运输不稳定，所以对海空运输的需求很大。该联运线以迈阿密、洛杉矶、温哥华为中转地。

（3）远东—中近东、非洲、澳洲。这是以香港、曼谷为中转地至中近东、非洲的运输服务。在特殊情况下，还有经马赛至非洲、经曼谷至印度、经香港至澳洲等联运线，但这些线路的货运量较小。

2. 海陆海联运

海陆海联运中的运输线被形象地比喻为大陆桥。陆桥是指以铁路为主体，以集装箱为媒介，海运、公路、内河、航空等多种方式相结合，横跨洲际大陆，实行海陆衔接的国际联运，又称国际铁路集装箱运输。陆桥运输具有铁路运输速度快、货运量大、安全可靠、受气候条件影响小和高度的连续性等特点，又兼有集装箱运输的装卸速度快、保证货物安全、节省包装材料和减少货物损失等优点。陆桥类型有以下类型。

（1）大陆桥运输。大陆桥运输是用横贯大陆的铁路公路运输系统为中间桥梁，把大陆两端的海洋连接起来的运输方式，是海—陆—海形式。主要的大陆桥有北美大陆桥、西伯利亚大陆桥、新亚欧大陆桥。

（2）小陆桥运输。小陆桥运输也就是比大陆桥的海—陆—海形式缩短一段海上运输，成为海—陆或陆—海形式。

（3）微桥运输。微桥运输比小陆桥更短一段。由于没有通过整条陆桥，而只利用了部分陆桥，故又称半陆桥运输，是指海运加一段从海港到内陆城乡的陆上运输或相反方向的运输形式。微型桥运输近年来发展非常迅速，北美大陆桥是世界上历史最悠久、影响最大、服务范围最广的大陆桥，据统计从远东到北美东海岸的50%以上是采用双层列车进行运输的，因为这种运输方式比全程水运快1～2周。

我国国境的新亚欧大陆桥也于1990年正式贯通。东起我国连云港，西到荷兰鹿特丹港，横跨亚欧两大洲，连通太平洋和大西洋。在中国境内4 131千米，全长10 800千米，比西伯利亚大陆桥缩短2 000千米，节约运费约30%，与海运比较可节约运输时间60%左右。对我国西部地区大开发也是非常重要的通道。

（五）邮购输送

邮政邮购是邮政部门利用网络优势和信誉优势，通过邮政传递的渠道，为厂商销售商品、为客户购买商品的一种服务方式。邮购主要以航空运输、陆路运输为主。邮政邮购的特点有。

（1）在不搞大投入的情况下，充分利用邮政企业现有富余能力和资源，积极从事力所能及的邮政邮购业务，至少能为邮政主业起到拾遗补缺的作用。

（2）邮政的三网优势在邮购业务上体现得最为突出，邮政邮购比较容易同电子商务对接，向电子邮政过渡是邮政今后的发展方向。

（3）经营范围扩展比较方便，邮购所需要的直递运输、投递服务、信息服务、包裹、信函、广告、汇款等都不同程度地开办，所以，邮政企业比较容易涉足此项业务。

（4）充分利用中国邮政这一宝贵的无形资产和邮政企业长期以来在广大群众中树立起来的良好形象，以及为广大的中国老百姓提供的优质高效的邮政服务，作为促进邮政邮购业务发展的重要法宝和保证。

（六）国际管道输送

国际管道输送是在国家之间长距离输送液体和气体物资的输方式，除用于石油、天然气的长距离运输外，还可运输矿石、煤炭、建材、化学品和粮食等。管道运输不仅运输量大、连续、迅速、经济、安全、可靠、平稳以及投资少、占地少、费用低，并可实现自动控制。管道运输可省去水运或陆运的中转环节，缩短运输周期，降低运输成本，提高运输效率。

任务二　跨境电子商务物流模式

一、跨境电子商务物流模式的类型

（一）邮政包裹

邮政模式主要是国内外的邮政和国际快递公司（如中国邮政、UPS、FedEx 和 DHL）。邮政网络基本覆盖全球，比其他任何物流渠道都要广，这主要得益于万国邮政联盟和卡哈拉邮政组织（KPG）。

万国邮政联盟是联合国下设的一个关于国际邮政事务的专门机构，通过一些公约法规来改善国际邮政业务，发展邮政方面的国际合作。万国邮政联盟由于会员众多，而且会员国之间的邮政系统发展很不平衡，因此很难促成会员国之间的深度邮政合作。中国出口跨境电子商务 70%的包裹都是通过邮政系统投递的，其中中国邮政占据 50%左右。中国卖家使用的其他邮政包括香港邮政、新加坡邮政、德国邮政、荷兰邮政、比利时邮政等等，不过外邮模式大部分并不是直接同其邮政公司对接，而是通过中间的货代运作。

1. 邮政包裹的特点

网络最广、价格便宜、时效较长、处理量大、中邮外邮选择较多。

2. 邮政包裹的适用范围

邮政包裹适用于普遍的 B2C 模式，在 eBay/Wish/速卖通等平台的物流模式中具有核心地位，但一般情况亚马逊平台除了少量试推广产品会用到外，其余较少使用，而自建直营网站模式中，根据产品特点不同，也有其使用的范围。

（二）国际快递

国际快递指三大商业快递巨头，即 DHL（敦豪速递）、FEDEX（联邦快递）和 UPS（美国联合包裹）。这些国际快递商通过自建的全球网络，利用强大的 IT 系统和遍布世界各地的本地化服务，为网购中国产品的海外用户带来极好的物流体验。例如，通过 UPS 寄送到美国的包裹，最快可在 48 小时内到达。然而，优质的服务伴随着昂贵的价格，一般中国商户只有在客户时效性要求很强的情况下，才使用国际商业快递来派送商品。国际快递的服务模式为门到门的包裹递送服务，适用于 B2C 模式，如 eBay、Wish、速卖通等可以直接将产品发送至买家手上的模式，同时也适用于亚马逊 FBA 头程。当然如果在亚马逊平台运营时，不使用其 FBA 服务，也可以使用快递模式安排配送发货，另外自建直营的电商网站也适用此模式。国际快递的特点如下。

（1）运输速度快。

（2）跟踪信息更新及时准确、全程化，各平台均认可。

（3）运费价格相对较高，性价比最好。

适用范围：综合国际快递模式的特点，如在产品单品的售价较高、利润空间较大、体积不大、预提升买家的购物体验方面入手，则国际快递不失为最好的选择。而亚马逊 FBA 模式中，如货物的入仓上架时效要求过于紧急，或刚开始运营时订单数量不多时，则国际快递是必然的选择。

需要注意的是，虽然国际快递的服务模式为门到门的递送服务，但涉及进出口清关环节，仍然需要出口商和进口商有相应的进出口贸易资质，国际快递公司才会提供配合清关的工作。而如果没有相应的资质，则国际快递公司不会提供附加的清关服务。

国际快递现状：大部分的电商在国外是没有"进口商"的，有的产品需要直接发给买家，有的需要提前送入海外仓或 FBA（是亚马逊提供的代发货业务出租）仓，总之并没有实体办公的进口商作为清关主体。这时候要使用快递服务，要么提前安排好进口商，要么选择快递公司的 DDP（税后交货的贸易术语）服务，要么将单票货物的数量、申报价值、重量等控制在非正式报关要求的限制条件之内，不然贸然地将货物发出去，很容易造成扣关退货，那就得不偿失了。

同时，由于三大快递公司的历史原因，中国市场上一直存在大量的所谓"代理"公司，提供转手的快递服务，其服务水平参差不齐，但有时价格会低于官方快递的折扣。

（三）国内快递

国内快递主要指 EMS、顺丰和"四通一达"，在跨境物流方面，"四通一达"中申通、圆通布局较早，但也是近期才发力拓展，比如美国申通 2014 年 3 月上线，圆通也是 2014 年 4 月与 CJ 大韩通运展开合作，而中通、汇通、韵达则是刚刚开始启动跨境物流业务。顺丰的国际化业务则要成熟些，已经开通到美国、澳大利亚、韩国、日本、新加坡、马来西亚、泰国、越南等国家的快递服务，发往亚洲国家的快件一般 2～3 天可以送达。在国内快递中，EMS 的国际化业务是最完善的。依托邮政渠道，EMS 可以直达全球 60 多个国家，费用相对四大快递巨头要低，中国境内的出关能力很强，到达亚洲国家 2～3 天，到欧美则需要 5～7 天。

（四）海外专线

跨境专线物流一般是通过航空包舱方式运输到国外，再通过合作公司进行目的国的派送。专线物流的优势在于其能够集中大批量到某一特定国家或地区的货物，为电子商务提供"一站式"综合物流服务的模式。通过规模效应降低成本，其价格一般比商业快递低。在时效上，专线物流稍慢于商业快递，但比邮政包裹快很多。海外专线一般来说也是针对需求量大、热门的线路，实时出货不会带来产品过期、过季和库存积压等问题，可以视为跨境出口直通车。

市面上最普遍的专线物流产品是美国专线、欧洲专线、澳洲专线、俄罗斯专线等，也有不少物流公司推出了中东专线、南美专线、南非专线等。

传统物流模式中，空运和海运只做机场到机场和港口到港口的运输服务，至于目的国进口清关、离港配送等服务，基本由目的国的进口商匹配当地公司的服务完成。且传统物流是匹配传统 B2B 贸易的模式，由于传统贸易订单下产品数量、贸易合同条款、进口商资质等因素，空运和海运这种机场到机场和港口到港口的模式非常适合运营需要。

而在亚马逊这种电商平台兴起后，同时在出口电子商务卖家只能做到本地发货，目的国清关和配送无法对接的情况下，为了匹配亚马逊 FBA 模式的头程送仓物流配送需求，电子商务卖家普遍需要将上门提货、仓位预定、出口清关、空海运运输、目的国清关、机场港口配送至 FBA 仓库这些不同环节整合至一个物流公司"一站式"全部完成的物流服务模式，于是以空加派、海加派模式为主的综合物流模式应运而生。

（五）海外仓

海外仓模式是指跨境电商企业将商品由国内统一调配至海外的仓库，当接到当地消费者的网上订单之后，由境外物流公司直接从海外仓库取货并配送至用户手中的模式。海外仓模式主要包括以下三个部分。

（1）头程运输。中国商家通过海运、空运、陆运或者联运将商品运送至海外仓库。

（2）仓储管理。中国商家通过物流信息系统，远程操作海外仓储货物，实时管理库存。

（3）本地配送。海外仓储中心根据订单信息，通过当地邮政或快递将商品配送给客户。

海外仓模式的物流主体一般为跨境电商企业本身。海外仓模式下的跨境购物体验速度快、价格低，对于低值易耗品来说非常合适。本质上来说，仓库前置带来的缺点同样是库存风险。

二、我国的"一带一路"物流

（一）"一带一路"倡议的发起

2013 年习近平主席出访周边国家时提出"一带一路"倡议，2013 年 9 月 7 日，习近平主席在哈萨克斯坦纳扎尔巴耶夫大学演讲时表示：为了使各国经济联系更加紧密、相互合作更为深入、发展空间更为广阔，我们可以用创新的合作模式，共同建设丝绸之路经济带，以点带面、以线带片，逐渐形成区域大合作。

2013 年 10 月 3 日习近平主席在印尼国会发表演讲时表示：中国愿同东盟国家加强海上合作，使用好中国政府设立的"中国—东盟海上合作基金"，发展好海洋合作伙伴关系，共同建设"21 世纪海上丝绸之路"。

（二）"一带一路"倡议与物流的关系

物流行业是集金融、电子商务、货代、仓储、运输、互联网等多产业为一体的复合型服务业，是支撑我国国民经济发展的支柱性产业。我国是物流大国，铁路货物发送量、周转量、港口吞吐量、道路货运量、海港集装箱吞吐量、子商务市场规模、高速铁路和高速公路里程、航空货运量和快递量等都已居世界前列。

"一带一路"倡议是国家有意识、有准备地打造陆地和海上物流产业发展的战略，以形成陆、海、空三大物流通道，实现中国国际贸易长远的"一体两翼"（"一体"是中国的国际贸易为主体，"两翼"分别是"丝绸之路经济带"和"海上丝绸之路"），从而促进我国多种形态物流体系结构的形成与发展。

"一带一路"倡议是一项长期的系统性工程，物流对区域经济发展具有基础性、先导性和战略性作用。"一带一路"深化了与沿线国家的经贸、技术经济合作，并带动我国与周边国家接壤城市的经贸发展。国际贸易的增多与货物质量的提升势必会带来物流业的蓬勃发展，促进一波物流枢纽中心的形成。而发展好物流对"一带一路"的发展也会起到积极的带动作用，极大地促进"一带一路"的建设。

（三）"一带一路"倡议与物流产业的发展

1. "一带一路"倡议扩大了我国的物流市场

实施"一带一路"战略后，我国大力发展同战略合作国家之间的经济和贸易往来，必然会带来物流、人流等的大规模流动，物流需求会大幅增加；而全方位对外开放格局的形成和国际贸易的发展，又会进一步带动国内贸易和物流的发展。国内外物流需求的增加将为我国物流业发展提供巨大的市场机遇。

2. "一带一路"倡议完善物流基础设施

"一带一路"本身是一个物流战略设计，通过完善物流基础设施来促进经贸发展。我国物流业中长期发展战略中指出，要"完善和优化物流基础设施网络、组织网络、运营网络、信息网络和供应链网络；构建绿色物流和可持续供应链体系；应用最新信息技术，实现安全、高效、灵敏、实时、可控、可视、人性化的物流服务和供应链管理；通过创新，创造更多更好的价值来满足不断增长的经济社会发展需要"。这是改善我国物流条件、提高物流水平、增强国际竞争力的重大机遇。

3. 打通物流国际通道

我国应秉持开放的区域合作精神，与相关国家在各建设机制上形成衔接，强化境内通道与国际通道的衔接和匹配，优先保障战略重点方向上的通道及相关物流设施建设，以真正促进物流要素的有序自由流动、资源高效配置和市场深度融合，充分发挥不同的优势互补性，实现更大范围、更高水平、更深层次的国际合作，相互激发合作潜力和物流发展空间。以提高我国物流业在国际上的竞争力，扭转劣势局面。

4. 组建跨国物流企业集团，提高物流国际竞争力

不但要深化和沿线国家的物流合作，我国还应设立包括公路、铁路、航空、海运、国际快递等一批跨国企业，并实行多国入股，授权这些企业统一规划和运营该区域内的物流设施，并积极发展国际多式联运，大力推进物流标准化和贸易便利化。由于各国都有股份和利益，各国对这类跨国企业的警惕性和排斥感会降低，也会主动承担运输途中安全问题的保护，有利于这些企业开展业务，国际物流管理难度也会相应降低。

三、跨境电子商务物流模式的选择应注意的问题

（1）应该根据所售产品的特点（尺寸、安全性、通关便利性等）来选择合适的物流模式，

比如大件产品（如家具）不适合走邮政包裹渠道，而更适合海外仓模式。

（2）在淡旺季要灵活使用不同物流方式，例如在淡季时使用中邮小包降低物流成本，在旺季或者大型促销活动时期采用香港邮政或者新加坡邮政甚至比利时邮政来保证时效；最后，售前要向买家明确列明不同物流方式的特点，为买家提供多样化的物流选择，让买家根据实际需求来选择物流方式。

（3）由于电商平台特点需要（如eBay等平台）和卖家规模和实力发展需要，也催生出海外仓物流模式。海外仓模式是区分于亚马逊FBA模式头程综合物流以外的特殊模式。海外仓只是一个节点，海外仓物流模式更加需要综合空加派、海加派、头程快递、二程快递、二程邮政等各种物流模式。海外仓也分自建海外仓和第三方海外仓两种。

任务三　国际货物运输保险

一、国际货物运输保险的概念

国际货物运输保险，是以对外贸易货物运输过程中的各种货物作为保险标的的保险，是通过订立保险合同来实现的，保险单是保险合同存在的证明。保险合同一经订立，订约双方均应按照合同条件，亦即保险单中各项保险条款的规定来履行义务、享受权利。

二、国际货物运输保险的基本原则

（一）保险利益原则

保险利益指被保险人对保险标的所具有的合法的利害关系。投保人对保险标的应当具有保险利益，投保人对保险标的不具有保险利益的，保险合同无效。此原则可以使被保险人无法通过不具有保险利益的保险合同获得额外利益，以避免将保险合同变为赌博合同。保险利益可以表现为现有利益、期待利益或责任利益。

（二）最大诚实信用原则

最大诚实信用原则指国际货物运输保险合同的当事人应以诚实信用为基础订立和履行保险合同，主要体现在订立合同时的告知义务和在履行合同时的保证义务上。要求合同订立前，被保险人应当将其知道的或者在通常业务中应当知道的有关影响保险人据以确定保险费率或确定是否同意承保的重要情况如实告知保险人；被保险人故意未将重要情况如实告知保险人的，保险人有权解除合同，并不退还保险费。合同解除前发生保险事故造成损失的，保险人不负赔偿责任。

（三）损失补偿原则

损失补偿原则指在保险事故发生而使被保险人遭受损失时，保险人必须在责任范围内对被保险人所受的实际损失进行补偿。国际货物运输保险合同属于补偿性的财产保险合同，因此，在发生超额保险和重复保险的情况下，保险人只赔偿实际损失，因为保险的目的是补偿，而不能通过保险得利。

（四）近因原则

近因是指在风险和损失之间，导致损失的最直接、最有效、起决定作用的原则。近因原则是保险当事人处理保险案件，或法庭审理有关保险赔偿的诉讼案件时，在调查事件发生的起因和确定事件责任的归属所遵循的原则。按照近因原则，当保险人承保的风险事故是引起保险标的损失的近因时，保险人应负赔偿（给付）责任。

三、国际货物运输保险程序

在国际货物买卖过程中，由哪一方负责办理投保国际贸易运输保险，应根据买卖双方商订的价格条件来确定。例如，按 FOB 条件和 CFR 条件成交，即应由买方办理国际运输保险；若按 CIF 条件成交，就应由卖方办理国际运输保险。办理国际贸易运输保险的一般程序如下。

1. 确定投保国际运输保险的金额

投保金额是诸保险费的依据，又是货物发生损失后计算赔偿的依据。按照国际惯例，投保金额应按发票上的 CIF 的预期利润计算。但是，各国市场情况不尽相同，对进出口贸易的管理办法也各异。向中国人民保险公司办理进出口货物运输保险有按两种办法：一种是逐笔投保；另一种是按签订预约保险总合同办理。

2. 填写国际运输保险投保单

保险单是投保人向保险人提出投保的书面申请，其主要内容包括被保险人的姓名，被保险货物的品名、标记、数量及包装，保险金额，运输工具名称，开航日期及起讫地点，投保险别，投保日期及签章等。

3. 支付保险费，取得保险单

保险费按投保险别的保险费率计算。保险费率是根据不同的险别、不同的商品、不同的运输方式、不同的目的地，并参照国际上的费率水平而制订的。保险费分为"一般货物费率"和"指明货物加费费率"两种。前者是一般商品的费率，后者系指特别列明的货物（如某些易碎、易损商品）在一般费率的基础上另行加收的费率。

交付保险费后，投保人即可取得保险单。保险单实际上已构成投保人与保险人之间的保险契约，是投保人寻保险人的承保证明。在发生保险范围内的损失或灭失时，投保人可凭保险单要求赔偿。

4. 提出索赔手续

当被保险的货物发生属于保险责任范围内的损失时，投保人可以向保险人提出赔偿要求。

被保险货物运抵目的地后，收货人如发现整件短少或有明显残损，应立即向承运人或有关方面索取货损或货差证明，并联系保险公司指定的检验理赔代理人申请检验，提出检验报告，确定损失程度；同时向承运人或有关责任方提出索赔。属于保险责任的，可填写索赔清单，连同提单副本、装箱单、保险单正本、磅码单、修理配置费凭证、第三者责任方的签证或商务记录以及向第三者责任方索赔的来往函件等向保险公司索赔。索赔应当在保险有效期内提出并办理，否则保险公司可以不予办理。

四、国际货物运输保险的种类

国际货物运输保险的种类以其保险标的的运输工具种类相应分为四类：陆上货物运输保险、海上货物运输保险、航空货物运输保险、邮递货物保险。

（一）陆上货物运输保险

1. 基本险别

（1）陆上运输险。对因自然灾害和意外事故造成货物的全部或部分损失负责赔偿。

自然灾害：被保险货物在运输途中遭受暴风、雷电、洪水、地震等所造成的全部或部分损失。

意外事故：由于运输工具（主要指火车、汽车）遭受碰撞、倾覆、出轨；或在驳运过程中，因驳运工具遭受搁浅、触礁、沉没、碰撞；或由于遭受隧道坍塌、崖崩；或由于失火、爆炸等所造成的全部或部分损失。

（2）陆上运输一切险。除陆上运输险的责任外，对在运输途中由于外来原因造成货物全部或部分损失负责赔偿。

一般外来原因：货物在运输途中，由于外来原因造成的短少、短量、偷窃、渗漏、碰损、破碎、钩损、雨淋、生锈、受潮、受热、发霉、串味、玷污等全部或部分损失，也负赔偿责任。

2. 责任起始与终止

仓至仓，如未运抵指明的收货仓，则以被保货物运抵最后卸载车站满60天为止。

3. 陆上运输冷藏货物险

责任范围：除负责陆运险所列举的自然灾害和意外事故所造成的全部或部分损失外，还负责赔偿由于冷藏机器或隔温设备在运输途中损坏所造成的被保险货物解冻溶化而腐败的损失。

但对于因战争、工人罢工或运输延迟而造成的被保险货物的腐败或损失，以及被保险冷藏货物在保险责任开始时未能保持良好状况，整理、包扎不妥或冷冻不合规格所造成的损失除外。

责任起讫：自被保险货物运离保险单所载起运地点的冷藏仓库，装入运送工具开始运输时生效，包括正常陆运和与其有关的水上驳运在内，直至货物到达目的地收货人仓库为止。但是，最长保险责任的有效期限，一般以被保险货物到达目的地车站后10天为限。

4. 陆上运输货物附加险——战争险

我国人民保险公司提供该保险目前仅限于火车运输，若使用汽车运输则不能加保。

承保范围：负责赔偿在火车运输途中，由于战争、类似战争的行为和敌对行为、武装冲突所致的损失，以及各种常规武器，包括地雷、炸弹所致的损失。

但是，由于敌对行为使用原子或热核武器所致的损失和费用，以及根据执政者、当权者或其他武装集团的扣押、拘留引起的承保运程的丧失和挫折而造成的损失除外。

陆上运输货物战争险的责任起讫：与海运战争险相似，即自被保险货物装上保险单所载起运地的火车时开始，到卸离保险单所载目的地火车时为止。如果被保险货物不卸离火车，则从火车到达目的地的当日午夜起计算，满48小时为止。如在运输中途转车，不论货物在当地卸载与否,保险责任从火车到达该中途站的当日午夜起计算满 10 天为止。如货物在此期限内重新装车续运,仍恢复有效。

(二)海上货物运输保险

1. 海上货物运输保险保障的风险

(1)海上风险。是指船舶或货物在海上航行中发生的或随附海上运输所发生的风险。主要分为以下两种。

自然灾害:是指不以人们意志为转移的自然界力量所引起的灾害。自然灾害仅指恶劣气候、雷电、海啸、地震、洪水等人力不可抗拒的灾害。

意外事故:是指由于偶然的、非意料中的原因所造成的事故。意外事故仅指运输工具遭受搁浅、触礁、沉没、碰撞、失踪、失火、爆炸等。

(2)外来风险。是指海上风险以外的其他外来原因所造成的风险。主要分为一般外来风险和特殊外来风险。

一般外来风险:是指被保险货物在运输途中由于一般外来原因所造成的风险。主要包括偷窃、玷污、渗漏、破碎、受热受潮、串味、生锈、钩损、淡水雨淋、碰损、短量、提货不着等。

特殊外来风险:是指由于军事、政治、国家政策法令以及行政措施等特殊外来原因所造成的风险。主要包括战争、罢工、货物被有关当局拒绝进口或没收、船舶被扣导致交货不到等。

2. 海上货物运输保险

海上货物运输保险的险种分为海上基本险和海上附加险。

(1)海上基本险。

平安险:包括自然灾害造成的推定全损;运输工具造成的全部或部分货物损失责任;被保险人抢救承保货物的合理费用;共同海损的牺牲、分摊和求助费用等。

水渍险:保险公司除担负平安险责任外,还对被保险货物遇自然灾害造成的部分货损负赔偿责任。

一切险:保险公司除担负平安险和水渍险,一切险还包括货物运输过程因外来原因造成的货物全损或部分损失。但不包括由于运输延迟、货物本身特性造成的损失、物价下跌损失,以及因战争和罢工造成的损失。

(2)海上附加险。

一般附加险:是指被保险货物在运输途中由于一般外来原因所造成的风险。主要包括:偷窃、玷污、渗漏、破碎、受热受潮、串味、生锈、钩损、淡水雨淋、碰损、短量、提货不着等。

特殊附加险:是指由于军事、政治、国家政策法令以及行政措施等特殊外来原因所造成的风险。主要包括:战争、罢工、货物被有关当局拒绝进口或没收、船舶被扣导致交货不到等。

(三)航空货物运输保险

1. 基本险别

航空运输险:对因自然灾难和空难造成的全部或部分货物损失负责赔偿。

航空运输一切险：对航空运输险外，由于外来原因造成的全部或部分损失负责赔偿。

2. 责任起始与中止

仓到仓，如未进仓，以被保险货物在最后卸载地卸离飞机后满 30 天为止。

（四）邮递货物保险

基本险有邮包险和邮包一切险。

1. 邮包险的责任范围

包括被保险货物在邮运途中遭受恶劣气候、雷电、海啸、地震、洪水等自然灾害，由于运输工具遭受搁浅、触礁、沉没、碰撞、倾覆、出轨、坠落、失踪或由于失火、爆炸等意外事故所造成的全损或部分损失。包括有关费用但以不超过保险金额为限。

邮递水渍险与海运中的水渍险相似。

2. 邮包一切险责任范围

除包括上述邮包险的全部责任外，还负责被保险邮包在运输途中由于外来原因所致的全部或部分损失。

邮包险和邮包一切险的除外责任：与海运的相似。

邮包险和邮包一切险的责任起讫：是自被保险邮包离开保险单所载起运地点寄件人的处所运往邮局时开始生效，直至被保险邮包运达保险单所载明的目的地邮局，并由邮局发出通知书给收件人之当日午夜起算满 15 天为止，或邮包一经递交收件人处所时，保险责任即告终止。

3. 邮包战争险

邮包战争险的责任范围：保险公司负责赔偿在邮包运输过程中由于战争、类似战争行为、敌对行为、武装冲突、海盗行为以及各种常规武器，包括水雷、鱼雷、炸弹所造成的损失。此外，保险公司还负责被保险人对遭受以上承保责任内危险的物品采取抢救、防止或减少损失的措施而支付的合理费用。

邮包战争险的除外责任：保险公司不承担因使用原子或热核制造的武器所造成的损失的赔偿。

邮包战争险的责任期限：是自被保险邮包经邮政机构收讫后自储存所开始运送时生效，直至该项邮包运达保险单所载明的目的地邮政机构送交收件人为止。

五、国际货物运输保险合同

（一）国际货物运输保险合同的订立

国际货物运输保险合同的订立是由被保险人以填制投保单的形式向保险人提出保险要求，即要约，经保险人同意承保，并就货物运输保险合同的条款达成协议后（即承诺后），保险合同即成立。投保单中须列明货物名称、保险金额、运输路线、运输工具及投保险别等事项。保险人应当及时向被保险人签发保险单或者其他保险单证，并在保险单或其他保险单证中载明当事人双方约定的合同内容。

（二）国际货物运输保险合同的内容

国际货物运输保险合同的内容主要包括保险人名称、被保险人名称、保险标的、保险价值、保险金额、保险责任和除外责任、保险期间、保险费。

1. 国际货物运输保险合同的当事人

国际货物运输保险合同的当事人为保险人和被保险人。保险人是保险合同中收取保险费，并在合同约定的保险事故发生时，对被保险人因此而遭受的约定范围内的损失进行补偿的一方当事人。被保险人指在保险范围内的保险事故发生时受到损失的一方当事人。国际货物运输保险合同中的投保人一般也是被保险人。

2. 国际货物运输保险合同的保险标的

国际货物运输保险合同的保险标的主要是货物，包括贸易货物和非贸易货物。

3. 保险价值

保险价值是被保险人投保的财产的实际价值。投保人在投保时需说明所要投保的标的的价值，而准确地确定标的的实际价值是很困难的，因此，保险价值通常是由被保险人与保险人协商确定的。这个价值是估算形成的，因此它可以是标的的实际价值，也可能与实际价值有一定的距离。

4. 保险金额

保险金额指保险合同约定的保险人的最高赔偿数额。当保险金额等于保险价值时为足额保险；当保险金额小于保险价值时为不足额保险；当保险金额大于保险价值时为超额保险。财产保险中的保险金额通常以投保财产可能遭遇损失的金额为限，即不允许超额保险，因为保险是以损失补偿为原则的，如果允许超额保险就等于被保险人可以通过保险赚钱。正因为如此，法律规定保险金额不得超过保险价值，超过保险价值的，超过部分无效。

5. 保险责任

保险责任是保险人对约定的危险事故造成的损失所承担的赔偿责任。"约定的危险事故"就是保险人承保的风险。保险人承保的风险可以分为保险单上所列举的风险和附加条款加保的风险两大类，前者为主要险别承保的风险，后者为附加险别承保的风险。

6. 除外责任

除外责任就是保险人不承保的风险。保险所承保的是一种风险，所谓风险就是可能发生，也可能不发生。如果该风险必然发生则保险人是不承保的，因此，自然损耗这种必然发生的风险保险人通常会约定不予承保。市价跌落引起的损失属于间接损失，保险人也往往将其列入除外责任的范围。此外，被保险人的故意行为或过失造成的损失、属于发货人责任引起的损失等不是由于自然灾害、意外事故或约定的人为风险引起的损失，保险人也不予承保。

7. 保险期间

保险期间也就是保险责任的期间。保险责任的期间有三种确定方法：① 以时间来确定，例如规定保险期间为1年，自某年、某月、某日起至某年、某月、某日止。② 以空间的方法来确定，例如规定保险责任自货物离开起运地仓库起至抵达目的地仓库止。③ 以空间和时间两方面来对保险期间进行限定的方法，例如：规定自货物离开起运地仓库起至货物抵达目的地仓库止，但如在全部货物卸离海轮后 60 日内未抵达上述地点，则以 60 日期满为止。

8. 保险费和保险费率

保险费率是计算保险费的百分率。保险费率有逐个计算法和同类计算法之分。船舶保险的保险费率通常采用逐个计算法来确定，每条船舶的保险费率由保险公司依该船舶的危险性大小、损失率高低及经营费用的多少来确定。同类计算法指对于某类标的，保险人均采用统一的保险费率的方法。保险费是投保人向保险人支付的费用。保险费等于保险金额乘以保险费率。

（三）国际货物运输保险合同的变更

国际货物运输保险合同的变更，指在运输货物保险合同主体不变的情况下，对合同中原约定的某些内容进行的改变。国际货物运输保险合同的内容需要修改时，被保险人可以向保险人提出申请，由保险人出具保险批单，保险批单的效力大于保险单正文的效力。

（四）国际货物运输保险合同的终止

保险合同的终止可以由于各种原因。引起国际货物运输保险合同终止的情况主要有以下几种。

（1）自然终止。指保险单的有效期限已届满。

（2）义务已履行而终止。依保险单的规定，保险人已履行了赔偿责任，保险单的责任即告终止。

（3）违约终止。指保险人因被保险人的违约行为而终止保险合同。

（4）因危险发生变动而终止。

（5）保险标的因保险事故之外的原因而灭失，从而使保险合同终止。

（五）委付与代位求偿

1. 委付

委付发生在保险标的出现推定全损的情况下。当保险标的出现推定全损时，被保险人可以选择按部分损失向保险人求偿或按全部损失求偿。当被保险人选择后者时，则由被保险人将保险标的权利转让给保险人，而由保险人赔付全部的保险金额。这种转让保险标的权利的做法被称为委付。对于保险人来说，可以接受委付，也可以不接受委付。

2. 代位求偿权

如果保险标的的损失是由于第三者的疏忽或过失造成的，保险人依保险合同向被保险人支付了约定的赔偿后，即取得了由被保险人转让的对第三者的损害赔偿请求权，也就是代位求偿权。《中华人民共和国保险法》和《中华人民共和国海商法》均规定了被保险人在保险人行使代位求偿权时应履行的义务，如提供必要的文件，协助保险人向第三者追偿，不得因放弃或过失而侵害保险人行使代位求偿权等。

任务四　国际货运代理

一、国际货运代理的概念

国际货运代理是根据客户的指示，为客户的利益而揽取货物，从事与进出口货物运送活动有关的，如收货、储货、发货、报关、验收、收款的企业或个人。其本人并非承运人，它是国际货运代理企业接受进出货物收货人、发货人或其代理人的委托，以委托人或自己的名义办理有关业务，收取代理费或佣金的行为。

二、国际货运代理服务的对象

从国际货运代理人的基本性质看，货运代理主要是接受委托方的委托，代为办理有关货物运输、转运、仓储、装卸等事宜。一方面他与货物托运人订立运输合同，同时他又与运输部门签订合同，对货物托运人来说，他是货物的承运人。相当部分的货物代理人掌握各种运输工具和储存货物的库场，在经营其业务时办理包括海陆空在内的货物运输。国际货运代理所从事的业务服务的对象主要有以下几种。

（一）为发货人服务

货运代理人代替发货人承担在不同货物运输中的任何一项手续。
（1）以最快最省的运输方式，安排合适的货物包装，选择货物的运输路线。
（2）向客户建议仓储与分拨。
（3）选择可靠、效率高的承运人，并负责缔结运输合同。
（4）安排货物的计重和计量。
（5）办理货物保险。
（6）货物的拼装。
（7）装运前或在目的地分拨货物之前把货物存仓。
（8）安排货物到港口的运输，办理海关和有关单证的手续，并把货物交给承运人。
（9）代表托运人/进口商承付运费、关税税收。
（10）办理有关货物运输的任何外汇交易。
（11）从承运人那里取得各种签署的提单，并把他们交给发货人。
（12）通过与承运人或货运代理在国外的代理联系，监督货物运输进程，并使托运人知道货物去向。

（二）为海关服务

当货运代理作为海关代理办理有关进出口商品的海关手续时，它不仅代表他的客户，而且代表海关当局。事实上，在许多国家，货运代理商得到了海关当局的许可，办理海关手续，并对海关负责，负责申报货物确切的金额、数量、品名，以使政府在这些方面不受损失。

（三）为承运人服务

货运代理向承运人及时定舱，议定对发货人、承运人都公平合理的费用，安排适当时间交货，并以发货人的名义解决和承运人的运费账目等问题。

（四）为航空公司服务

货运代理在空运业上，充当航空公司的代理。在国际航空运输协会以空运货物为目的，而制定的规则上，它被指定为国际航空协会的代理。在这种关系上，它利用航空公司的货运手段为货主服务，并由航空公司付给佣金。同时，作为一个货运代理，它通过提供适于空运程度的服务方式，继续为发货人或收货人服务。

（五）为班轮公司服务

货运代理与班轮公司的关系，随业务的不同而不同，近几年来由货运代理提供的拼箱服务，即拼箱货的集运服务已建立了他们与班轮公司及其他承运人（如铁路）之间的较为密切的联系，然而一些国家却拒绝给货运代理支付佣金，所以他们在世界范围内争取对佣金的要求。

（六）提供拼箱服务

在国际贸易的集装和拼箱业务中，货运代理担负起委托人的作用。货运代理商把一个出运地若干发货人发往另一个目的地的若干收货人的小件货物集中起来，作为一个整件运输的货物发往目的地的货运代理，并通过他把单票货物交给各个收货人。货运代理签发提单，即分提单或其他类似收据交给每票货的发货人；货代目的港的代理，将初始的提单交给收货人。拼箱的收、发货人不直接与承运人联系，对承运人来说，货运代理是发货人，而货运代理在目的港的代理是收货人。因此，承运人给货代签发的是全程提单或货运单。如果发货人或收货人有特殊要求的话，货运代理也可以在出运地和目的地从事提货和交付的服务，提供门到门的服务。

（七）提供多式联运服务

在跨境物流中，货运代理商介入多式联运业务，并充当主要承运人承担组织一个单一合同下，通过多种运输方式进行门到门的货物运输。它可以以当事人的身份，与其他承运人或其他服务提供者分别谈判并签约。但是，这些分拨合同不会影响多式联运合同的执行，也就是说，不会影响发货人的义务和在多式联运过程中，他对货损及灭失所承担的责任。在货运代理作为多式联运经营人时，通常需要提供包括所有运输和分拨过程的一个全面的"一揽子"服务，并对他的客户承担一个更高水平的责任。

三、货运代理的责任

（一）基本责任

（1）作为承运人完成货物运输并承担责任（由其签发货运单据，用自己掌握的运输，或委托他人完成货物运输,并收取运费)。

(2) 作为承运人完成货物运输不直接承担责任(由他人签发货运单据,使用掌握运输工具,或租用他人的运输工具,或委托他人完成货物运输,并不直接承担责任)。

(3) 根据与委托方订立的协议或合同规定,或根据委托方指示进行业务活动时,货运代理应以通常的责任完成此项委托,尤其是在授权范围之内。

(4) 如实汇报一切重要事项。在委托办理业务中向委托方提供的情况、资料必须真实,如有任何隐瞒或提供的资料不实造成的损失,委托方有权向货运代理人追索并撤销代理合同或协议。

(5) 负责保密义务。货运代理过程中所得到的资料不得向第三者泄漏。同时,也不得将代理权转让与他人。

(二) 对合同的责任

国际货运代理人应对自己因没有执行合同所造成的货物损失负赔偿责任。

(三) 对仓储的责任

货运代理在接受货物准备仓储时,应在收到货后给委托方收据或仓库证明,并在货物仓储期间尽其职责,根据货物的特性和包装,选择不同的储存方式。

(四) 权利

委托方应支付给货运代理人因货物的运送、保管、投保、保关、签证、办理单据等,以及为其提供其他服务而引起的一切费用,同时还应支付由于货运代理人不能控制的原因致使合同无法履行而产生的其他费用。如货物灭失或损坏系属于保险人承包范围之内,货运代理人赔偿后,从货物所有人那里取得代位求偿权,从其他责任人那里得到补偿或偿还。当货运代理人对货物全部赔偿后,有关货物的所有权便转为货运代理人所有。

(五) 除外责任

除外责任如下:
(1) 由于委托方的疏忽或过失;
(2) 由于委托方或其他代理人在装卸、仓储或其他作业过程中的过失;
(3) 由于货物的自然特性或潜在缺陷;
(4) 由于货物的包装不牢固、标志不清;
(5) 由于货物送达地址不清、不完整、不准确;
(6) 由于对货物内容申述不清楚、不完整;
(7) 由于不可抗力、自然灾害、意外原因。

但如能证明货物的灭失或损害是由货运代理人过失或疏忽所致,货物代理人对该货物的灭失、损害应负赔偿责任。

(六) 责任期限

从接收货物时开始至目的地将货物交给收货人为止,或根据指示将货物置于收货人指示的地点，可以作为完成并已履行合同中规定的交货义务。

（七）赔偿责任原则

收货人在收到货物发现货物灭失或损害，并能证明该灭失或损害是由货运代理人过失造成，即向货运代理人提出索赔。一般情况下，索赔通知的提出不超过货到后多少天，否则，就作为货运代理人已完成交货义务。货运代理人基本赔偿原则如下。

（1）如果货物交接地点的市价或时价与发票金额有差别，但又无法确定其差额，则按发票金额赔偿。

（2）对古玩、无实际价值类货物或无其他特殊价值的，不予赔偿（除非有作特殊声明并支付了相应费用）。

（3）对于诬蔑式的货物运费、海关税收，以及其他费用负责赔偿，但不赔偿进一步的损失。

（4）对货物的部分灭失或损害按比例赔偿。

（5）如货物在应交付日多少天内仍未完成交付，则构成延误交货，货运代理人应赔偿因延误而可能引起的直接后果和合理费用。

海运提单

海运提单简称提单，是船方或其代理人签发的，证明已收到货物，允许将货物运至目的地，并交付给托运人的书面凭证。海运提单的作用如下。

一、货物收据

提单是承运人签发给托运人的收据，确认承运人已收到提单所列货物并已装船，或者承运人已接管了货物，已代装船。

二、运输契约证明

提单是托运人与承运人的运输契约证明。承运人之所以为托运人承运有关货物，是因为承运人和托运人之间存在一定的权利义务关系，双方权利义务关系以提单作为运输契约的凭证。

三、货权凭证

提单是货物所有权的凭证。谁持有提单，谁就有权要求承运人交付货物，并且享有占有和处理货物的权利，提单代表了其所载明的货物。

海运提单作为货权凭证，只要具备一定的条件就可以转让，转让的方式有两种：空白背书和记名背书。但提单的流通性小于汇票的流通性，其主要表现为提单的受让人不像汇票的正当持票人那样享有优于前手背书人的权利。具体来说，如果一个人用欺诈手段取得一份可转让的提单，并把它背书转让给一个善意的、支付了价金的受让人，则该受让人不能因此而取得货物的所有权，不能以此对抗真正的所有人。相反，如果在汇票流通过程中发生这种情况，则汇票的善意受让人的权利仍将受到保障，他仍有权享受汇票上的一切权利。鉴于这种区别，有的法学者认为提单只具有"准可转让性"。

中国邮政速递物流助力跨境电子商务"走出去"

蓝思科技公司1993年在深圳开始创业,是随着国内电子商务的发展以及跨境电子商务的发展同步前进的,从一家不足10人的初创公司,到员工超400人、年营业额超10亿元的大型跨境电子商务企业,这一切都离不开一个合作伙伴——中国邮政速递物流。

众所周知,无论是国内电子商务,还是跨境电子商务,物流问题都是重中之重。初涉电子商务的蓝思由于经营的移动通信设备价格较高,当时中国邮政速递物流向蓝思推荐了中国邮政出口邮件服务,正式开启了双方的合作。

蓝思开始全面试水跨境电子商务业务,对于跨境物流系统的需求进一步提高,中国邮政速递物流开始推出国际e邮宝业务,时效快、价格优、全程物流可查询等特点相当于为蓝思这样的企业量身打造。

针对蓝思这样的重点客户,中国邮政速递物流在常规的合作之外,从前端揽收、过港发运、售后服务等多维度为其量身打造了一系列的服务,在赢得用户好评的同时,蓝思也从众多跨境电子商务企业中脱颖而出。

中国邮政速递物流进一步对物流服务进行升级,从派驻人员驻仓收寄,到重点国家定向航寄,同时自身也在不断完善跨境物流的产品线,包括国际e邮宝、国际EMS、FBA头程(国外的亚马逊仓储服务)、商业快件及中邮海外仓等全类型跨境物流服务。

作为中国快递行业的国家队,中国邮政速递物流可以说有着天然的优势。早在2010年,其开始联合eBay涉足跨境电子商务业务,此时也正是国内跨境电子商务刚刚兴起之时。随着跨境电子商务整体的发展,国家也提出了一系列扶植发展战略,中国邮政速递物流责无旁贷,响应国家建设"海外仓"的发展战略。其海外仓已遍布主要出口国家,为跨境电子商务平台及卖家提供全新的跨境物流快递模式。

中国邮政速递物流已在美国、德国、英国、澳大利亚等国家和地区建立了分支机构搭建跨境电商综合服务平台。同时,中国邮政速递物流在全国建设和运营互换局,在杭州建立保税仓,在城市实现邮件的退费服务,开办海外仓和口岸的海外购(进口海淘转运)等业务。

中国邮政速递物流针对跨境电子商务所打造的综合物流解决方案已基本成型,正在助力像蓝思以及香港极速这样的跨境电子商务企业"走出去"。目前,主营跨境电子商务轻小件的国际e邮宝业务,可通达37个国家及地区;国际e速宝可通达13个国家和地区;在海外仓的建设上,已经有包括美国东仓、美国西仓、英国仓、德国仓、捷克仓、澳洲仓、香港仓等正式投入运营,运送方式包括海运和空运。

此外,中国邮政速递物流与DHL、FedEx、TNT、佐川等全球知名快递企业合作推出的中速快件,可以满足跨境电子商务企业不同层次的需求。

资料来源:http://www.xinhuanet.com//yuqing/2017-11/22/c_129747051.htm.

自我测试

一、单选题

1. （　　）是指以铁路为主体，以集装箱为媒介，海运、公路、内河、航空等多种方式相结合，横跨洲际大陆，实行海陆衔接的国际联运，又称国际铁路集装箱运输。
   A. 多式联运　　B. 陆桥运输　　C. 航空运输　　D. 海上运输

2. 西伯利亚大陆桥是指（　　）。
   A. 从美洲到欧洲到西伯利亚的陆桥运输线
   B. 从远东地区经过西伯利亚大铁路一直到达欧洲的交通线
   C. 东起我国连云港，西到荷兰鹿特丹港的交通线
   D. 贯穿美国东西海岸的铁路干线

3. 新亚欧大陆桥，以我国的（　　）作为起点，至阿拉山口后，途经哈萨克斯坦、俄罗斯、白俄罗斯、波兰、德国，西至荷兰鹿特丹，全长约 10 800 千米，在我国境内约 4 130 千米。
   A. 天津港　　B. 上海港　　C. 连云港　　D. 青岛港

4. 托运人将一定数量的货物交由作为承运人的轮船公司，轮船公司按固定航线，沿线停靠固定的港口，按固定船期、固定运费所进行的国际海上货物运输是（　　）。
   A. 班轮运输方式　　B. 租船运输方式　　C. 小陆桥运输　　D. 微桥运输。

5. 船方提供给租方一定吨位的运力，在确定的港口之间，以事先约定的时间、航次周期和每航次较均等的运量，完成运输合同规定的全部货运量的租船方式是（　　）。
   A. 航次租船　　B. 包运租船　　C. 定期租船　　D. 光船租船

6. 在航次租船合同下，（　　）必须按合同的规定，按时抵达装货港及装卸指定货物，并按时运抵目的港。
   A. 船方　　B. 租船人　　C. 代理　　D. 承运人

7. （　　）是提高海运货物中转运作效率的重要基础。
   A. 集装箱化
   B. 转运港的地理位置
   C. 转运港的载运能力
   D. 转运港的处理能力

8. 国际多式联运经营人是（　　）。
   A. 发货人的代理人
   B. 承运人的代理人
   C. 具有独立法人资格的经济实体
   D. 实际运输人

9. 多式联运经营人负责（　　）。
   A. 安排运输内容
   B. 代理联运合同执行
   C. 全程运输及相应责任
   D. 在拥有运输工具下的全程运输

10. 在下列运输服务的提供者中，（　　）具有的优势是能统一一次定价，有利于改善价格策略；重复成本减少，体现了规模经济。
    A. 单一方式承运人
    B. 小件承运人
    C. 多式联运经营人
    D. 第三方运输人

二、多选题

1. 跨境电子商务的特征有（　　）。
   A. 全球性　　　　　　　　B. 无形性和匿名性
   C. 即时性　　　　　　　　D. 无纸化

2. 跨境电商支付模式有（　　）
   A. 银行电汇　　　　　　　B. 银联国际
   C. 国际卡组织　　　　　　D. 第三方跨境支付机构

3. 国际陆路输送包括（　　）。
   A. 国际铁路货物联运　　　B. 国际公路货物运输
   C. 大陆桥运输　　　　　　D. 国际航运

4. 跨境电子商务物流可供选择的模式有（　　）。
   A. 邮政包裹　　　　　　　B. 国际、国内快递
   C. 海外专线　　　　　　　D. 海外仓

5. 国际货运代理是根据客户的指示，为客户的利益而揽取货物，从事与进出口货物运送活动有关的，如（　　）、储货、（　　）、（　　）、验收、（　　）的企业或个人，其本人并非承运人。
   A. 收货　　　B. 发货　　　C. 报关　　　D. 收款

三、问答题

1. 什么是跨境电子商务物流？跨境电子商务物流有哪些特点？跨境电子商务物流模式的选择应注意哪些问题？
2. 跨境电子商务物流模式有哪些？分别具有什么特点？
3. 什么是国际多式联运，开展国际多式联运必须具备哪些条件？国际多式联运的形式有哪些？
4. 什么是"一带一路"？"一带一路"倡议与物流有怎样的关系？
5. 什么是国际货运代理？其服务的对象有哪些？其在国际货运代理过程中承担哪些责任？

项目实施

情境实训一　跨境货物的报关报检

一、实训目的

通过本次实训了解国际物流报关报检的基础知识，结合其业务运作流程，参照报关员、报检员、跟单员等国际物流岗位操作职责要求，进行报关报检表的填制并掌握其业务步骤。

二、实训步骤

1. 报检申请

报检申请是指对于进出口的货物由报检员向有关检验检疫机构在规定有效期内做出的书面证明。

2. 商检

商检，简单说来就是商品检验，一般用于进出口贸易。有时候内贸异地交易也有可能用

到商检，不过较少。由商检机构出单证明你的货物经检验符合怎样的品质和数量，买家凭借你出具的商检单可以了解到货物的品质是否与其需求的一致。商检有时会列为议付单据之一。

3. 报关

报关是指进出口货物收发货人、进出境运输工具负责人、进出境物品所有人或者他们的代理人向海关办理货物、物品或运输工具进出境手续及相关海关事务的过程，包括向海关申报、交验单据证件，并接受海关的监管和检查等。

4. 转关

（1）进口转关。从进境地入境到指运地海关办理海关手续（进境地—指运地）。

（2）出口转关。货物在起运地办理出口海关手续运往出境地，由出境地海关放行（起运地—出境地）。

（3）境内转关。海关监管货物从境内一个设关地点运往境内另外一个设关地点（起运地—指运地）。

5. 海关放行

海关放行是指海关接受进出口货物的申报、审核电子数据报关单和纸质报关单及随附单证、查验货物、征收税费或接受担保以后，对进出口货物做出结束海关进出境现场监管的决定，允许进出口货物离开海关监管现场的工作环节。

三、实训任务

（1）报关和报检有什么区别？

（2）出口和进口通关的业务流程是怎样的？

（3）报关报检委托书的填写。

（4）出入境检验检疫报检委托书的填写。

（5）报关报检需要提供哪些单证？

情境实训二　跨境海上集装箱班轮运输

一、实训目的

了解班轮运输的概念、特点；掌握海运集装箱进出口业务流程；熟悉进出口主要货运单证的常见编制，为将来从事跨境物流业务打好基础。

二、实训步骤

1. 海运集装箱出口业务

（1）发货人在出口货运中的业务。订立贸易合同、备货、租船订舱、报关、货物装箱与托运、投保、支付运费和签发提单、向收货人（买方）发出装船通知。

（2）船公司在出口货运中的业务。掌握代运的货源、配备集装箱、接受托运、接受货物、装船、制送主要的装船单证。

（3）集装箱码头堆场在出口货运中的业务。集装箱的交接、制订堆场作业计划、集装箱的装船、对特殊集装箱的处理、与船公司的业务关系。

（4）集装箱货运站出口货运业务。办理货物交接、积载装箱、制作装箱单、将装载的货箱运至码头堆场等。

2. 海运集装箱进口货运业务

(1)卸船公司在进口业务中的业务。做好卸船准备工作、制作并寄送有关单证、卸船与交货、提货单的签发。

(2)集装箱码头堆场在进口货运中的工作。集装箱的卸船准备工作、卸船与堆放、交付、有关费用收取、制作交货报告和未交货报告。

(3)集装箱货运站在进口业务中的业务。做好交货准备、发出交货通知、从码头堆场领取载货的集装箱、拆箱交货、有关费用收取、制作交货报告和未交货报告。

(4)收货人在进口业务中的业务。订立贸易合同、租船订舱、申请开信用证、投保、取得有关装船单据、获取提货单、提取货物、索赔。

3. 进出口主要货运单证

(1)集装箱货物订舱单(托运单)。由托运人(发货人或货运代理)根据买卖合同和信用证的有关条款规定,向承运人或其代理人办理货物运输的书面凭证。经承运人或其代理人对该单的签认,即表示承运人与托运人之间对集装箱货物运输关系的确立,作为船货双方订舱的凭证。托运单的主要内容应包括托运人名称、收货人名称、货物名称、重量、尺码、件数、包装式样、标志及号码、目的港、装船期限、信用证有效期、能否分运或转运等。

(2)装箱单。根据已经装入集装箱内的货物制作的。集装箱装箱单的主要作用是在装货地点作为向海关申报货物出口的代用单据;作为发货人、集装箱货运站、与集装箱码头堆场之间货物的交接单;用作向承运人通知集装箱内所装货物的明细表;在进口国、途经国家作为保税运输手续的单据之一;单据上所载的货物与集装箱的总重量是计算船舶运输量的基本数据。

(3)场站收据。码头接受货物的人在收据上签字后交还给发货人。表明承运人已收到货物,并开始承担责任。标准格式一套共10联(各港使用有差异)。

(4)集装箱海运提单。集装箱海运提单是经营集装箱运输的船公司或其代理在收到其承运的集装箱货物时签发给托运人的货物收据,也是承运人与托运人之间的运输契约的证明,在法律上它具有物权证书的效用。

集装箱海运提单的作用:集装箱海运提单的签发,表明承运人对其所承运的集装箱货物的责任开始履行;集装箱海运提单对托运人起到初步证据的作用,而对于收货人则起到绝对证据的作用;集装箱海运提单是收货人在目的港提取货物时的唯一凭证;集装箱海运提单是承运人与托运人之间订立货物运输合同的证明;集装箱海运提单是代表集装箱货物所有权的凭证。

三、实训任务

(1)什么是国际班轮运输?其有什么特点?

(2)海运集装箱进出口货运业务流程是怎样的?

(3)集装箱货物订舱单(托运单)包括哪些内容?

(4)集装箱海运提单的性质是什么?集装箱海运提单有哪些作用?

(5)海上运输合同包括哪些内容?

(6)海上运输保险有哪些险别?其保险合同包括哪些内容?

情境实训三　国际货运代理实训

一、实训目的

本次实训以整个国际贸易流程为主线，以货运代理为主体，通过货运代理的业务活动，把整个贸易活动中的各方，如买卖双方、保险公司、承运人、商检、海关等相连接以完成整个业务流程。从而让学生熟悉国际贸易环节以及货运代理业务。

二、实训步骤

（1）教师介绍进出口流程；介绍货运代理业务；介绍业务流程中相关机构。

货运代理企业设置的各部门包括客户服务部、市场部、海运服务部、空运服务部、报检报关部、场站服务部等。

货运代理业务流程中相关机构包括银行、海关、商检机构、保险公司、船公司、航空公司、集装箱场站。

（2）实训班级分成几个小组，每小组按照进出口业务及货运代理业务需要安排相关人员。要求各小组分别模拟演示货运代理业务。要求担任相关角色的同学做进出口商简介、产品目录；货代公司、船公司、保险公司、银行、海关等简介。

（3）进口商与出口商商务谈判，签订合同。以 CIF 为例做海运出口，出口商与货运代理公司进行货运代理委托业务，签订货运代理委托书，出口商委托货运代理公司办理所有出口相关事项。

（4）货运代理公司办理业务。出口商—销售部出口货运代理委托；海运操作部—船公司订舱；场站服务部—集装箱场站提取空箱，装箱及重箱进场；报关报检部报检报关，保险；海运操作部—船公司取得提单，将提单转交出口商；出口商准备相关单证至银行议付，取得货款；货到目的地，进口商付款提货；出口商出口退税等。

（5）指导老师对各组演示进行点评和总结。

（6）国际货运代理业务各环节涉及单据包括合同、商业发票、装箱单、托运单、装货单、收货单、集装箱设备交接单、商检单、报关单、原产地证、保险单、提单、汇票。

三、实训任务

（1）以小组为单位写出国际货运代理业务的流程是怎样的。

（2）各小组提交国际货运代理业务各环节涉及单据包括合同、商业发票、装箱单、托运单、装货单、收货单、集装箱设备交接单、商检单、报关单、原产地证、保险单、提单、汇票。

项目九

电子商务物流供应链管理

项目说明

物流供应链是由供应商、制造商、仓库、配送中心和渠道商等构成的物流网络。电子商务物流供应链管理是物流运作管理的扩展,是物流管理的新战略。通过本项目的学习,使学生了解电子商务物流供应链的概念及主要功能;掌握物流供应链管理的方法及策略;具有构建物流供应链的能力;能根据实际情况找出供应链存在的问题并提出解决的方法。

导入案例

宝洁-沃尔玛供应链协同管理模式

宝洁,全球最大的日用品制造企业;沃尔玛,全球最大的商业零售企业,它们之间的合作是供应链协同管理模式。1987年,为了寻求更好的供应商以保证沃尔玛分店里"帮宝适"婴儿纸尿裤的销售,宝洁负责客户服务的副总裁 Ralph Drayer 和沃尔玛的老板 Sam Walton 终于坐到了一起。那个时刻,被认为是协同商业流程革命的开始。

一、供应链协同管理模式的形成

宝洁-沃尔玛供应链协同管理模式的形成其实并不复杂。最开始时,宝洁开发并给沃尔玛安装了一套"持续补货系统",具体形式是:双方企业通过 EDI(电子数据交换)和卫星通信实现联网,借助于这种信息系统,宝洁公司除了能迅速知晓沃尔玛物流中心内的纸尿裤库存情况外,还能及时了解纸尿裤在沃尔玛店铺的销售量、库存量、价格等数据,这样不仅能使宝洁公司及时制订出符合市场需求的生产和研发计划,同时也能对沃尔玛的库存进行单品管理,做到连续补货,防止出现商品结构性机会成本(即滞销商品库存过多,与此同时畅销商品断货)。

而沃尔玛则从原来繁重的物流作业中解放出来,专心于经营销售活动,同时在通过 EDI 从宝洁公司获得信息的基础上,及时决策商品的货架和进货数量,并由 MMI(制造商管理库存)系统实行自动进货。沃尔玛将物流中心或者仓库的管理权交给宝洁公司代为实施,这样不仅沃尔玛不用从事具体的物流活动,而且由于双方企业之间不用就每笔交易的条件(如配送、价格问题)等进行谈判,大大缩短了商品从订货经过进货、保管、分拣到补货销售的整个业务流程的时间。

二、供应链协同管理模式作业流程

沃尔玛的各个店铺都制定了一个安全库存水平,一旦现有库存低于这个水平,设在沃尔玛的计算机通过通信卫星自动向宝洁公司的纸尿裤工厂订货。宝洁公司在接到订货后,将订购商品配送到各店铺,并实施在库管理。与整个商品前置时间缩短相适应,两个企业之间的结算系统也采用了EFT(电子基金转换)系统,通过这种系统企业之间的财务结算就不需要传统的支票等物质形式来进行,而是通过计算机以及POS终端等电子设备来完成。事情正如Sam Walton对Ralph Drayer所说的:"我们的做事方式都太复杂了。事情应该是这样的——你自动给我送货,我按月寄给你账单,中间的谈判和讨价还价都应该去掉。"

三、宝洁与沃尔玛共守供应链管理四字箴言

宝洁公司与沃尔玛的合作,改变了两家企业的营运模式,实现了双赢。与此同时,他们合作的四个理念,也演变成供应链管理的标准。这四个理念可以用四个字母代表,C(colaboration,合作)、P(planning,规划)、F(forcasting,预测)和R(re-plenishment,补充)。

"C"——合作。不是两家企业普通买卖关系的合作,而是为同一目标创造双赢的合作。零售商店不存货,而把存货推给供货商,增加供货商的成本,就不叫合作。如果零售商与供货商共同以零售店顾客的满意为最高目标,来通力合作,就可让双方都成为赢家。这样的合作是长期的、开放的,而且要共享彼此信息,双方不但在策略上合作,在营运的执行上也要合作。双方先要协议对对方信息的保密,制定解决争端的机制,设定营运的监控方法以及利润分配的策略。双方的目标是在让销售获得最大利润的同时,缩减成本与开销。

"P"——规划。供应链管理源于日用品的零售,当初并没有规划,后来因为有别的行业应用,认为有把规划纳入的必要。两家企业合作,要规划的事很多,在运营上有产品的类别、品牌、项目;在财务上有销售、价格策略、存货、安全存量、毛利等。双方在这些问题上的规划,可以维系共同目标的实现。另外,双方可以对产品促销、存货、新产品上架、旧产品下架等一些事情进行共同规划。

"F"——预测。对销售的预测,双方可有不同的看法、不同的资料。供货商可能对某类商品预测得准确,而零售商店可以根据实际销售对某项商品预测得准确,但双方最后必须制定出大家都同意的预测方式。系统可依据原始信息,自动作出基础性的预测,但是季节性、时尚性的变化,以及促销活动、顾客的反应,都会使预测出现变化。双方预先要制定好规则,来研讨并解决预测可能产生的差异。

"R"——补充。补充是供应链管理的重要程序。销售预测,可以换算成为订单预测,而供货商的接单处理时间、待料时间、最小订货量等因素,都需要列入考虑范围之内。货物的运送,也由双方合作进行。零售商订货,应包括存货比率、预测的准确程度、安全存量、交货时间等因素,而且双方要经常评估这些因素。在补充程序上,双方要维持一种弹性空间,以共同应对危机事宜。成功的补充程序,是供货商经常以少量的货品供应零售商,用细水长流的方式,降低双方存货的压力。

总而言之,宝洁与沃尔玛创造了制造商与零售商紧密合作的样板,供应链协同管理模式大大降低了整条供应链的运营成本,提高了对顾客需求的反应速度,更好地保持了顾客的忠诚度,为双方带来了丰厚的回报。

任务驱动:通过以上案例导入如下任务。

（1）宝洁—沃尔玛供应链协同管理模式是怎样形成？
（2）宝洁—沃尔玛供应链协同管理模式具体作业流程是如何的？
（3）宝洁与沃尔玛共守的供应链管理标准是什么？

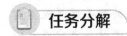

任务一　供应链管理基础理论

一、供应链的概念和特征

（一）供应链的概念

供应链（supply chain）是生产和流通过程中，涉及将产品或服务提供给最终用户活动的上游与下游企业所形成的网络结构。

供应链是围绕核心企业，通过对信息流、物流、资金流的控制，从采购原材料开始，制成中间产品以及最终产品，最后由销售网络把产品送到消费者手中的将供应商、制造商、分销商、零售商，直到最终用户连成一个整体的功能网链结构模式。

它是一个范围更广的企业结构模式，它包含所有加盟的节点企业，从原材料的供应开始，经过链中不同企业的制造加工、组装、分销等过程直到最终用户。它不仅是一条联接供应商到用户的物料链、信息链、资金链，而且是一条增值链，物料在供应链上因加工、包装、运输等过程而增加其价值，给相关企业带来收益。

（二）供应链的组成

1. 供应链的物理组成

供应链由所有加盟的节点企业组成。一般来说供应链有一个核心企业，核心企业可以是产品制造企业，也可以是大型零售企业，或者是运输公司和服务公司。供应链核心企业的需求驱动了其他节点企业的运作，节点企业之间需求满足的实现最终体现在核心企业满足它的市场需求。

2. 供应链的逻辑"流"组成

供应链上有几种基本"流"在流动，即商流、物流、信息流、资金流、作业流和价值流。这些"流"相互联系，相互影响，形成了一个完整的运营管理系统。

供应链的物流。任何一个供应链上都存在物的流动，物料从供应方开始，沿着相关需求的各个环节向需方移动，包括运输、库存、装卸、搬运、包装等活动。

供应链的信息流。整个供应链上错综交叉的信息流动，它是虚拟形态，包括了供应链上的供需信息和管理信息。从广义的角度来看，信息流总是伴随着物流、资金流以各种表现形式做出反应。

供应链的资金流。当节点企业消耗资源、生产产品时，节点企业资金发生流出；当节点企业提供产品或服务给客户后，资金会流回节点企业，并产生利润。因此，在供应链上存在资金的流动。

（三）供应链的特征

1. 增值性

供应链将产品开发、供应、生产、营销一直到服务都联系在一起构成一个整体，要求企业考虑以下增值过程：一方面要不断地增加产品的技术含量和附加值来满足客户的需求；另一方面要不断地消除客户所不愿意支付的一切无效劳动与浪费。同竞争对手相比，使投入市场的产品能为客户带来真正的效益和满意的价值，同时使客户认可的价值大大超过总成本，从而帮助企业实现最大利润化的目标。所以，现代供应链是一条名副其实的增值链，链上每一个节点企业都可以获得利润。

2. 竞争性

全球经济一体化开放了市场、加剧了竞争，特别是由信息技术带动的管理手段的发展改变了人们从事商业活动的方式，供应链上节点企业之间的竞争、合作、变化等多种性质的供需矛盾显得日益尖锐，竞争性成为现代供应链的一个显著特点。

3. 复杂性

因为供应链节点企业组成的跨度（层次）不同，供应链往往由多个、多类型甚至多国企业构成，所以供应链结构模式比一般单个企业的结构模式更为复杂。

4. 动态性

现代供应链因节点企业的发展战略和适应市场需求变化的需要而建立，因此，无论是供应链结构，还是链上各节点企业都需要动态地更新，这就使得供应链具有明显的动态性。

5. 市场性

供应链的形成、存在、重构，都是基于一定的市场需求而发生的，并且在供应链的运作过程中，用户的需求拉动是供应链中信息流、产品/服务流、资金流运作的驱动源。

6. 交叉性

一个节点企业既可以是这个供应链的成员，同时又可是另一个供应链的成员，众多的供应链体系相互交错，增加了协调管理的难度。

二、供应链的类型

（一）按供应链管理对象划分

1. 企业供应链

企业供应链是供应链核心企业提出来的含有多个产品的供应链。该企业在整个供应链中处于主导地位，不仅考虑与供应链上其他成员的合作，也较多地关注企业多种产品在原材料购买、生产、分销、运输等技术资源的优化问题，并且拥有主导权。

2. 产品供应链

产品供应链是与某一特定产品或项目相关的供应链。如某汽车生产公司的供应商网络包括上千家企业为其供应从钢材、塑料等原材料到变速器、制动器等复杂装配件的多样产品。

3. 合作伙伴关系供应链

合作伙伴关系供应链的一种形式是主要针对买卖双方，发生物流、信息流、资金流的流动和交换的契约关系；另一种形式的供应链合作伙伴关系建立在与竞争对手结成的战略合作基础上。

（二）按供应链网状结构划分

1. V状模型供应链

以大量方式存在的物料经过企业加工转换为中间产品时，由于中间产品企业的客户往往要多于其供应商而呈发散状的供应链，如石油、化工、造纸及纺织企业为其他企业提供原材料的过程。

2. A状模型供应链

当核心企业为供应链网络上最终用户服务时，为了满足相对较少的客户需求和客户订单，需要从大量的供应商手中购买大量的物料而形成的A形会聚网结构的供应链。主要应用于：航空工业（飞机制造）、汽车工业、重工业。

3. T状模型结构

许多企业通常结合发散网和会聚网结构两种模式，通过对通用件的制造标准化来降低复杂程度，并根据现存的订单确定通用件，这样的过程就形成了T状模型供应链结构。

（三）根据供应链存在的稳定性划分

根据供应链存在的稳定性划分，可以将供应链分为稳定的和动态的供应链。基于相对稳定、单一的市场需求而组成的供应链稳定性较强，而基于相对频繁变化、复杂的需求而组成的供应链动态性较强。在实际管理运作中，需要根据不断变化的需求，相应地改变供应链的组成。

（四）根据供应链容量与用户需求关系划分

根据供应链容量与用户需求的关系供应链可以划分为平衡的供应链和倾斜的供应链。一个供应链具有一定的、相对稳定的设备容量和生产能力（所有节点企业能力的综合，包括供应商、制造商、运输商、分销商、零售商等），但用户需求处于不断变化的过程中，当供应链的容量能满足用户需求时，供应链处于平衡状态，而当市场变化加剧，造成供应链成本增加、库存增加、浪费增加等现象时，企业不是在最优状态下运作，供应链则处于倾斜状态。

平衡的供应链可以实现各主要职能（采购/低采购成本、生产/规模效益、分销/低运输成本、市场/产品多样化和财务/资金运转快）之间的均衡。

（五）根据供应链的功能模式划分

根据供应链的功能模式（物理功能和市场中介功能）可以把供应链划分为两种：有效性供应链和反应性供应链。有效性供应链主要体现供应链的物理功能，即以最低的成本将原材料转化成零部件、半成品、产品，以及在供应链中的运输等；反应性供应链主要体现供应链的市场中介功能，即把产品分配到满足用户需求的市场，对未预知的需求做出快速反应等。

三、供应链的运作模式

（一）制造商推动的供应链（推动式供应链）

推动式供应链是以制造商为核心企业，根据产品的生产和库存情况，有计划地把商品推销给客户，其驱动力源于供应链上游制造商的生产。在这种运作方式下，供应链上各节点比较松散，追求降低物理功能成本，属卖方市场下供应链的一种表现。其特点为需求是未知的，必须进行预测；需求变化大，缓冲库存量高；对市场变化反应迟钝，集成度低。

（二）用户牵引的供应链（拉动式供应链）

拉动式供应链是整个供应链的驱动力产生于最终的顾客，产品生产是受需求驱动的。生产是根据实际顾客需求而不是预测需求进行协调的。主要的生产战略是按订单生产、按订单组装和按订单配置，可以根据用户的需求实现定制化服务。其特点为需求是已知的、确定的；按订单生产，缓冲库存量低；信息交换迅速，集成度高。

四、供应链管理

（一）供应链管理的概念

我国物流术语国家标准中对供应链管理的定义是：利用计算机网络技术全面规划供应链中的商流、物流、信息流、资金流等，并进行计划、组织、协调与控制。

供应链管理就是使供应链运作达到最优化，以最少的成本，令供应链从采购开始，到最终满足客户的所有过程，包括工作流、实物流、资金流和信息流等均能高效率的运作，把合适的产品、合理的价格、及时准确地送达消费者手中。实质是兼顾需求和供应，以期链上每一个环节均能达到最佳组合，发挥最大的效率，迅速以最小的成本为客户提供最大的附加值。

（二）供应链管理的内容

1. 信息管理

在供应链中，信息是供应链各方的沟通载体，供应链中各个阶段的企业就是通过信息这条纽带集成起来，可靠、准确的信息是企业决策的有力支持和依据，能有效降低企业运作中的不确定性，提高供应链的反应速度。供应链管理的主线是信息管理，信息管理的基础是构建信息平台，实现信息共享，将供求信息及时、准确地传达到供应链上的各个企业，在此基础上进一步实现供应链的管理。

2. 客户管理

在供应链管理中，客户管理是供应链管理的起点，供应链源于客户需求，同时也终于客户需求，因此供应链管理是以满足客户需求为核心运作的。由于客户需求千变万化，而且存在个性差异，因此真实、准确的客户管理是企业供应链管理的重中之重。

3. 库存管理

如果能够实时地掌握客户需求变化的信息，做到在客户需要时再组织生产，那就不需要持有库存即以信息代替了库存，实现库存的"虚拟化"。供应链管理的一个重要使命就是利用先进的信息技术，收集供应链各方以及市场需求方面的信息，用实时、准确的信息取代实物库存，减小需求预测的误差，从而降低库存的持有风险。

4. 关系管理

现代供应链管理理论提供了提高竞争优势、降低交易成本的有效途径，这种途径就是通过协调供应链各成员之间的关系，加强与合作伙伴的联系，在协调的合作关系的基础上进行交易，为供应链的全局最优化而努力，从而有效地降低供应链整体交易成本，使供应链各方的利益获得同步的增加。

5. 风险管理

供应链上企业之间的合作会因为信息不对称、信息扭曲、市场不确定性以及其他政治、经济、法律等因素的变化，而导致各种风险的存在。为了使供应链上的企业都能从合作中获得满意结果，必须采取一定的措施规避供应链运行中的风险，如提高信息透明度和共享性、优化合同模式、建立监督控制机制等，尤其是必须在企业合作的各个阶段通过激励机制的运行，采用各种手段实施激励，以使供应链企业之间的合作更加有效。

（三）供应链管理的目标

供应链管理是对整个供应链系统进行计划、协调、操作、控制和优化的各种活动和过程。企业采用供应链管理的具体目的如下。

（1）持续不断地提高企业在市场上的领先地位。

（2）不断对供应链中的资源及各种活动进行集成。

（3）根据市场需求的扩大，不断地满足顾客需要。

（4）根据市场的不断变化，缩短产品从生产到消费者手中的时间。

（5）根据物流在整个供应链中的重要性，企业要消除各种不合理损耗，从而降低整个物流成本和物流费用，使物、货在供应链中的库存减少。

（6）提高整个供应链中所有活动的运作效率，降低供应链的总成本，适应市场变化并做出及时反应，从而实现人尽其才，物尽其用，货畅其流。

（四）供应链管理的模式

1. 以制造企业为主导的供应链管理模式

以生产商为主导的供应链模式，如联想、IBM、Dell，其主要的优势在于产品信息汇集方面。这一方面得益于生产商对于产品的技术优势，另一方面也得益于生产商在供应链中处于中间位置。生产商与其供应商、中间商（零售商）以及第三方物流公司等服务提供商都有着广泛的业务接触。

一般情况下，在生产商环节汇集了比较多的关于供应链整体情况的信息。这使得生产商具有信息汇集的优势而成为供应链中的核心企业。

在供应链信息共享和协作不完全的情况下，以生产商为主导的供应链模式更为普遍。

2. 以零售商（连锁超市）为主导的供应链管理模式

供应链中的核心企业很难明确界定其身份，可笼统称之为以中间商为主导的供应链管理模式。例如，著名运动品牌耐克（Nike）。作为供应链的核心企业，除了从事供应链管理，它只担任开发设计和市场营销的职能，而把制造等其他职能全部外包，因此很难称其为生产商，它只是把部分职能专业化且独立出来。如沃尔玛为主导的供应链管理，有着卓越的信誉、深邃的市场洞察力、可观的销售额、深厚的财务基础、先进的技术平台。

3. 以第三方物流为主导的供应链管理模式

以第三方物流为主导的物流服务供应链更强调整合，更注重整个供应链的完整性，它能为客户带来如下价值。

（1）降低成本，取得竞争优势。信息畅通有利于控制和降低库存，并减少成本（包括人力成本）。

（2）提高效率，快速反应，加快资金周转。客户在自己的系统（或第三方物流系统）中，能实时看到各地最新进出仓库物资和库存数据，财务根据系统动态结果能及时开出发票，加速资金周转。

五、供应链环境下的物流管理

物流供应链是由供应商、制造商、仓库、配送中心和渠道商等构成的物流网络。在供应链各节点企业间流动的原材料、在制品库存和产成品等就构成了供应链上的货物流。

供应链是物流、信息流、资金流三个流的统一，那么，物流管理很自然地成为供应链管理体系的重要组成部分，供应链管理是物流运作管理的扩展；供应链管理是物流一体化管理的延伸；供应链管理是物流管理的新战略。供应链环境下物流管理的特点如下。

（一）合作互利

合作性与协调性是供应链管理的一个重要特点，但如果没有物流系统的无缝连接，运输的货物逾期未到，顾客的需要不能得到及时满足，采购的物资常常在途受阻，都会使供应链的合作性大打折扣，因此，无缝连接的供应链物流系统是使供应链获得协调运作的前提条件。

（二）过程同步

对物流网络规划能力的增强，也反映了供应链管理环境下的物流特征。它充分利用第三方物流系统、代理运输等多种形式的运输和交货手段，降低了库存的压力和安全库存水平。

（三）信息共享

共享信息的增加对供应链管理是非常重要的。由于可以做到共享信息，供应链上任何节点的企业都能及时地掌握到市场的需求信息和整个供应链的运行情况，每个环节的物流信息都能透明地与其他环节进行交流与共享，从而避免了需求信息的失真现象。

（四）响应敏捷

企业的竞争表现在如何以最快的速度响应市场要求，以满足不断变化的多样化需求。即企业必须能在实时的需求信息下，快速组织生产资源，把产品送到用户手中，并提高产品的用户满意度。作业流程的快速重组能力极大地提高了物流系统的敏捷性。通过消除不增加价值的过程和时间，使供应链的物流系统进一步降低成本，为实现供应链的敏捷性、精细化运作提供基础性保障。

（五）交货准时

只有建立敏捷而高效的供应链物流系统，做到准时交货、提高交货可靠性、提高响应性、降低库存费用等，才能达到提高企业竞争力的要求。供应链管理成为 21 世纪企业的核心竞争力，而物流管理又将成为供应链管理的核心能力的主要构成部分。

（六）服务满意

灵活多样的物流服务，提高了用户的满意度。通过制造商和运输部门的实时信息交换，及时地把用户关于运输、包装和装卸方面的要求反映给相关部门，提高了供应链管理系统对用户个性化响应的能力，提高了顾客的满意度。物流管理是对原产地到消费地的有效率且高效的物流和货物储存、服务及相关信息进行计划、实施和控制，以满足顾客的需要。

任务二　电子商务环境下供应链的设计

一、电子商务供应链的概念

电子商务供应链是围绕核心企业，以 Internet 为平台，以电子商务为手段，通过对物流、资金流与信息流的整合和控制，从采购原材料开始，制成中间产品以及最终产品，最后由销售网络把产品送到消费者手中的将供应商、制造商、分销商、零售商，直到最终用户连成一个整体的网状结构模式。电子供应链与传统供应链的区别如下。

（一）商品物流和承运的类型不同

在传统的供应链形式下，物流是对不同地理位置的顾客进行基于传统形式的大批量运作或批量式的空间移动，将货物用卡车运抵码头或车站，然后依靠供应链的最后一环将货物交付到最终消费者。

在电子供应链状况下情况则不同，借助于各种信息技术和互联网，物流运作或管理的单元不是大件货物而是每个顾客所需的单件商品，虽然其运输也是以集运的形式进行，但是客户在任一给定时间都可以沿着供应链追踪货物的下落。

（二）顾客的类型不同

在传统的供应链形式下，企业服务的对象是既定的，供应链服务提供商能够明确掌握顾客的类型以及其所要求的服务和产品。

随着电子商务的到来,供应链运作正发生着根本性的变化。典型的电子商务,顾客是一个未知的实体,他们根据自己的愿望、季节需求、价格以及便利性,以个人形式进行产品订购。

(三) 供应链运作的模式不同

传统的供应链是一种典型的推式经营,制造商将产品生产出来之后,为了克服商品转移空间和时间上的障碍,而利用物流将商品送达市场或顾客。而电子供应链则不同,由于商品生产、分销以及仓储、配送等活动都是根据顾客的订单进行,物流不仅为商流提供了有力的保障,而且因为其活动本身就构成了客户服务的组成部分,因而它同时也创造了价值。

(四) 库存、订单流不同

在传统的供应链运作下,库存和订单流是单向的。但是在电子供应链条件下,由于客户可以定制订单和库存,因此,其流程是双向互动的。作为制造商、分销商可以随时根据顾客的需要及时调整库存和订单,以使供应链运作实现绩效最大化。

(五) 物流的目的地不一样

传统的供应链由于不能及时掌握商品流动过程中的信息,尤其是分散化顾客的信息,使其个性化服务能力不足。但是电子供应链完全是根据顾客的个性化要求来组织商品的流动,这种物流不仅要通过集运来实现运输成本的最低化,同时也需要借助差异化的配送来实现高服务。

二、电子商务供应链的主要功能

电子商务对现代供应链管理的影响是非常深远的,这不仅是因为它改变了商品交易的形式,同时也改变了物流、信息流和资金流。通过在线购物的顾客都希望在交易订单下达之后,商品能直接配送到家,时刻都能跟踪订单。同时客户也希望物流承运方能够根据他们的需求改变运输路线,确定交付过程费用以及变更后的交付时间,甚至要求能够根据多个交付地址拆散订单。电子商务供应链的主要功能如下。

(一) 在线订货

企业通过 ERP 系统将产品目录及价格发布到在线订货平台上,经销商通过在线订货平台直接订货并跟踪订单后续处理状态,通过可视化订货处理过程,实现购销双方订货业务协同,提高订货处理效率及数据准确性。企业接收经销商提交的网上订单,依据价格政策、信用政策、存货库存情况对订单进行审核确认等。

(二) 经销商库存

通过经销商网上确认收货,自动增加经销商库存,减少信息的重复录入;提升了经销商数据的及时性和准确性;通过经销商定期维护出库信息,帮助经销商和企业掌握准确的渠道库存信息,消除牛鞭效应,辅助企业业务决策。

（三）在线退货

企业通过在线订货平台，接收经销商提交的网上退货申请，依据销售政策、退货类型等对申请进行审核确认，经销商通过订单平台，实时查看退货申请的审批状态，帮助企业提高退货处理效率。

（四）在线对账

通过定期从 ERP 系统自动取数生成对账单，批量将对账单发布在网上，经销商上网即可查看和确认对账单，帮助企业提高对账效率，减少对账过程的分歧，加快资金的良性循环。

三、供应链设计的原则

（一）自顶向下和自底向上相结合的设计原则

在供应链系统建模设计中，存在两种设计方法，即自顶向下和自底向上的方法。自顶向下的方法是从全局走向局部的方法，自底向上的方法是从局部走向全局的方法；自顶而下是系统分解的过程，而自底而上则是一种集成的过程。在设计一个供应链系统时，往往是先由主管高层做出战略规划与决策，规划与决策的依据来自市场需求和企业发展规划，然后由下层部门实施决策，因此供应链的设计是自顶向下和自底向上的综合。

（二）简洁性原则

简洁性是供应链的一个重要原则，为了能使供应链具有灵活快速响应市场的能力，供应链的每个节点都应是精确的、具有活力的、能实现业务流程的快速组合。比如供应商的选择就应以少而精的原则，通过和少数的供应商建立战略伙伴关系，以减少采购成本，推动实施 JIT 采购法和准时生产。生产系统的设计更是应以精细思想（lean thinking）为指导，努力实现从精细的制造模式到精细的供应链这一目标。

（三）集优原则

供应链中各个节点的选择应遵循强强联合的原则，达到实现资源外用的目的，每个企业只集中精力致力于各自核心的业务过程，就像一个独立的制造单元（独立制造岛），这些所谓单元化企业具有自我组织、自我优化、面向目标、动态运行和充满活力的特点，能够实现供应链业务的快速重组。

（四）协调性原则

供应链业绩好坏取决于供应链合作伙伴关系是否和谐。和谐是描述系统是否形成了充分发挥系统成员和子系统的能动性、创造性及系统与环境的总体协调性。只有和谐而协调的供应链系统才能发挥最佳的效能。因此建立战略伙伴关系的合作企业关系模型是实现供应链最佳效能的保证。

（五）不确定性原则

不确定性在供应链中随处可见，许多学者在研究供应链运作效率时都提到不确定性问题。由于不确定性的存在，导致需求信息的扭曲。因此要预见各种不确定因素对供应链运作的影响，减少信息传递过程中的信息延迟和失真，降低安全库存总是和服务水平的提高相矛盾的概率。增加透明性，减少不必要的中间环节，提高预测的精度和时效性，对降低不确定性的影响都是极为重要的。

（六）创新性原则

创新设计是供应链系统设计的重要原则，没有创新性思维，就不可能有创新的管理模式。要产生一个创新的供应链系统，就要敢于打破各种陈旧的思维框框，用新的角度、新的视野审视原有的管理模式和体系，进行大胆的创新设计。进行创新设计，要注意几点：一是创新必须在企业总体目标和战略的指导下进行，并与战略目标保持一致；二是要从市场需求的角度出发，综合运用企业的能力和优势；三是发挥企业各类人员的创造性，集思广益，并与其他企业共同协作，发挥供应链整体优势；四是建立科学的供应链和项目评价体系及组织管理系统，进行技术经济分析和可行性论证。

（七）战略性原则

供应链的建模应有战略性观点，通过战略的观点考虑减少不确定影响。供应链建模的战略性原则还体现在供应链发展的长远规划和预见性，供应链的系统结构发展应和企业的战略规划保持一致，并在企业战略指导下进行。

任务三　电子商务环境下供应链管理

一、电子商务集成化供应链管理

企业从传统的管理模式转向电子商务集成化供应链管理模式，一般要经过从最低层次的基础建设到最高层次的集成化供应链动态联盟，主要体现在组织结构、管理核心、计划与控制系统、应用的信息技术等方面，其步骤如下。

（一）电商内部供应链集成

电商企业在原有企业供应链的基础上分析、总结企业现状，分析企业内部影响供应链管理的阻力和有利之处，同时分析外部市场环境，对市场的特征和不确定性作出分析和评价，实现企业内部供应链与外部供应链中供应商和用户管理部分的集成，形成内部集成化供应链。为了支持企业内部集成化供应链管理，主要采用供应链计划（supply chain planning，SCP）和 ERP 系统来实施集成化计划和控制，这两种信息技术都是基于客户/服务（client/server）体系在企业内部集成中的应用。有效的 SCP 集成了企业所有的主要计划和决策业务，包括需求预测、库存计划、资源配置、设备管理、优化路径、基于能力约束的生产计划和作业计划、物料和能力计划、采购计划等。ERP系统集成了企业业务流程中主要的执行职能，包括订单管理、财务管理、库存管理、生产制造管理、采购等职能。SCP和ERP通过基于事件的集成技术联结在一起。

（二）外部供应链集成

将企业内部供应链与外部的供应商和用户集成起来，形成一个集成化供应网链，与主要供应商和用户建立良好的合作伙伴关系，即所谓的供应链合作关系是集成化供应链管理的关键之关键。企业要特别注重战略伙伴关系管理，管理的焦点要以面向供应商和用户取代面向产品，增加与主要供应商和用户的联系，增进相互之间的了解（产品、工艺、组织、企业文化等），相互之间保持一定的一致性，实现信息共享等，企业通过为用户提供与竞争者不同的产品/服务或增值的信息而获利。供应商管理库存（VMI）和共同计划预测与库存补充（CPFR）的应用就是企业转向改善、建立良好的合作伙伴关系的典型例子。通过建立良好的合作伙伴关系，企业就可以很好地与用户、供应商和服务提供商实现集成和合作，共同在预测、产品设计、生产、运输计划和竞争策略等方面设计和控制整个供应链的运作。对于主要用户，企业一般建立以用户为核心的小组，这样的小组具有不同职能领域的功能，从而更好地为主要用户提供有针对性的服务。

处于这个阶段的企业，生产系统必须具备更高的柔性，以提高对用户需求的反应能力和速度。企业必须能根据不同用户的需求，既能按订单生产（make-to-order），按订单组装、包装（assemble or package-to-oder），又能按备货方式生产（make-to-stock），这样一种根据用户的不同需求对资源进行不同的优化配置的策略称为动态用户约束点策略。延迟技术（postponement）可以很好地实现以上策略。延迟技术强调企业产品生产加工到一定阶段，等待收到用户订单以后根据用户的不同要求完成产品的最后加工、组装，这样企业供应链的生产就具有了很高的柔性。

为了达到与外部供应链的集成，企业必须采用适当的信息技术为企业内部的信息系统提供与外部供应链节点企业很好的接口，达到信息共享和信息交互，达到相互操作的一致性。这些都需要采用Internet信息技术。

本阶段企业采用销售点驱动的同步化、集成化的计划和控制系统。它集成了用户订购数据和合作开发计划、基于约束的动态供应计划、生产计划等功能，以保证整个供应链中的成员同步化地进行供应链管理。

（三）电子商务集成化供应链动态联盟

随着市场竞争的加剧，供应链共同体必将成为一个动态的网链结构，以适应市场变化、柔性、速度、革新、知识等需要，这是供应链管理的发展趋势，即集成化供应链动态联盟。

企业通过Internet网络商务软件等技术集成在一起以满足用户的需求，一旦用户的需求消失，它也将随之解体。而当另一需求出现时，这样的一个组织结构又由新的企业动态地重新组成。在这样一个环境中求生存，企业如何成为一个能及时、快速满足用户需求的供应商，是企业生存、发展的关键。集成化供应链动态联盟是基于一定的市场需求、根据共同的目标而组成的，通过实时信息的共享来实现集成。其主要应用的信息技术是Internet的集成，同步化的、扩展的供应链计划和控制系统是主要的工具，基于Internet的电子商务取代传统的商务手段，这是供应链管理发展的必然趋势。

二、供应链管理的运营机制

供应链是一种企业网络，任何一个企业组织都是一个供应链结构体（产供销一体化）。应该从集成化的角度研究供应链管理模式，即综合这两方面的内容，由内向外，由表及里，由企业内部的协调分工到企业间的协作与联盟，最终目的是追求企业更强的竞争力和更大的效益。供应链运作的表象是物流、信息流、资金流（即人们通常所说的"三流"），但是供应链的成长过程实质包含两方面的含义：一是通过产品（技术、服务）的扩散机制来满足社会的需求；二是通过市场的竞争机制来发展壮大企业的实力。因此，供应链管理实际上是一种基于"竞争—合作—协调"机制的、以分布企业集成和分布作业协调为保证的新的企业运作模式。

（一）合作机制

供应链合作机制体现了战略伙伴关系和企业内外资源的集成与优化利用。基于这种企业环境的产品制造过程，从产品的研究开发到投放市场，周期大大缩短，而且顾客导向化（customization）程度更高，模块化、简单化产品和标准化组件，使企业在多变的市场中柔性和敏捷性显著增强，虚拟制造与动态联盟提高了业务外包（outsourcing）策略的利用程度。企业集成的范围扩展了，从原来的中低层次的内部业务流程重组上升到企业间的协作，这是一种更高级别的企业集成模式。在这种企业关系中，市场竞争的策略最明显的变化就是基于时间的竞争（time-based）和价值链（value chain）及价值让渡系统管理或基于价值的供应链管理。

（二）决策机制

由于供应链企业决策信息的来源不再仅限于一个企业内部，而是在开放的信息网络环境下，不断进行信息交换和共享，达到供应链企业同步化、集成化计划与控制的目的。而且随着 Internet/Intranet 发展成为新的企业决策支持系统，企业的决策模式将会产生很大的变化，因此处于供应链中的任何企业决策模式应该是基于 Internet/Intranet 的开放性信息环境下的群体决策模式。

（三）激励机制

供应链管理是要使企业在竞争中取得"TQCSF"各方面的最佳业绩（T 为时间，指反应快，如提前期短，交货迅速等；Q 指质量，控制产品、工作及服务质量高；C 为成本，企业要以更少的成本获取更大的收益；S 为服务，企业要不断提高用户服务水平，提高用户满意度；F 为柔性，企业要有较好的应变能力）。缺乏均衡一致的供应链管理业绩评价指标和评价方法是目前供应链管理研究的弱点和导致供应链管理实践效率不高的一个主要问题。为了掌握供应链管理的技术，必须建立、健全业绩评价和激励机制，以推动企业管理工作不断完善和提高，使得供应链管理能够沿着正确的轨道与方向发展，真正成为企业管理者乐于接受和实践的新的管理模式。激励模式有以下几种。

1. 价格激励

在供应链环境下，各个企业在战略上是相互合作关系，但是各个企业的利益不能被忽视。供应链的各个企业间的利益分配主要体现在价格上。价格包含供应链利润在所有企业间的分配、供应链优化而产生的额外收益或损失在所有企业间的均衡。供应链优化所产生的额外收益或损失大多数时候是由相应企业承担，但是在许多时候并不能辨别相应对象或者相应对象错位，因而必须对额外收益或损失进行均衡，这个均衡通过价格来反映。

价格对企业的激励是显然的。高的价格能增强企业的积极性，不合理的低价会挫伤企业的积极性。供应链利润的合理分配有利于供应链企业间合作的稳定和运行的顺畅。

但是，价格激励本身也隐含着一定风险，这就是逆向选择问题。即制造商在挑选供应商时，由于过分强调低价格的谈判，他们往往选中了报价较低的企业，而将一些整体水平较好的企业排除在外。其结果影响了产品的质量、交货期等。当然，看重眼前的利益是导致这一现象的一个不可忽视的原因，但出现这种差供应商排挤好供应商的最为根本的原因是在签约前对供应商的不了解，没意识到报价越低，意味着违约的风险越高。因此，使用价格激励机制时要谨慎从事，不可一味强调低价策略。

2. 订单激励

供应链获得更多的订单是一种极大的激励，在供应链内的企业也需要更多的订单激励。一般地说，一个制造商拥有多个供应商，多个供应商竞争来自制造商的订单，多的订单对供应商是一种激励。

3. 商誉激励

商誉是一个企业的无形资产，对于企业极其重要。商誉来自供应链内其他企业的评价和在公众中的声誉，反映企业的社会地位（包括经济地位、政治地位和文化地位）。

供应链各节点企业应从长远发展的战略目标出发，提高企业对商业信誉重要性的认识，不断提高信守合同、依法经营的市场经济意识。整个社会也要逐渐形成一个激励企业提高信誉的环境，一方面通过加强法制建设为市场经济保驾护航，严惩那些不遵守合同的行为；另一方面则要大力宣传那些遵纪守法、信守合同、注重信誉的企业，为这些企业获得更广泛的认同创造良好的氛围。通过这些措施，既可打击那些不遵守市场经济游戏规则的企业，又可帮助那些做得好的企业赢得更多的用户，起到一种激励作用。

4. 信息激励

在当今信息时代，企业获得更多的信息意味着企业拥有更多的机会、更多的资源，从而获得激励。信息对供应链的激励属于一种间接的激励模式，在供应链企业群体中利用信息技术建立起信息共享机制，能够很快捷地获得合作企业的需求信息使企业能够主动采取措施提供优质服务，这对在合作方建立起信任有着非常重要的作用。因此，企业在新的信息不断产生的条件下，始终保持着对了解信息的欲望，也更加关注合作双方的运行状况，不断探求解决新问题的方法，这样就达到了对供应链企业激励的目的，并在某种程度上克服了由于信息不对称而使供应链中的企业相互猜忌的弊端，消除了由此带来的风险。

5. 淘汰激励

淘汰激励是负激励的一种。优胜劣汰是世间事物生存的自然法则，供应链管理也不例外。为了使供应链的整体竞争力保持在一个较高的水平，供应链必须建立对成员企业的淘汰机制，让所有合作企业都有一种危机感。这样一来，企业为了能在供应链管理体系获得群体优势,同时自己也获得发展,就必须承担一定的责任和义务,对自己承担的供货任务,从成本、质量、交货期等方面负有全方位的责任。这一点对防止短期行为和"一锤子买卖"给供应链群体带来的风险也起到一定的作用。危机感可以从另一个角度激发企业发展。

6. 新产品/新技术的共同开发激励

新产品/新技术的共同开发和共同投资也是一种激励机制,它可以让供应商全面掌握新产品的开发信息,有利于新技术在供应链企业中的推广和开拓供应商的市场。

传统的管理模式下,制造商独立进行产品的研究与开发,只将零部件的最后设计结果交由供应商制造。供应商没有机会参与产品的研究与开发过程,只是被动地接受来自制造商的信息。这种合作方式只是供应商按期、按量、按质交货,不可能使供应商积极主动关心供应链管理。因此,供应链管理实施好的企业,都将供应商、经销商甚至用户结合到产品的研究开发工作中来,按照团队的工作方式(team work)展开全面合作。在这种环境下,合作企业也成为整个产品开发中的一分子,其成败不仅影响制造商的成本,而且也影响供应商及经销商的利益。因此,供应链上各个节点企业都会关心产品的开发工作,形成对供应链上企业的激励作用。

7. 组织激励

在一个较好的供应链环境下,企业之间少有争执,合作愉快,使供应链的运作通畅,对供应链及供应链内的企业都是一种激励。

减少供应商的数量,并与主要的供应商和经销商保持长期稳定的合作关系是制造商采取的组织激励的主要措施。但有些企业对待供应商与经销商的态度忽冷忽热,零部件供过于求时和供不应求时对经销商的态度两个样,产品供不应求时对经销商态度傲慢,供过于求时往往企图将损失转嫁给经销商,因此得不到供应商和经销商的信任与合作。产生这种现象的根本原因还是企业管理者的头脑中没有建立与供应商、经销商长期战略合作的意识,管理者追求短期业绩的心理较重。如果不能从组织上保证供应链管理系统的运行环境,供应链的绩效也会受到影响。

8. 自律机制

自律机制要求供应链企业向行业的领头企业或最具竞争力的竞争对手看齐,不断对产品、服务和供应链业绩进行评价,并不断地改进,以使企业能保持自己的竞争力和持续发展。自律机制主要包括企业内部的自律、对比竞争对手的自律、对比同行企业的自律和比较领头企业的自律。企业通过推行自律机制,可以降低成本,增加利润和销售量,更好地了解竞争对手,提高客户满意度,增加信誉,企业内部部门之间的业绩差距也会得到缩小,提高企业的整体竞争力。

三、电子商务供应链管理策略

(一)快速反应(QR)

快速反应(quick response,QR)是供应链成员企业之间建立战略合作伙伴关系,利用EDI等信息技术进行信息交换与信息共享,用高频率、小批量配送方式补货,以实现缩短交货周期、减少库存、提高顾客服务水平和企业竞争力为目的的一种供应链管理策略。

QR是美国纺织服装业发展起来的一种供应链管理方法。它是美国零售商、服装制造商以及纺织品供应商开发的整体业务概念，目的是减少原材料到销售点的时间和整个供应链上的库存，最大限度地提高供应链管理的运作效率。

（二）有效客户反应（ECR）

有效客户反应（efficient customer response，ECR）是以满足客户要求和最大限度降低物流过程费用为原则，能及时做出准确的反应，使提供的物品供应或服务流程最佳化的一种供应链管理策略。

实施 ECR 的要素包括高效产品引进、高效商店品种、高效促销、高效补货。

（三）电子订货系统（EOS）

电子订货系统（electronic ordering system，EOS）将批发、零售商场所发生的订货数据输入计算机，即刻通过计算机通信网络连接的方式将资料传送至总公司、批发业、商品供货商或制造商处，处理从新商品资料的说明直到会计结算等所有商品交易过程中的作业，可以说 EOS 涵盖了整个商流。

1. EOS 对零售业的好处

压低库存量；减少交货失误；改善订货业务；建立商店综合管理系统。

2. EOS 对批发业的好处

提高服务质量；建立高效的物流体系；提高工作效率；销售管理系统化。

3. EOS 在企业物流管理中的作用

（1）节省人工费。相对于传统的订货方式，如上门订货、邮寄订货、电话、传真订货等，EOS 系统可以缩短从接到订单到发出订货的时间，缩短订货商品的交货期，减少商品订单的出错率，节省人工费。

（2）有利于减少企业的库存水平，提高企业的库存管理效率，同时也能防止商品特别是畅销商品缺货现象的出现。

（3）对于生产厂家和批发商来说，通过分析零售商的商品订货信息，能准确判断畅销商品和滞销商品，有利于企业调整商品生产和销售计划。

（4）有利于提高企业物流信息系统的效率，使各个业务信息子系统之间的数据交换更加便利和迅速，丰富企业的经营信息。

（5）EOS 系统在日用杂品、家庭用品、水果、医药品、玩具、运动用品、眼镜钟表、成衣等专业网络的用户应用普及，可通过自己商店内标准的零售店终端机向网内的批发商订货，订货的依据就是统一的通用商品条形码，这个商品条形码可以直接从商品上通过条形码的扫描而获得，既快速又准确无误。

（6）由于 EOS 系统给贸易伙伴带来了巨大的经济效益和社会效益，专业化的网络和地区网络在逐步扩大和完善，交换的信息内容和服务项目都在不断增加，EOS 系统正趋于系统化、社会化、标准化和国际化。

（四）准时制（JIT）管理

准时制（just in time，JIT）是日本丰田汽车公司在 20 世纪 60 年代实行的一种生产方式，准时制指的是将必要的零件以必要的数量在必要的时间送到生产线需求点上。其实质是保持物质流和信息流在生产中的同步,这种方法可以减少库存,缩短工时,降低成本,提高生产效率。

实施 JIT 生产方式的库存即追求企业零库存。所谓零库存,是指物料(包括原材料、半成品和产成品等)在采购、生产、销售、配送等一个或几个经营环节中,不以仓库存储的形式存在,而均处于周转的状态。

JIT 在需要的时候,按需要的量生产所需的产品,也就是追求一种无库存,或库存达到最小的生产系统。JIT 的基本思想是生产的计划和控制及库存的管理。

JIT 可以使生产资源合理利用,包括劳动力柔性和设备柔性。当市场需求波动时,要求劳动力资源也作相应调整。如需求量增加不大时,可通过适当调整具有多种技能操作者的操作来完成;当需求量降低时,可采用减少生产班次、解雇临时工、分配多余的操作工去参加维护和维修设备,这就是劳动力柔性的含义。而设备柔性是指在产品设计时就考虑加工问题,发展多功能设备。

JIT 强调全面质量管理,目标是消除不合格品,消除可能引起不合格品的根源,并设法解决问题。JIT 中还包含许多有利于提高质量的因素,如批量小、零件很快移到下一道工序、质量问题可以及早发现等。

(五)企业资源计划(ERP)

企业资源计划(enterprise resource planning,ERP)是由美国 Gartner Group 公司于 1990 年提出的一种供应链管理思想。企业资源计划是 MRP Ⅱ(企业制造资源计划)下一代的制造业系统和资源计划软件。除了 MRP Ⅱ 已有的生产资源计划、制造、财务、销售、采购等功能外,还有质量管理、实验室管理、业务流程管理、产品数据管理、存货、分销与运输管理、人力资源管理和定期报告系统。

电子商务环境下新一代 ERP 的特点是通过前馈的物流和反馈的物流和资金流,把客户需求和企业内部的生产活动,以及供应商的制造联系起来,实现对整个供应链的有效管理,体现对整个供应链资源进行管理的思想,体现精益生产、同步工程和敏捷制造的思想,体现事先计划与事中控制的思想。整合各部门资源;建立 ERP 系统运筹机制;提高客户满意度;提高成本管理及损益分析的效率;经营生产计划与控制的及时;最新软件架构系统的高度集成。

(六)协同商务(CC)

协同商务(collaborative commerce,CC)又称协同产品商务(collaborative product commerce,CPC),是一类新的软件和服务,它使用 Internet 技术把产品设计、分析、采购、制造、销售、市场、现场服务和顾客连成一个全球的知识网络,使得在产品商业化过程中承担不同角色、使用不同工具、在地理上或供应网络上分布的个人能够协作地完成产品的开发、制造以及产品全生命周期的管理。

协同思想在 20 世纪 50 年代由德国的 Hermann Haken 教授提出,最早只是应用于计算机科学和系统科学,并由之产生了计算机支持的协同工作(computer supported cooperative work,CSCW)这一新兴学科。1999 年,美国咨询公司 Aberdeen Group 提出了协同商务这一崭新的管理理念,为迷茫中的企业管理决策者提供了新市场竞争环境下合作竞争的解决思路。国外著名的管理咨询公司 Aberdeen Group 在 2000 年给出了协同商务的完整定义，随之带来了管理思想的一次变革。

协同论是在系统论、控制论和信息论基础上发展建立的"新三论"之一（另外两论分别是耗散结构论、突变论），着重研究系统与系统之间相互作用的变化规律。

供应链上的需求变异放大现象（牛鞭效应）

"牛鞭效应"是经济学上的一个术语，指供应链上的一种需求变异放大现象，是信息流从最终客户端向原始供应商端传递时，无法有效地实现信息共享，使得信息扭曲而逐级放大，导致了需求信息出现越来越大的波动，此信息扭曲的放大作用在图形上很像一个甩起的牛鞭，因此被形象地称为"牛鞭效应"。

"牛鞭效应"是营销活动中普遍存在的现象，因为当供应链上的各级供应商只根据来自其相邻的下级销售商的需求信息进行供应决策时，需求信息的不真实性会沿着供应链逆流而上，产生逐级放大的现象，到达最源头的供应商（如总销售商或者该产品的生产商）时，其获得的需求信息和实际消费市场中的顾客需求信息发生了很大的偏差，需求变异系数比分销商和零售商的需求变异系数大得多。由于这种需求放大变异效应的影响，上游供应商往往维持比其下游需求更高的库存水平，以应付销售商订货的不确定性，从而人为地增大了供应链中上游供应商的生产、供应、库存管理和市场营销风险，甚至导致生产、供应、营销的混乱。

产生"牛鞭效应"的原因主要有六个方面，即需求预测修正、订货批量决策、价格波动、短缺博弈、库存责任失衡和应付环境变异。

需求预测修正是指当供应链的成员采用其直接的下游订货数据作为市场需求信息和依据时，就会产生需求放大。在供应链中，每个企业都会向其上游订货，一般情况下，销售商并不会来一个订单就向上级供应商订货一次，而是在考虑库存和运输费用的基础上，在一个周期或者汇总到一定数量后再向供应商订货；为了减少订货频率，降低成本和规避断货风险，销售商往往会按照最佳经济规模加量订货。同时频繁的订货也会增加供应商的工作量和成本，供应商也往往要求销售商在一定数量或一定周期订货，此时销售商为了尽早得到货物或全额得到货物，或者为备不时之需，往往会人为提高订货量。这样，便由于订货策略导致了"牛鞭效应"。

小米手机的供应链管理

小米公司成立于 2010 年 4 月，是一家智能手机自主研发的移动互联网公司，产品理念为"为发烧而生"。小米手机的主要购买途径是小米官网，网上开放购买时间是每周二，每次都是销售一空，一是产品跟不上，二是小米公司采用饥饿营销方式。

一、小米手机供应链管理的构成

（一）库存管理

小米供应链采取"前拉运行"模式，同时销售采用"饥饿营销"的方式，完美做到"零库存"。采取在线信息管理。

（二）采购管理

订单驱动的采购管理模式（小米手机行业独特的"网络订购"销售模式），建立战略合作伙伴关系。

（三）物流渠道

（1）物流渠道设计。

小米是电子直销渠道模式，渠道加物流公司展开手机销售，材料供应商涉及国外的企业。

（2）第三方物流。

小米一般使用EMS、顺丰、申通和圆通等第三方物流公司。

（3）延迟化策略。

小米销售地区模块化组装：客户下订单—确定最近的物流中心—挑选合适机型及相关配件并进行包装—配送。同时，分销中心只存放产品的通用部件策略减少了库存，也比较适应市场变化。

二、小米手机供应链管理的类型

（1）需求驱动的供应链管理：采取戴尔模式"按需定制"，零库存供应链管理。

小米手机用户通过网络下单，获得市场需求，然后通过供应链采购零部件，比如向夏普采购屏幕、向高通采购芯片、向索尼采购摄像头，再通过其他厂商采购其他非关键零部件。手机供应链比之PC产业链更为复杂，很多关键零部件需要提前预订，从下单到出货，各种部件时间不等。屏的采购时间最长，一般为三个月，电池一般需要两个月，芯片时间至少两个月，摄像头至少一个月。从零部件预定到整机出库，至少需要三个月时间。

（2）"后推—前拉"模式。

其供应链模式有别于普通的手机行业，小米手机零库存，在智能手机行业尚无人做到，类似PC行业，也唯有戴尔是行业成功的先例。信息技术的发展，特别是网络技术的发展，为各种流程管理，整合供货商和顾客提供了越来越强大的支持，小米是以网络零售为主的销售模式。

三、小米手机的供应链管理特点

（1）面向客户需求，在供应链前端收集顾客信息。

小米公司采取网上直销的方式，不与任何零售商合作，精心打造了自己的网站，由客户登录网站—注册—购买—付款—发货—确认收货—申请售后服务这样一个流程完成，小米公司认为这样就把顾客整合到了产品价值创造的过程中，提高顾客满意度。

（2）全球供应链需求信息系统。

主要实现方式是客户下订单—确认最近物流中心（国内或国外）—挑选合适机型及相关配件并进行包装—配送，较好地实现了按客户需求配送。

自我测试

一、单选题

1. 在生产和流通过程中，涉及将产品或服务提供给最终用户活动的上游与下游企业所形成的网络结构为（　　）。
   A. 联合采购　　B. 电子招标　　C. 供应链　　D. 销售渠道

2. 以大量方式存在的物料经过企业加工转换为中间产品时，由于中间产品企业的客户往往要多于其供应商而呈发散状的供应链，如石油、化工、造纸及纺织企业为其他企业提供原材料的过程，这种供应链属于（　　）。
   A. V 形网状供应链　　B. A 形网状供应链
   C. T 形网状结构　　D. JIT 型结构

3. （　　）是整个供应链的驱动力产生于最终的顾客，产品生产是受需求驱动的。生产是根据实际顾客需求而不是预测需求进行协调的。
   A. 牵引的供应链　　B. 拉动式供应链
   C. 有效性供应链　　D. 集中式供应链

4. 供应链管理把资源的范围扩展到（　　）。
   A. 供应商　　B. 分销商　　C. 整个供应链　　D. 消费者

5. 采用（　　）运作模式的供应链系统，库存量较低，集成度较高，信息交换迅速。
   A. 分散式供应链　　B. 推动式供应链
   C. 拉动式供应链　　D. 集中式供应链

6. ECR 是一种通过制造商、（　　）和零售商各自经济活动的整合，以最低的成本，最快、最好地实现消费者需求的流通模式。
   A. 生产商　　B. 分销商　　C. 厂商　　D. 供应商

7. 供应链成员企业之间建立战略合作伙伴关系，利用 EDI 等信息技术进行信息交换与信息共享，用高频率、小批量配送方式补货，以实现缩短交货周期、减少库存、提高顾客服务水平和企业竞争力为目的的供应链管理策略是（　　）。
   A. QR　　B. ECR　　C. EOS　　D. JIT

8. （　　）将批发、零售商场所发生的订货数据输入计算机，即刻通过计算机通信网络连接的方式将资料传送至总公司、批发业、商品供货商或制造商处，处理从新商品资料的说明直到会计结算等所有商品交易过程中的作业。
   A. QR　　B. ECR　　C. EOS　　D. JIT

9. （　　）是日本丰田汽车公司在 20 世纪 60 年代实行的一种生产方式，是将必要的零件以必要的数量在必要的时间送到生产线需求点上。
   A. 电子订货系统　　B. 准时制管理　　C. 有效客户反应　　D. 快速反应

10. （　　）是由美国 Gartner Group 公司于 1990 年提出的一种供应链的管理思想。企业资源计划是 MRP Ⅱ（企业制造资源计划）下一代的制造业系统和资源计划软件。
    A. 协同商务　　B. 准时制管理
    C. 企业资源计划　　D. 快速反应

二、多选题

1. 供应链是围绕核心企业,通过对信息流、物流、资金流的控制,从采购原材料开始,制成中间产品以及最终产品,最后由销售网络把产品送到消费者手中的将（　　）、（　　）、（　　），直到（　　）连成一个整体的功能网链结构模式。

  A. 供应商   B. 分销商   C. 零售商   D. 最终用户

2. 供应链上有几种基本"流"在流动,即（　　）、（　　）、（　　）、（　　）。这些"流"相互联系,相互影响,形成了一个完整的运营管理系统。

  A. 商流   B. 物流

  C. 信息流、资金流   D. 作业流和价值流

3. 供应链管理的模式有（　　）。

  A. 以制造企业为主导的供应链管理模式

  B. 以零售商（连锁超市）为主导的供应链管理模式

  C. 以第三方物流为主导的供应链管理模式

  D. 各自独立企业自己管理

4. 供应链环境下的物流管理的特点有（　　）。

  A. 信息共享   B. 过程同步

  C. 合作互利、交货准时   D. 响应敏捷、服务满意

5. 电子商务供应链的主要功能有（　　）。

  A. 在线订货   B. 经销商库存   C. 在线退货   D. 在线对账

三、问答题

1. 什么是供应链?供应链有哪些特征?
2. 供应链管理的概念是什么?供应链管理的内容有哪些?供应链管理的目标是什么?
3. 供应链管理模式有几种?以第三方物流为主导的供应链管理模式有什么意义?
4. 什么是电子商务供应链?电子商务供应链与传统供应链有哪些区别?
5. 供应链管理的策略有哪些?分别有什么特点?供应链管理的激励机制有哪些?

项目实施

情境实训一　JIT 在供应链管理的应用

一、实训目的

了解供应链管理环境下的采购和库存管理的特点;了解 JIT 历史背景;掌握 JIT 生产方式的基本思想;通过案例学习企业在供应链管理中 JIT 的应用;熟悉供应链管理的库存控制策略。

二、实训步骤

（1）教师讲解准时制（just in time, JIT）生产方式的来源;JIT 生产方式的基本思想;JIT 管理目标;JIT 在供应链管理各节点企业间库存的控制方法和特点。

（2）教师通过案例分析 JIT 在供应链管理中的应用。

（3）学生查找案例分析,回答问题。

三、实训任务

（1）什么是准时生产体制？其产生的背景是怎样的？
（2）JIT 管理的核心思想和管理的目的是什么？
（3）JIT 方式在供应链各节点企业间的采购特点是什么？
（4）上网查找两个国内外供应链管理中 JIT 应用的经典案例，分析供应链管理的库存控制应采取的策略。

情境实训二　经典供应链案例分析

一、实训目的

通过经典供应链案例分析，了解供应链的含义、特点；掌握供应链的设计原则；熟悉供应链管理技巧和策略，企业管理服务。具有构建供应链的能力、制定供应链策略的能力；能将所学理论知识应用到企业实践中，能根据实际情况找出供应链存在的问题并提出解决的方法。

二、实训步骤

（1）教师讲解供应链的概念和特征、供应链的类型、供应链的运作方式、供应链管理的方法及策略等知识。
（2）提供国内外经典供应链案例（或本书提供的案例），如华为、苹果、京东、戴尔、诺基亚、宝洁、IBM、沃尔玛、丰田汽车、强生等企业效率最高供应链案例进行分析。
（3）为自主创业电商经营进行供应链的设计。

三、实训任务

（1）应如何选择供应链中的供应商？
（2）上网查找两个国内外管理好的供应链案例进行学习，将供应链的形成、发展、给供应链各节点企业带来的好处等记录下来，并通过案例分析总结出如何有效地降低供应链管理成本的同时又提能高客户满意度。
（3）供应链的设计原则有哪些？结合前面电子商务自主创业的经营业务进行供应链设计（包括供应链各节点企业的构成；请指出供应链管理应涉及的内容、供应链管理的步骤及应采取的管理策略）。

情境实训三　供应链综合管理软件在电商物流企业的应用

一、实训目的

通过供应链综合管理软件的学习，了解供应链综合管理软件是基于协同供应链管理的思想，掌握供应链中各实体的业务，熟悉供应链管理各环节无缝链接，形成物流、信息流、单证流、商流和资金流五流合一的操作模式；明确供应链管理软件是对整个供应链（从供货商，制造商，分销商到消费者）的各个环节及采购、物料管理、生产、配送、营销到消费者的整个货物流、信息流和资金流的管理，把物流与库存成本降到最小。

二、实训步骤

（1）教师选择供应链管理软件（到企业实地学习供应链管理软件，或学校实训室学习安装的供应链管理软件，或是 ERP 软件或第三方物流软件等）。
（2）计划。这是 SCM 的策略性部分，你需要有一个策略来管理所有的资源，以满足客户对你的产品的需求。好的计划是建立一系列的方法监控供应链,使它能够有效、低成本地为顾客递送高质量和高价值的产品或服务。

(3)采购。选择能为你的产品和服务提供货品和服务的供应商,和供应商建立一套定价、配送和付款流程并创造方法监控和改善管理,并把对供应商提供的货品和服务的管理流程结合起来,包括提货、核实货单、转送货物到你的制造部门并批准对供应商的付款等。

(4)制造。安排生产、测试、打包和准备送货所需的活动,是供应链中测量内容最多的部分,包括质量水平、产品产量和工人的生产效率等的测量。

(5)配送。又称之为"小物流",是调整用户的订单收据、建立仓库网络、派递送人员提货并送货到顾客手中、建立货品计价系统、接收付款的过程。

(6)退货。这是供应链中的问题处理部分。建立网络接收客户退回的次品和多余产品,并在客户应用产品出问题时提供支持。

三、实训任务

(1)供应链管理软件的目标是什么?供应链管理软件包括哪几部分?

(2)供应链管理软件主要涉及管理的哪几个领域?

(3)请在供应链管理软件学习的基础上,写出供应链管理软件各部分的操作流程。

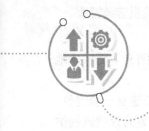

项目十

电子商务物流绩效评价及成本控制

项目说明

物流成本是物流活动中消耗的物化活动和活劳动的货币表现,物流成本管理是物流管理中十分重要的内容。通过分析物流成本及物流绩效指标及控制物流风险,为企业提供高效低成本的物流服务,使企业形成核心竞争能力。通过本项目的学习,使学生了解物流成本的特点及构成,掌握影响物流成本的因素,熟悉物流成本控制的方法,具备物流成本及费用的分析能力;掌握物流绩效评价的指标,具备制订物流管理绩效指标和管理能力;明确物流风险的类型及物流风险产生的原因,具备规避物流风险的能力。

导入案例

苹果公司的物流供应链成本控制分析

美国苹果电脑公司,是全球手机生产商,通过实施需求导向的务实设计创新、差异化销售渠道、饥饿营销的成功运用精简库存、外包非核心业务及构建供应链联盟等策略,开发了供应商、公司和顾客之间的快速联接。

一、需求导向的务实设计创新

苹果是把握消费趋势的高手。苹果对人性至察而又通明的能力使得苹果能及时调整需求满足策略,构建了务实的设计创新,即对于每一个新的产品设计理念,苹果都要求其工程师提供三份评价文件,一份市场开发文件、一份工程设计文件以及一份用户体验文件;如果这三个文件被执行委员会评价并认可,设计组就会得到一笔预算,这是以市场为导向设计产品及制定销售价格的策略。

二、差异化销售渠道

苹果针对不同的产品类型,采用各具特色的销售渠道。对于 iPhone 产品,苹果全部是直接与运营商合作,通过销售分成的方式获利,在美国是 AT&T,英国是 O2;对于所有非 iPhone 产品,在零售终端方面,苹果进行市场细分筛选,采取了以授权专卖店、卖场连锁店、网上授权零售、网上直销四种方式相结合的路线。

三、饥饿营销的成功运用

"饥饿营销"是指商品提供者有意降低产量,以期达到调控供求关系、制造供不应求的

项目十 电子商务物流绩效评价及成本控制

假象、维持商品较高的售价和利润率的目的。当新品推出后，由于用户的饥饿感被引爆，iPhone 在开始销售的一周内已启用了 100 万部，这是苹果公司计划年度内的销售计划，实际上只用了 6 天时间就实现了这个目标。

四、精简库存

苹果公司的库存成品价值高达 7 亿美元，使公司一度陷入存货危机，产品库存周转率还不到 13 次。为此，苹果采取了一系列措施降低库存。

第一，减少供应商数量。苹果将原先庞大的供应商数量减少至一个较小的核心群体，开始经常给供应商传送预测信息，共同应对因各种原因导致的库存剧增风险。

第二，减少产品种类。苹果把原先的 15 种以上的产品样式消减到 4 种基本产品样式，并尽可能使用更多标准化部件，从而大大减少产品生产的零部件的备用数量以及半成品的数量，能够将精力更集中于定制产品，而不是为大量的产品搬运大量存货。

第三，提供更多无形产品。苹果通过提供 iTunes（iTunes 程序是一个界面），管理受欢迎的苹果电脑 iPod 数字媒体播放器上的内容。此外，iTunes 能连线到 iTunes Store，以便下载购买的数字音乐、音乐视频、电视节目、iPod 游戏、各种 Podcast 以及标准长片。音乐商店服务让消费者把钱大把地花费在一个近 20 亿美元销售额的零库存商品供应链上。苹果的在线 iTunes 音乐商店已经成为世界上第三大音乐零售商，仅次于沃尔玛和百思买。苹果只有降低了企业的存货成本才能直接地增加企业的盈利。

任务驱动：通过以上案例导入如下任务。
（1）什么是物流成本？物流成本由哪几部分构成？物流成本控制的途径有哪些？
（2）什么是物流绩效？在物流各个作业环节应怎样设计物流绩效分析指标？
（3）结合案例分析苹果公司进行供应链管理过程时可以从哪些方面降低成本增加盈利。

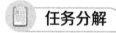 任务分解

任务一　电子商务物流绩效考核评价

物流绩效是指在一定的经营期间内企业的物流经营效益和经营者的物流业绩，是企业根据客户要求在组织物流运作过程中的劳动消耗和劳动占用与所创造的物流价值的对比关系。企业物流绩效考核评价是指为达到降低企业物流成本的目的，运用特定的企业物流绩效评价指标、比照统一的物流评价标准，采取相应的评价模型和评价计算方法，对物流系统的投入和产效（产出和效益）所做出的客观、公正和准确的评判。对物流企业绩效评价进行研究，可以进一步丰富绩效评价理论，同时，绩效评价则是绩效管理的前提和基础。

一、采购绩效考核指标体系的设置及评价

（一）采购数量绩效指标

1. 储存费用指标

储存费用是现有存货利息及保管费用与正常存货水准利息及保管费用之差额。

2. 积压商品处理损失指标

处理积压商品的收入与其取得成本的差额。存货积压越多，利息及保管的费用越大，积压商品处理的损失也就越高，显示采购人员的数量绩效越差。不过此项数量绩效，有时受到公司营业状况、物料管理绩效、生产技术变更或投机采购的影响，并不一定完全归咎于采购人员。

（二）采购质量绩效指标

质量绩效指标主要是指供应商的质量水平以及供应商所提供的产品或服务的质量表现。采购的质量绩效可由验收记录及生产记录来判断。验收记录指供应商交货时，为公司所接受（或拒收）的采购项目数量或百分比；生产记录是指交货后，在生产过程发现质量不合格的项目数量或百分比。质量评价指标细分起来包括以下几种。

1. 采购商品质量指标

这是采购绩效最关键的指标，包括批次质量合格率、商品抽检缺陷率、商品免检率、退货率等。

$$批次质量合格率 = \frac{合格批次的数量}{来料总数量} \times 100\%$$

$$商品抽检缺陷率 = \frac{抽检缺陷总数}{抽检样品总数} \times 100\%$$

$$商品免检率 = \frac{商品免检的种类数}{该供应商供应的产品总种类数} \times 100\%$$

2. 质量体系

从全局把握采购环节的质量体系，包括通过ISO9000的供应商比例、商品免检的供应商比例、商品免检的价值比例、围绕本企业的产品开展专项质量改进的供应商数目及比例、参与本企业质量改进小组的供应商人数及供应商比例等。

（三）采购价格和成本绩效指标

价格和成本绩效是企业最重视并且也是最常见的衡量指标，通过这些指标的考核评价可以衡量采购人员议价能力以及供需双方势力的消长情形。主要的价格和成本绩效考核评价指标如下。

（1）实际价格与标准成本的差额。

（2）实际价格与过去平均价格的差额。

（3）比较使用时价格和采购时价格的差额。

（4）当期采购价格与基期采购价格的比率。

除以上四项主要指标外，采购总额、各采购人员年采购额、年人均采购额、各供应商年采购额、供应商年平均采购额、各采购商品年度采购基价等也可作为考核指标。价格考核指标一般是作为计算采购其他指标的基础，同时也是体现采购规模、了解采购人员及供应商负荷的参考数据，是进行采购过程控制的依据，常用于公司管理决策时参考。控制指标是展示采购改进过程及成果的指标。

（四）采购时间绩效指标

时间绩效考核主要是为了保障货物按时送到指定地点的比例。这项指标是用以衡量采购人员处理订单的效率，及对于供应商交货时间的控制。延迟交货，固然可能形成缺货现象，但是提早交货，也可能导致买方不必要的存货成本或提前付款的利息费用。对于企业来说，把握市场机会，避免货架缺货是维护客户满意、保证销售正常开展的关键因素。时间绩效考核的主要指标包括如下几种。

1. 准时送货率

准时送货率是指当期按时送货商品数目和当期发生送货商品总数之比。

2. 紧急采购费用指标

紧急采购会使得采购商品的价格提高，产生紧急运输方式（如空运）的费用与正常运输方式的差额。

3. 停工断料损失指标

由于各种内外部的环境的变化，采购的物料数量不足，发生了缺货现象，从而造成了经营损失，如停工期间工人的薪资损失、生产线再运行费用等。通过这项指标的考核，可以衡量采购部门预测、组织和及时补货的能力。

$$缺货率 = \frac{缺货次数}{用户要求次数} \times 100\%$$

除了前述指标所显示的直接费用或损失外，还有许多间接损失。例如，经常停工断料，造成顾客订单流失、员工离职，以及恢复正常作业的机器必须做的各项调整（包括温度、压力等）；紧急采购会使购入的价格偏高、质量欠佳，连带也会产生赶工时间必须支付额外的加班费用。这些费用与损失，通常都没有加以估算在此项指标内。

（五）采购效率绩效指标

质量、数量、时间、价格等指标主要是衡量采购人员工作效果的指标，而采购效率指标通常用来衡量采购人员的个人能力。具体包括采购金额、采购金额占销售收入的百分比、订单的数量、采购部门费用、采购计划完成率、错误采购次数、订单处理时间、商品淘汰率等。

二、仓储绩效考核指标体系的设置与评价

（一）反映仓储生产成果数量的指标

1. 吞吐量

吞吐量是指计划期内仓库中转供应货物的总量，计量单位通常为"吨"，计算公式为

电子商务物流管理

$$吞吐量 = 入库量 + 出库量 + 直拨量$$

其中：入库量是指经仓库验收入库的数量，不包括到货未验收、不具备验收条件、验收发现问题的数量。

出库量是指按出库手续已经交给用户或承运单位的数量，不包括备货待发运的数量。

直拨量是指企业在车站、码头、机场、供货单位等提货点办理完提货手续后，直接将货物从提货点分拨转运给用户的数量。

2. 库存量

库存量通常是指计划内的月平均库存量。该指标同时也反映仓库平均库存水平和库容利用状况，其计量单位为"吨"，计算公式为：

$$月平均库存量 = \frac{月初库存量 + 月末库存量}{2}$$

库存量是仓库内所有纳入仓库经济技术管理范围的全部本单位和代存单位的货物数量，不包括待处理、待验收的货物数量。月初库存量等于上月末库存量，月末库存量等于月初库存量加上本月入库量再减去本月去库存量。

3. 存货周转率

存货周转率是销售成本与平均存货的比率，是衡量企业销售能力及存货管理水平的综合性指标，用以反映仓库空间的利用程度和存货的周转速度。

$$存货周转率（次数） = \frac{销售成本}{平均存货余额} \times 100\%$$

$$平均存货余额 = \frac{期初平均余额 + 期末平均余额}{2}$$

（二）反映仓储生产作业质量的指标

仓储作业质量是指物资经过仓库储存阶段，其使用价值满足社会生产的程度和仓储服务工作满足货主和用户的程度。由于库存货物的性质差别较大，货主所要求的物流服务内容也不尽相同，通常情况下，反映仓储质量的指标主要有收发差错率、业务赔偿费率、货物损耗率、账实相符率、库存商品缺货率等等。

1. 收发差错率

收发差错率是以收发货所发生差错的累积笔数所占收发货总笔数的百分比来计算，此项指标反映仓储部门收发货的准确程度，计算公式为：

$$收发差错率 = \frac{收发差错累积笔数}{收发货物总笔数} \times 100\%$$

或

$$收发正确率 = 1 - 收发差错率$$

或

$$商品收发正确率 = \frac{期内吞吐量 - 出现差错总额}{期内吞吐量} \times 100\%$$

收发差错包括因验收不严、责任心不强而造成的错收、错发，不包括丢失、被盗等因素造成的差错。它是仓储管理的重要质量指标，通常情况下，仓储部的收发差错率应控制在0.005%的范围内，而对一些单位价值高的商品或具有特别意义的物品，客户会要求仓储部的收发正确率保证是100%，否则将根据合同予以索赔。

2. 业务赔偿费率

业务赔偿费率是以仓储部在计划期内发生的业务赔罚总额占同期业务总收入的百分比来计算，此项指标反映仓储部门履行仓储合同的质量，计算公式为：

$$业务赔偿费率 = \frac{业务赔罚总额}{业务总收入} \times 100\%$$

业务赔偿总款是指在入库、保管或出库阶段，由于管理不善、措施不当而造成库存物损失或丢失所支付的赔款和罚款，以及为延误时间等所支付的罚款，而意外灾害造成的损失不计。业务总收入指计划期内仓储部门在入库、储存、出库阶段提供服务等收取的费用之和。

3. 货物损耗率

货物损耗率是指在保管期中，某种货物自然减量的数量占该种货物入库数量的百分比，此项指标反映仓储部货物保管和维护的质量和水平，计算公式为：

$$货物损耗率 = \frac{货物损耗量}{期内货物保管总量} \times 100\%$$

或

$$货物损耗率 = \frac{货物损耗额}{货物保管总额} \times 100\%$$

或

$$商品完好率 = \frac{期内商品库存量 - 出现缺损商品量}{期内商品库存量} \times 100\%$$

货物损耗率指标主要用于易挥发、易流失、易破碎的货物，仓储部与货主根据货物的性质在仓储合同中规定一个相应的损耗上限，当实际损耗率高于合同中规定的损耗率时，说明仓储部门管理不善，对于超限损失部分仓储部要给予赔偿，反之，说明仓储管理更有成效。

4. 账实相符率

账实相符是指在进行货物盘点时，仓储保管的货物账面上的结存数与库存实有数量的相互符合程度。在对库存货物进行盘点时，要求根据账目逐笔与实物进行核对，计算公式为：

$$账实相符率 = \frac{账实相符笔数（或件数）}{储存货物总笔数（或总件数）} \times 100\%$$

通过这个指标的考核，可以衡量仓库账面货物的真实程度，反映保管工作的完成情况和管理水平，是避免货物损失的重要手段。

5. 库存商品缺货率

库存商品缺货率反映仓库保证供应、满足客户需求的程度，计算公式为：

$$库存商品缺货率 = \frac{缺货次数}{用户要求次数} \times 100\%$$

通过这项指标的考核，可以衡量仓储部门进行库存分析的能力和组织及时补货的能力。

（三）反映仓储生产物化劳动和活劳动消耗的指标

反映仓储生产物化劳动和活劳动消耗的指标包括材料、燃料和动力等库用物资消耗的指标；平均验收时间；整车（零担）发运天数、作业量系数等工作时间的劳动消耗指标；进出库成本、仓储成本等综合反映人力、物力、财力消耗水平的成本指标。

1. 物料的储存成本

理想的库存管理应是没有库存,但企业的正常经营中,一般都有一定的库存储备。有储备就会有成本费用发生,这些费用也可以分为两大类:一种是保管费用,与仓储物资数量多少有关的成本,如仓库设施维护修理费、物资搬运装卸费、仓库设施折旧费、仓库工作人员的工资的费用;二是资金占用,与物资被占用的资金多少有关的成本,如仓储资金的利息、相关的税金等。企业应该将现有库存占用资金的利息及保管费用进行比较考核。

2. 库用物资消耗指标

储存作业的物资消耗指标即库用材料(如防锈油)、燃料、动力(如耗电量)的消耗定额。

3. 平均验收时间

平均验收时间即每批货物的平均验收时间,计算公式为:

$$平均验收时间 = \frac{各批验收天数之和}{验收总批数}$$

每批货物验收天数是指从货物具备验收条件的第二天起,至验收完毕单据返回财务部门的累计天数,当日验收完毕并退单的按半天计算,入库验收批数以一份入库单为一批计算。

4. 发运天数

$$整车平均发运天数 = \frac{各车发运天数之和}{发运车总数}$$

整车发运天数是从调单到库第二日起,到向承运单位点交完毕止的累计天数,在库内专用线发运的物资,是从调单到库第二日起至车皮挂走止的累计天数。

$$零担平均发运天数 = \frac{各批零担发运天数之和}{零担发运总批数}$$

发运天数指标不仅可以反映仓库在组织出库作业时的管理水平,而且可以反映出当期的交通运输状况。

5. 作业量系数

$$作业量系数 = \frac{装卸作业总量}{进出库货物数量}$$

作业量系数为1表示是最理想水平,表明仓库装卸作业组织合理。

6. 单位进出库成本

$$单位进出库成本 = \frac{进出库费用}{进出库物资量}(元/吨)$$

7. 单位仓储成本

$$单位仓储成本 = \frac{储存费用}{各月平均库存量之和}$$

(四)反映仓储作业物化劳动占用的指标

反映仓储作业生产作业物化劳动占用的指标主要有仓库面积利用率、仓容利用率、设备利用率等。

1. 仓库面积利用率

$$仓库面积利用率 = \frac{库房、货棚、货场占地面积之和}{仓库总占地面积} \times 100\%$$

2. 仓容利用率

$$仓容利用率 = \frac{仓库平均库存量}{最大仓容量} \times 100\%$$

3. 设备利用率

$$设备利用率 = \frac{设备作业总台时}{设备应作业总台时} \times 100\%$$

设备作业总台时指各台设备每次作业时数的总和。设备应作业总台时指各台设备应作业时数的总和，计算设备利用率的设备必须是在用的完好设备。

（五）反映仓储生产效益的指标

1. 全员劳动生产率

反映仓储生产效益的指标主要是全员劳动生产率，全员劳动生产率可以用平均每人每天完成的出入库货物量来表示，计算公式为：

$$全员劳动生产率（吨/工日）= \frac{全年货物出入库总量}{全员年工日总数}$$

2. 人均利润率

人均利润率是指企业在一定时期内利润总额与企业职工平均人数之间的比率。它表示在一定时期内平均每人实现的利润额，是一项侧重从劳动力利用的角度来评价企业经济效益的综合性指标，是反映仓储生产经济效益的指标，主要包括人均利润率等。

$$人均利润率 = \frac{利润总额}{职工平均人数}$$

以上指标构成了仓储管理比较完善的指标体系，从多个方面反映了部门经营管理、工作质量以及经济效益的水平。生产绩效考核指标的运用由于各个企业或部门服务对象的不同而使管理的重点产生较大的差异。

三、运输绩效考核指标体系的设置与评价

（一）运输工具的使用和运输时间

1. 运输工具的使用

运输工具不同，运输的费用也不同。在保证及时供应的前提下应选择运输费用低的运输工具，节约成本。

（1）总车日。指报告期内每天在用营运车辆的累计数。计算单位：车日。一辆营运车辆，不管其技术状况是否完好，每保有一天即计为一个车日。

$$总车日 = \Sigma（每辆在用车辆 \times 相应在用车日）$$

车辆数指标可以反映一个时点公路运输的规模或生产能力，它在报告期内经常是有增减

变化的，而总车日指标则消除了车辆变动对车辆数量的影响，若将时点数（车辆数）变为一个时期数（车日数）指标，可用车辆在企业保存天数之和反映企业对车辆使用的水平或规模。

（2）完好车日。指报告期内总车日中，营运车辆技术状况完好，不需要进行修理或维护即可参加运输的车日。包括实际出车工作及由于各种非技术性原因而停驶的车日。

$$完好车日=总车日-非完好车日$$

（3）工作车日。指报告期内完好车日中，实际出车工作的车日。计算单位：车日。一辆营运汽车，只要当天出过车（以签发路单为依据），不管其出车时间长短、出车班次多少和完成运输量多少，也不管是否发生过保养、修理、停驶或中途抛锚等情况，均计为一个工作车日。

（4）停驶车日。指报告期内完好车日中未出车工作的车日。计算单位：车日。一般是因为无客、无货，燃料供应中断，缺司机，缺轮胎，路线阻碍，以及风、雨、雪等气象因素及其他原因而未能出车工作的车辆所占车日。工作车日与停驶车日之和为完好车日。

（5）总车吨（客）位日。指报告期内每天实际在用营运载货车辆标记吨位的累计数。计算单位：车吨位日。

$$总车吨位日（车吨位日）=\Sigma（每辆车的总车日\times 标记吨位）$$

车吨（客）位日是在总车日的基础上消除了车辆变动的影响，又消除了车辆吨（客）位大小对生产能力的影响因素。它反映了可供使用的以每日吨（客）位为计量单位的生产能力，使得总车吨（客）位日描述的各企业的生产能力在不同企业或同一企业的不同时期以及据此计算的设备效率指标具有更广泛的可比性。

（6）平均车数。指报告期内平均每天所拥有的车辆数。计算单位：辆。

$$平均车数（辆）=总车日/日历天数$$

（7）平均总吨位。指报告期内平均每天所拥有的载货车辆的总吨位。计算单位：吨位。

$$平均总吨位（吨位）=总车吨位日/日历天数$$

2. 运输时间

物资从采购地运送到目的地总是需要一定时间，运输时间越长，成本就越高。所以在物流绩效考核评价时，需要将运输时间考虑在相关因素中。例如，时间指标包括货单处理时间、入库时间、出库时间、信息查询时间、答复及回文时间、等待时间、装卸时间、在途时间、结算时间、配送时间、资金周转时间、库存周转时间、返款时间以及差错处理时间等。

（1）平均每车出车时间。指平均每一个工作车日的出车时间。计算单位：小时。

$$平均每车出车时间（小时）=总出车时数/工作车日数$$

$$平均每车出车时间（小时）=\frac{总出车时数}{工作车日数}$$

由于车辆只要当天出过车参加营运性运输，不管出车时间长短，即计一个工作车日。所以必须设置平均每日出车时间这一指标，才能进一步说明车辆时间的利用程度。平均每日出车时间可看作车辆工作率指标的一个辅助指标，它受企业工作制度和车辆运行组织工作水平的影响。

（2）出车时间利用系数。指在出车时间中车辆运行时间所占的比重。

项目十　电子商务物流绩效评价及成本控制

$$出车时间利用系数 = \frac{车运行时间}{出车时间}$$

运行时间和出车时间,可以是一定时期内的运行时间和出车时间总数,也可以是平均每个工作车日的运行时间和出车时间。

(二)运输生产

1. 总行程(总车公里)

总行程(总车公里)指报告期内车辆在实际工作中所行驶的总里程数,其总行程是重车行程和空车行程之和。不包括为进行保养、修理而进出保修厂及试车的里程。计算单位:车公里。

2. 总行程载货量

总行程载货量指报告期内在用载货车辆的总行程载运能力。计算单位:吨公里。

$$总行程载货量(吨公里)= \Sigma (单车总行程 \times 标记吨位)$$

3. 货物周转量

货物周转量是运输企业所运货物吨数与其运送距离的乘积,以复合指标吨公里或吨海里为单位表示,它是货物运输产品数量的实物指标,综合反映一定时期内国民经济各部门对货物运输的需要以及运输部门为社会提供的货物运输工作总量。

$$货物周转量(吨公里)= \Sigma (每批货物重量 \times 该批货物的运送距离)$$

4. 集装箱运量

集装箱运量指报告期内运输车辆运送集装箱的实际数量。计算方法如下:

(1)按集装箱的实际箱数计算。计算单位:箱。

(2)按折算系数折合为20英尺集装箱的数量计算。计算单位:TEU。

TEU(twentyfoot equivalent unit)是标准箱,是集装箱运量统计单位,以长20英尺的集装箱为标准,也称国际标准箱单位,通常用来表示船舶装载集装箱的能力,也是集装箱和港口吞吐量的重要统计和换算单位。

(三)运输作业效率

1. 里程利用率

里程利用率指报告期内载运行程在总行程中所占的比重。

$$里程利用率 = \frac{载运行程}{总行程} \times 100\%$$

提高里程利用率是提高车辆运用效率、降低运输成本的重要途径之一。

2. 空驶率

空驶率指报告期内空驶行程在总行程中所占的比重。计算单位:%。

$$空驶率 = \frac{空驶行程}{总行程} \times 100\%$$

$$装载率 = \frac{实际载重量}{标准载重量} \times 100\%$$

3. 货物准时送达率

按照客户的需要在规定的时间内,将产品安全准确地送达目的地。

$$货物准时送达率 = \frac{货物准时送达订单数}{发货订单总数} \times 100\%$$

$$货物完好送达率 = \frac{完好送达的次数}{总订单次数} \times 100\%$$

$$正点运输率 = \frac{正点运输次数}{运输总次数} \times 100\%$$

任务二 电子商务物流服务与物流质量分析

一、电子商务物流服务的重要性

物流服务是从接收顾客订单开始到将商品送到顾客手中为止所发生的所有服务活动,可使交易的产品或服务实现增值。其本质是更好地满足顾客需求,即保证顾客需要的商品在顾客要求的时间内准时送达,服务能达到顾客所要求的水平等。

物流服务的质量决定于物流系统的质量,与物流系统的各项工作的质量高低密切相关。物流服务包括以下三个要点:拥有顾客所期望的商品(备货保证);在顾客所期望的时间内传递商品(输送保证);符合顾客所期望的质量(品质保证)。电商企业物流服务的重要性如下:

(一) 物流服务已经成为企业经营差别化的重要一环

在企业营销政策上,特别是在细分化营销时期,企业物流功能不只停留在商品传递和保管等一般性活动上,不再是企业生产和消费的附属职能。进入细分化营销阶段,市场需求出现多样化和分散化,企业只有不断符合各种不同类型、不同层次的市场需求,并迅速、有效地满足其欲望,才能使企业在激烈的竞争和市场变化中求得生存和发展。而差别化战略中组成部分的物流服务是顾客服务上的差异。所以,作为差别化战略主要内容的物流服务也具有了战略上的意义。物流服务是差别化营销的重要方式和途径。

(二) 决定物流服务水准是构筑物流系统的前提条件

在物流开始成为经营战略重要一环时,物流服务越来越具有经济性的特征,即物流服务有随着市场机制和价格机制变化的倾向,或者说,市场机制和价格机制的变动通过供求关系既决定了物流服务的价值,又决定了一定服务水准下的成本。所以,物流服务的供给不是无限制的,否则,过高的物流服务势必损害经营绩效,不利于企业收益的稳定。因而,制定合理或企业预期的物流服务水准是企业战略的重要内容之一,特别是对于一些例外运输、紧急输送等物流活动,需要考虑成本的适当化或各流通主体相互分担的问题。

（三）物流服务方式的选择对降低流通成本具有重要影响

低成本战略历来是企业营销竞争的重要内容，而低成本往往涉及商品生产、流通的全过程，除了生产原材料、零配件、人力成本等各种有形影响因素外，物流服务方式等软性要素选择对成本也具有相当大的影响力。合理的物流方式不仅提高流通效率，而且能从利益上推动企业发展，成为企业利润的重要来源。

（四）物流服务起着连接厂家、批发商和零售商的纽带作用

随着现代经济全球化、网络化的发展，现代企业的竞争体现为一种动态的网络竞争，竞争优势也体现于网络优势，而物流客户服务以其性质和内容，成为构造企业经营网络的主要方式之一。一方面，以商品为媒介，减少了供应商、厂商、批发商和零售商之间的隔阂，有效地推动商品从生产到消费全过程的顺利流动；另一方面，物流服务通过自身特有的系统设施（POS、EOS、VAN等）不断将商品销售、在库等重要信息反馈给流通中的所有企业，并通过知识、经验等经营资源的蓄积，使整个流通过程不断协调地对应市场变化，进而创造一种超越单个企业的竞争网络的供应链价值。

二、电商物流服务的特性

（一）物流服务目的是为顾客服务

由于货主企业的物流需求是以商流为基础，伴随商流而发生，因此，物流服务必须从属于货主企业物流系统，表现在流通货物的种类、流通时间、流通方式、提货配送方式等都是由货主选择决定，物流业只是按照货主的需求，提供相应的物流服务。

（二）物流服务的多样性和差异性

物流服务是由多种物流资源和多种物流功能要素通过合理配置形成的，反映出为顾客服务的多样性，企业生产经营发展导致物流需求呈现多元化、综合化趋势，与之相适应的物流服务也就会体现结构性变化。提升物流服务水平，就需要重视物流服务的多样性。

物流服务的差异性。不同的物流系统提供的服务不可能完全相同，同一个物流系统也不可能始终如一地提供完全相同的服务，主要受企业物流系统提供的能力和服务方式的影响，同时也受客户参与物流服务过程、对服务不同的评价和认识的影响。当然，物流需求的个性化和独特化发展需要有个性化、柔性化的物流服务。

（三）物流服务的增值性

物流服务是属于非物质形态的劳动，它生产的不是有形的产品，而是一种伴随销售和消费同时发生的即时服务，不可储存，但物流服务能够创造出时间效用和空间效用，通过省成本费用为供应链提供增值利益，表现为突出的增值性。服务的增值性直接体现了物流服务作为价值创造活动的成果；同时，也反映了物流服务对企业生产经营过程中产品和服务价值的增值作用。在现代经济发展过程中，物流服务的增值性引起了人们的广泛重视。

（四）物流服务的广泛和网络性

任何物流服务都依赖于经营者和消费者的互相协作和共同努力，物流服务是以分布广泛、大多数是不固定的客户为对象，所以，具有移动性以及面广、分散的特性，它的移动性和分散性会使产业局部的供需不平衡，也会给经营管理带来一定的难度。

在物流资源和物流功能要素的组合中，现代网络理念和网络技术促进了物流服务的网络化发展。物流服务网络性不仅表现在企业物流组织的网络化、企业物流服务技术的网络化，而且还表现在物流服务需求的网络化。

（五）物流服务的可替代性

站在物流活动承担主体的角度看，产生于货主企业生产经营的物流需求，既可以由货主企业自身采用自营运输、自营保管等自营物流的形式来完成，也可以委托给专业的物流企业来完成。因此，对于专业物流企业，不仅有来自行业内部的竞争，也有来自货主企业的竞争。如果物流行业的服务水准难以达到货主要求的情况，货主企业就会以自营物流的形式拒绝物流企业的服务，物流企业的市场空间的扩展就会面临困难。

三、电商物流服务的内容

物流有七大功能，分别是物体的运输、仓储、包装、搬运装卸、流通加工、配送以及相关的物流信息等环节。物流活动的每个环节都能体现对顾客的服务内容及服务质量。例如，运输环节是使用设施和工具，将物品从一个点向另一个点的物流活动；仓储环节是对库存数量和结构进行控制分类和管理的物流作业活动；包装环节是为在流通过程中保护产品、方便储运、促进销售，按一定技术方面而采用的容器、材料及辅助物等的总体名称，也指为了达到上述目的而采用容器、材料和辅助物的过程中施加一定技术方法等的操作活动；搬运环节是在同一场所内，对物品进行水平移动为主的物流作业，搬运是为产品的货物运输和保管的需要而进行的作业；流通加工环节是物品在从生产地到使用地的过程中，根据需要施加包装、分割、计量、分拣、刷标志、拴标签、组装等简单作业的总称；信息管理环节，对于物流有关的计划、预测、动态信息及有关生产、市场、成本等方面的信息进行收集和处理，使物流活动有效、顺利进行。从电商企业来看，其物流增值服务内容如下。

（一）以客户为核心的物流增值服务

以客户为核心的增值服务，包括向买卖双方提供利用第三方专业人员来配送产品的各种可供选择的方式。处理客户向制造商的订货、直接送货到商店或客户家中，以及按照零售店货架储备所需的明细货品规格持续提供递送服务。这类专门化的增值服务可以被有效地用来支持新产品的引入，以及基于当地市场的季节性配送。

（二）以促销为核心的物流增值服务

以促销为核心的增值服务，涉及独特的销售点和展销人员的配置，以及旨在刺激销售的其他范围很广的各种服务。销售点展销可以包含来自不同供应商的多种产品，组成一个多节点的展销单元，以适合特定的零售商店。在有选择的情况下，以促销为核心的增值服务还对储备产品的样品提供特别介绍，甚至进行直接邮寄促销。许多以促销为核心的增值服务包括了销售点广告宣传和促销材料的物流支持等。

（三）以制造为核心的物流增值服务

以制造为核心的增值服务，是通过独特的产品分类和递送来支持制造活动。既然每一位客户的实际设施和制造装配都是独特的，那么，从理想上来说，递送和引入内向流动的材料和部件应进行客户定制化。以制造为核心的服务，与其说是在预测基础上生产独特的产品，还不如说是对基本产品进行了修正，以适应特定的客户需求，其结果改善了服务。

（四）以时间为核心的物流增值服务

以时间为核心的增值服务，涉及使用专业人员在递送以前对存货进行分类、组合排序，主要采用准时化形式来最大限度地满足物流服务对象的各种时间需要。以时间为核心的服务，就是排除不必要的仓库设施和重复劳动，以期最大限度地提高服务速度。

四、物流质量管理

（一）物流质量管理的概念

物流质量是指现代物流活动过程（或现代物流活动体系）满足现代企业生产和顾客需要的各个特性的总和。

现代企业物流质量管理是依据物流系统运动的客观规律，为了满足顾客的服务需求，运用科学的管理方法和手段对物流过程的质量及其影响因素进行计划、组织、协调控制的活动过程。主要包括质量控制和质量保证。

（二）现代企业物流质量管理的基本特点

1. 全员参与

要保证物流质量，要求物流活动的相关环节、相关部门和相关人员共同努力。

2. 全程控制

对商品的包装、储存、运输、配送、流通加工等过程进行全过程的质量管理，同时也是对产品在社会再生产全过程中进行全面质量管理。

3. 全面管理

影响现代企业物流质量的因素具有综合性、复杂性、多变性，加强现代企业物流质量管理就必须全面分析各种相关因素，把握内在规律。现代企业物流质量管理不仅管理物流对象本身，而且还管理工作质量和工程质量，最终对成本及交货期起到管理作用，具有很强的全面性。

4. 整体发展

现代企业物流是一个完整统一的系统，加强现代企业物流质量管理就必须从系统各个环节、各种资源以及整个物流活动相互配合和相互协调做起，通过强化整个现代企业基本质量素质来促进现代企业质量的整体发展。可以肯定地讲，只有增强现代企业体质才能实现现代企业物流质量管理的整体发展；只有质量管理的整体发展才能最终实现现代企业物流管理目标。

（三）现代企业物流质量管理的主要内容

1. 物流商品质量管理

物流对象是具有一定质量的实体，具有合乎要求的等级、尺寸、规格、性质、外观。这些质量是在生产过程中形成的，物流过程在于转移和保护这些质量，最后实现对用户的质量保证。因此，对用户质量保证既依赖于生产，又依赖于流通。现代物流过程不单是消极地保护和转移物流对象，还可以采用流通加工等手段改善和提高商品的质量。由此，物流过程在一定程度上说就是商品质量"形成过程"。

2. 物流服务质量管理

现代企业物流活动具有服务的本质特性，整个物流的质量目标就是现代企业物流的服务质量。服务质量因不同用户有差异，要掌握和了解用户需求，如商品狭义质量的保持程度；流通加工对商品质量的提高程度；批量及数量的满足程度；配送额度、间隔期及交货期的保证程度；配送、运输方式的满足程度；成本水平及物流费用的满足程度；相关服务（如信息提供、索赔及纠纷处理）的满足程度。此外，现代企业物流服务质量是变化发展的，将在社会发展进程中依顾客需要发展而提出绿色物流、柔性物流等新的服务概念，形成新的服务质量要求。同时，需要适应经济全球化发展，引进国际物流服务标准，不断提高物流服务质量，积极开展国际化物流经营活动。

3. 物流工作质量管理

工作质量指的是物流各环节、各工种、各岗位的具体工作质量。工作质量和物流服务质量是两个有关联但又不大相同的概念，物流服务质量水平取决于各个工作质量的总和。所以，工作质量是物流服务质量的某种保证和基础。重点抓好工作质量，物流服务质量也就有了一定程度的保证。同时，需要强化现代企业物流管理，建立科学合理的管理制度，充分调动员工积极性，不断提高物流工作质

4. 物流工程质量

物流质量不但取决于工作质量，而且取决于工程质量。在物流过程中，将对产品质量发生影响的各因素，如人、体制、设备、工艺方法、讲师与测试、环境等统称为"工程"。很明显，提高工程质量是进行物流质量管理的基础工作，能提高工程质量，就能做到"预防为主"质量管理。

（四）提高物流质量管理的途径

1. 转变服务观念，树立现代企业物流整体质量管理思想

物流企业要从产品导向向市场导向转变，市场导向型的物流服务是根据经营部门的信息和竞争企业的服务水准制定的，同时，物流服务功能及其服务质量都会影响顾客感觉中的整体服务质量和顾客的满意程度。强化现代企业物流质量管理，就必须从现代企业物流发展战略高度出发，树立整体质量管理思想。强调物流管理人员必须深入了解物流服务全过程，并根据顾客需求，认真做好物流服务网络体系设计和服务质量管理工作、不断创造物流价值，

提高顾客的满意程度。

2. 根据顾客对物流服务的期望，设计实施多种物流服务组合

顾客的需求多样化与企业业态的丰富化，对物流服务的需求也有差异，实施多种物流服务组合是很有必要的。根据物流服务的不同业务，构建基于顾客导向的物流服务体系和绩效评价指标体系，构建基于顾客导向的物流服务质量管理体系。物流服务对企业来讲也应考虑资源的合理配置，应根据顾客的类型采取相应的物流服务。物流企业对物流服务的确定除了考虑顾客类型以外，还应考虑企业经营的业务类型，既应考核物流效率，更要考核服务质量和顾客满意程度。

3. 建立健全与完善物流中心，提高物流服务质量

物流中心是物流企业提供物流服务的基础平台，建立健全和完善物流中心对于保障高质量的物流服务是必不可少的，主要原因在于物流中心的功能表现为通过集中管理订货频度较高的商品使服务对象的进货准确化，提高仓储的服务效率，同时缩短商品的库存时间，提高库存周转率。此外，物流中心在拥有对应多品种、小批量商品储存功能的同时，还具有备货、包装等流通加工功能，从而能实施适当的流通、库存管理和有效的配送等物流活动，这都是高质量物流服务的具体表现。

4. 建立物流质量管理体系，实行全员物流质量管理

根据全面质量管理理论，建立和完善现代企业物流质量管理的计量评价体系，提高现代企业内部物流服务质量和外部物流服务质量。运用有效的奖励和激励措施，激励员工提高学习能力和创新能力，鼓励员工承担风险，通过精心设计、认真实施的试验，探索减少差错的新方法。积极引进现代质量管理理论和技术，积极采用高新技术加强质量管理，提升现代企业物流服务的整体质量水平。

5. 建立有效的物流服务质量管理信息系统

要实现高效的物流服务，物流企业还应该构筑完善的信息系统，这种信息系统的功能除了接受订货，迅速、完好地向顾客递送商品信息外，更重要的是通过一系列的信息反馈功能，确保为改进物流服务质量提供必需的各种信息。

现代企业物流质量管理信息系统强调信息质量，是根据信息的相关性、精确性、实用性、连续性、可信性来衡量的。现代企业为顾客提供优质服务，可增强顾客忠诚感，扩大市场份额，提高经济收益。物流质量管理信息系统就是让管理者了解物流质量对现代物流企业的影响，做好有关管理工作。

6. 建立恰当的物流服务管理体制，实时监控物流质量状况

物流企业要建立一套能把握市场环境变化的物流服务管理体制。物流服务水准要根据市场形势、竞争企业的状况、商品特性以及季节的变化而改变。建立一套合理灵活的服务管理体制，提供恰当的能让顾客满意的物流服务，应该是物流服务管理的前提条件。

加强物流质量管理需要随时了解和掌握物流质量的现状、运行过程和发展趋势，及时发现问题、改进管理，提高现代企业物流服务与管理质量。一般需要对物流服务质量进行广泛深入的调查研究，建立一定的评价指标体系，实现现代企业物流质量管理信息的实时采集、整理、传递，有效实行监督和控制，提高现代企业物流质量管理水平。

任务三 物流成本分析与控制

一、物流成本的概念

物流成本的概念有广义与狭义之分。狭义的物流成本是物流活动中消耗的物化活动和活劳动的货币表现。具体地说，物流成本是产品在实物运动过程中，如包装、装卸、搬运、运输、储存、流通加工、物流信息等各个环节所支出的人力、财力、物力的总和。广义的物流成本包括客户服务成本与狭义的物流成本。

物流成本的"效益背反"理论认为物流的若干功能要素之间存在着损益矛盾，即某一功能要素的优化和利益发生的同时，必然会存在另一个或几个功能要素的利益损失，反之也如此。例如，高质量的商品一定是与较高的价格相关联，提高质量要求，价格随之上升；优质物流服务与物流成本相关联，提高物流服务水平，物流成本随之上升。物流成本的"效益背反"现象主要包括物流成本与服务水平的效益背反和物流各功能活动的效益背反。强调了物流成本的整体概念，要求整个物流系统减少物流时间、降低物流成本、提高物流效率，调整各要素之间的矛盾，把它们有机地结合起来，使物流总成本最小。

二、物流成本的构成

现代物流成本的范围更广，贯穿于企业经营活动的全过程，包括从原材料供应开始一直到将商品送达消费者手中所发生的全部物流费用。物流成本按不同的标准有不同的分类。

（一）按物流的功能划分

按物流的功能划分，物流成本分为如下几种。

1. 运输成本

主要包括人工费用，如运输人员工资、福利等；营运费用，如营运车辆燃料费、折旧、公路运输管理费等；其他费用，如差旅费等。

2. 仓储成本

主要包括建造、购买或租赁仓库设施设备的成本和各类仓储作业带来的成本。

3. 流通加工成本

主要有流通加工设备费用、流通加工材料费用、流通加工劳务费用及其他。

4. 包装成本

主要包括包装材料费用、包装机械费用、包装技术费用、包装人工费用等。

5. 装卸与搬运成本

主要包括人工费用、资产折旧费、维修费、能源消耗费以及其他相关费用。

6. 物流信息和管理费用

主要包括企业为物流管理所发生的差旅费、会议费、交际费、管理信息系统费以及其他杂费。

（二）按物流范围划分

按物流范围划分，物流成本可分为如下几种。

1. 供应物流费

供应物流费是指从原材料（包括容器、包装材料）采购到供应给购入者——制造业者这一物流过程中所需的费用。

2. 企业内物流费

企业内物流费是指从产成品运输、包装开始到最终确定向顾客销售这一物流过程中所需的费用。

3. 销售物流费

销售物流费是指从确定向顾客销售到向顾客交货这一物流过程所需要的费用。

4. 退货物流费

退货物流费是指随售出产品的退货而发生的物流活动过程中所需要的费用。

5. 废弃物流费

废弃物流费是指由于产品、包装或运输容器材料等的废弃而发生的物流活动过程中所需要的费用。

6. 生产物流费

生产物流费因包含在制造成本中，很难单独计算。

（三）按物流的支付形态划分

物流成本是按照财务会计中的费用分类方法进行计算的，大体可划分为委托物流费，如运费、包装费、保管费、出入库装卸费、手续费等向企业外部支付的费用；人工费、材料费等企业内部物流活动的费用。

（四）按成本与业务量的关系划分

按成本与业务量的关系划分，物流成本可分为如下几种。

1. 固定成本

固定成本是指其总额在一定时期和一定业务量范围内，不受业务量增减变动影响而保持不变的成本

2. 变动成本

在相关范围之内，变动成本总额与业务量之间保持着完全的线性关系.

三、影响物流成本的因素

影响企业物流成本的因素有很多，这里主要从竞争性因素、产品因素和空间因素来分析。

（一）竞争性因素

市场环境变幻莫测，企业之间充满了激烈的竞争，不仅包括产品质量的竞争、价格的竞争，还包括顾客服务的竞争；而高效的物流系统是提高顾客服务的重要途径，如果企业能够

及时可靠地提供产品和服务，则可以有效地提高顾客服务水平，在竞争中处于有利地位。而顾客的服务水平又直接决定了物流成本的多少，因此物流成本在很大程度上是由于日趋激烈的竞争而不断发生变化的，主要体现在以下方面。

1. 订货周期长短

企业物流系统的高效必然可以缩短企业的订货周期，降低顾客的库存，从而降低顾客的库存成本，提高企业的顾客服务水平，增加企业的竞争力。

2. 库存水严高低

企业的库存成本提高，可以减少缺货成本，即缺货成本与存货成本成反比。库存水平过低，会导致缺货成本增加，而库存水平过高，存货成本会显著增加。

3. 运输方式的选择

企业采用更快捷的运输方式，可以缩短运输时间，保证时间要求，提高企业竞争力，增加运输成本。

（二）产品因素

1. 产品价值

随着产品价值的增加，每一领域的成本都会增加。一般说，产品价值越大，对其所需使用的运输工具要求越高。高价值的产品往往对包装也有较高的要求，仓储和库存成本也随产品价值的增加而增加。

2. 产品密度

密度越大的产品，单位容积的货物越多，越能有效利用车辆装载量，有效利用仓库存储空间，从而降低单位运输成本和单位产品库存成本。

3. 产品的易损性

易损性对物流成本的影响是显而易见的，易损性的产品对运输和库存都提出了更高的要求，相应会增加物流成本。

4. 特殊搬运

这种产品对搬运提出了特殊的要求，如利用特殊尺寸的搬运工具或在搬运过程中需要加热或制冷等，这些都会增加物流成本。

（三）空间因素

空间因素是指物流系统中工厂或仓库相对于供货点的位置关系。若工厂距离供货点太远，则必然会增加运输费用，或者在此供应点建立库存，也将影响物流成本。

四、物流成本绩效评价指标体系

物流成本分析的方法很多，下面简述物流成本绩效评价的主要指标。

（一）单位销售额物流成本率

$$单位销售额物流成本率 = \frac{物流成本}{销售额} \times 100\%$$

这个比率越高,其对价格的弹性越低,从该企业历年的数据中,大体可以了解其动向,另外,通过与同行业和行业外进行比较,可以进一步了解企业的物流成本水平。该比率受价格变动和交易条件变化的影响较大,因此作为考核指标还存在一定的缺陷。

(二)单位成本物流成本率

$$单位成本物流成本率 = \frac{物流成本}{总成本} \times 100\%$$

这是考察物流成本占总成本比率的一个指标,一般作为企业内部的物流合理化目标或检查企业是否达到合理化目标的指标来使用,这个比率受原材料价格变动和工厂设备折旧的影响较大。

(三)单位营业费用物流成本率

$$单位营业费用物流成本率 = \frac{物流成本}{(销售费用+一般管理费用)} \times 100\%$$

通过物流成本占营业费用(销售费用+一般管理费用)的比率,可以判断企业物流成本的比重,而且这个比率不受制造成本变动的影响,得出的数值比较稳定,因此,适合做企业物流合理化指标。

(四)物流职能成本率

$$物流职能成本率 = \frac{物流职能成本}{物流总成本} \times 100\%$$

该指标可以明确包装、运输费、保管费、装卸费、流通加工费、信息流通费、物流管理费等各物流职能成本占物流总成本的比率。

(五)单位产品的物流成本

$$单位产品的物流成本 = \frac{物流成本}{产品数量}$$

该指标是指单位产品的物流成本,它不受产品价格变化和交易条件变化的影响,因此,广泛应用于企业内部管理。而且,通过历史数据的比较,可以比较准确地反映物流成本的实际变动情况和趋势。

五、电商企业物流成本控制

电商企业在激烈的市场竞争中,为了能够占有一席之地,需要对自身的物流成本进行有效的控制,从而使得电子商务企业可以在激烈的市场竞争中,取得竞争优势。电子商务企业通过合理的手段对物流成本进行控制,保障了电子商务企业的平稳发展。可以说,物流成本控制是电子商务企业增强自身市场竞争力的客观需求,是电子商务企业能够长远发展的参考依据。因此,对电子商务企业的物流成本控制进行研究,就显得尤为必要。

（一）基于时间的电子商务物流成本控制

所谓基于时间的电子商务物流控制就是指电子商务过程中以时间为依据，以快速满足市场需求、服务顾客为目的，对物流过程所进行的监督和控制。在当今市场需求变化迅速，企业竞争越来越激烈，顾客需求的多样化、个性化越来越明显的环境下，基于时间的物流控制已成为企业（特别是电子商务企业）赢得竞争优势，甚至获得利润的最重要手段之一。

1. 准时制物流

准时制（just in time，JIT）是在精确测定生产各工艺环节作业效率的前提下按订单准确地计划，消除一切无效作业与消费为目标的一种管理模式。换句话说，就是将必要的零件以必要的数量在必要的时间送到生产线，并且只将所需要的零件、所需要的数量、在正好需要的时间送到生产线。

2. 快速响应

快速响应是在 JIT 思想的影响下产生的，是为了在以时间为基础的竞争中占据优势，建立起来的一整套对环境反应敏捷且迅速的系统。因此，快速响应是信息系统和 JIT 物流系统结合起来实现"在合适的时间和合适的地点将合适的产品交给合适的消费者"的产物。

3. 目标管理方法

目标管理是指整个物流系统的所有工作人员具有及时发现系统中出现的问题、查明原因并加以改善的责任和能力。

物料需求计划（material requirement planning，MRP）是根据产品结构各层次物品的从属和数量关系，以每个物品为计划对象，以完工日期为时间基准倒排计划，按提前期长短区别各个物品下达计划时间的先后顺序。换句话说，物料需求计划是依据市场需求预测和顾客订单制定产品生产计划，然后基于产品生产进度计划，组成产品的材料结构表和库存状况，通过计算机计算出所需材料的需求量和需求时间，从而确定材料的加工进度和订货日程的一种实用技术。

4. 配送资源计划

配送资源计划（distribution requirement planning，DRP）的概念是物料需求计划在流通领域的应用。在这种方式下，企业可以根据用户的需求计划制订订货计划，从而确定恰当的库存水平，有效地进行库存控制。它主要解决分销物资的供应计划和调度问题，达到保证有效满足市场需要又使得配置费用最低的目的。

（二）基于成本的电子商务物流成本控制

电子商务物流成本控制就是以现代通信为基础，特别是以 Internet 为基础，应用现代信息技术对电子商务物流各环节发生的费用所进行的计划和管理。

成本控制是根据成本预测、成本决算和成本预算所提供的实际数据，对生产经营过程中所发生的各种资源的耗费，与相应的降低成本措施的执行进行指导、监督、调节和干预，以保证目标成本和成本预算任务的实现。

1. 运输费用控制

运输费用是承运单位向客户提供运输劳务所支付的费用。运输费用占物流费用比重较大，据日本通产省对六大类货物物流成本的调查结果表明，运输成本占总物流成本的40%左右，是影响物流费用的重要因素。运输费用控制方式包括加强运输的经济核算、防止运输过程中的差错事故、做到安全运输等。

2. 储存费用的控制

储存费用是指物资在储存过程中所需要的费用。储存费用的控制方式主要是加强仓储各种费用的核算和管理。

3. 装卸搬运费用的控制

装卸搬运活动是衔接物流各环节活动正常进行的关键，它渗透物流的各个领域。装卸搬运费用是物资在装卸搬运过程中所支出费用的总和。装卸搬运费用的控制方式有对装卸搬运设备的合理选择、防止机械设备的无效作业、合理规划装卸方式和装卸作业过程。如减少装卸次数、缩短操作距离、提高被装卸物资纯度等。

4. 包装费用控制

包装起着保护产品、方便储运、促进销售的作用。据统计，包装费用约占全部物流费用的 10%。包装费用的控制方式有选择包装材料时要进行经济分析；运用成本核算降低包装费用，如包装的回收和旧包装的再利用；实现包装尺寸的标准化、包装作业的机械化；有条件时组织散装物流等。

5. 流通加工费用的控制

在物资进入流通领域以后，按照用户的要求进行一定加工活动，称为流通加工，由此而支付的费用为流通加工费用。流通加工费用的控制方式有合理确定流通加工的方式、合理确定加工能力、加强流通加工的生产管理、制定反映流通加工特征的经济指标。

（三）基于顾客满意度的物流成本控制

物流业是一个服务性行业，物流提供的产品是物流的服务，它是一种增值产品，增加客户所获得的空间、时间、效用及产品形状性质转变的效用，客户所关心的不仅是产品的实物特点，更是产品的附加价值——物流服务水平。物流作为企业的第三利润源泉，物流服务水平很大程度上表现于客户反应和客户满意度。良好的客户服务会提高价值，提高客户满意度。因此，客户服务是企业物流的一项重要功能。

由于物流提供的是无形产品——物流服务，所以物流客户满意的影响因素主要是物流服务质量和物流服务价格。具体因素指标包括客户对企业形象的感知（如企业信誉、企业声望、企业员工评价等）、客户对服务态度的评价（如接单的态度、出现意外事故的解决态度、售后服务态度等）、客户对服务质量的评价（如交货及时性、问题处理及时性、包装质量等）、客户对服务可靠性的感知（如交货期、交货期变动性等）、价格下的质量感知和质量下的价格感知（如性价比等）。

1. 处理好降低物流成本与提高服务水平之间的关系

物流成本与服务水平二者存在效益背反现象。高水平、高标准的服务要求必须有大量的库存、足够的费用和较大的包容，这势必产生较高的服务成本。而较低的服务成本要求有少量的库存、低廉的运费和较少的包容，这必然会减少服务项目，降低服务水平和标准。因此，在物流系统管理中，既不能片面强调服务水平不计成本，不考虑经济效益，也不能单纯地追求低成本而忽视服务质量。在服务与成本之间，企业必须把为用户提供高质量的服务始终放在第一位，这样，物流的职能只能是提供客户满意的服务。

提高对顾客的物流服务水平是企业确保长期收益的重要手段。从某种意义上来讲，提高客户服务水平是降低物流成本的有效方法之一。但是，超过必要量的物流服务不仅不能带来物流成本的下降，反而有碍于物理效益的实现。所以，在正常情况下，为了既保证提高对客户的物流服务质量，又防止出现过剩的物流服务，企业应当在考虑客户产业特征和商品特性的基础上，与客户充分协调，探讨有关物流配送的组合、降低物流成本等问题。

2. 建立信息沟通系统

信息沟通是指服务生产和设计人员从客户那里得到信息，企业通过各种渠道把信息传递给客户以影响客户对物流服务的期望和实际感受，进而影响客户满意度。这些信息分为显露信息和隐藏信息。显露信息由企业明确、详细地给到客户，包括广告、推广活动、具体报价和邮件等。隐藏信息通过潜意识的信号传递给客户，包括服务地址、设施布局等。服务设计人员越接近客户，越能了解客户的服务需求，越能设计出令客户满意的服务产品。

3. 加强对物流服务过程的控制

物流服务过程对客户满意具有极大的影响。如果企业的物流服务过程非常出色，客户最有可能对企业忠诚；反之客户对企业非常失望，假如有其他选择，客户会转向企业的竞争对手。因此，严格控制物流服务过程尤其重要。

4. 服务承诺

服务承诺是物流服务提供者通过广告、人员推销和公共宣传等沟通方式向客户预示服务质量或服务效果，并对服务质量或服务效果予以一定的保证的行为。企业必须关注客户，设立标准和反馈机制，促进客户对服务系统的理解，从而建立客户忠诚。另外，物流服务提供者不仅要敢于和善于提出服务承诺，而且要切实有效地履行服务承诺。

5. 服务补救

对于一个企业来说，在物流服务过程中难免会出现一些不理想的状态。企业在物流服务过程中出现了错误就要敢于承认错误，积极听取客户意见并及时向客户道歉，关注服务过程中的错误对客户所造成的伤害，尽快采取服务补救措施和赔偿方法。同时，企业还要从服务错误中吸取经验教训，不断完善自我物流服务系统。

六、降低电商企业物流成本的途径

（一）优化供应链，降低物流成本

降低物流成本不仅仅是企业内部物流部门、生产部门、销售部门和采购部门的责任，而应该是通过对商品流通的全过程实现整个供应链管理。实现供应链优化要求企业协调与其他企业以及客户、运输业者之间的关系，提高对客户的物流服务，实现整个供应链的高效率运行，提高顾客的物流服务来削减成本。

任何一个企业只有与别的企业结成供应链才有可能取得竞争的主动权。在激烈的市场竞争中，企业必须将物流活动纳入系统化的统一管理，一体化物流既提高顾客服务水平又降低物流总成本，进而提高市场竞争力。企业内部实现不了一体化，就谈不上与供应链上下游企业之间合作形成一体化供应链。企业应当对商品流通的全过程实现供应链管理，实现由生产企业、销售企业、消费者组成的供应链的整体化和系统化，构筑一体化物流战略，使整个供应链利益最大化，从而有效降低企业物流成本和供应链成本。

（二）提高配送效率，降低物流成本

电商企业要尽可能地选择运输高效的运输工具，保障物流配送运输的效率。制定相关的运输配车方案，加强对配车计划的管理，有效地提高装载的货物量，从而提升物流运输的有效性。另外，还要注意制订相应的运输和生产连接计划，在生产的同时，对运输车辆进行合理的配备，使得生产与运输有效地连接，以减少不必要的运输成本消耗，提高电商企业的经济效益。电商企业要建立健全物流运输系统，加强对物流信息的收集和整理工作，在企业内部实现物流信息的共享，从而使得各个部门之间的联系加强，可以在工作中形成有效的交流和配合，最大限度地提高工作的效率，以保障电商企业实现经济效益最大化。

（三）物流外包，降低物流成本

企业把物流外包给专业化的第三方物流公司，可以降低投资成本，缩短商品在途时间，减少商品周转过程的费用和损失。第三方物流服务商可以从规模经济、更多的门到门运输等方面实现运输费用的节约，并体现出利用物流专业人员与技术的优势。另外，一些突发事件、额外费用，如空运和租车等问题的减少也增加了工作的有序性和供应链的可预测性。实际上，物流业务外包不仅可以降低企业物流成本，还可以提高企业的服务水平和作业效率，如增强战略行动的一致性、提高顾客反应能力、降低投资需求、带来创新的物流管理技术和有效的渠道管理信息系统等。

（四）现代信息化管理控制，降低物流成本

要实现企业与合作企业之间高效率的交易关系，必须借助于现代信息系统的构建，尤其是利用互联网等高新技术来完成物流全过程的协调、控制和管理，实现从网络前端到最终端客户的所有过程服务。通过使用现代物流信息技术，企业可以将订购产品的数量、价格等信息在网络上进行传输，企业间的协调和合作有可能在短时间内迅速完成。同时，物流管理信息系统的迅速发展，使混杂在其他业务中的物流活动的成本能精确地计算出来，而不会把成本转嫁到其他企业或部门。

（五）控制流通全过程，降低物流成本

对于一个企业来讲，控制物流成本不单单是本企业的事情，而应该考虑从产品制成到最终用户整个流通过程的物流成本。物流设施的投资或扩建与否，要视整个流通渠道的发展和要求而定。例如，有些厂商是直接面对批发商经营的，因此部分厂商的物流中心是与批发商物流中心建在一起，方便大批量的商品输送。然而，随着零售业便民店、折扣店的迅速发展，客户要求厂商必须适应零售业这种新型的业态形式，展开直接面向零售店铺的物流活动。因而，在这种情况下，企业原来物流建设的投资方向就有可能变化，需要建立新型符合现代物流发展要求的物流中心。显然，这些投资对企业来说，尽管增加了物流成本，但从整个流通过程来看，却大大提高了物流效率。

（六）提高物流服务质量，降低物流成本

物流服务质量提高了，其退货成本可以减小。退货成本是因退货商品受损或滞销而产生

的经济费用以及处理退货商品所需的人员费用和其他事务性费用。一般是商品提供者承担退货所产生的各种费用，而退货方不承担商品退货而产生的损失。由于这类商品一般数量较少，配送费用有增长的趋势。不仅如此，这类商品非常分散，商品入库、账单处理等业务也很复杂。因此，削减退货成本是物流成本控制活动中需要特别关注的问题。

任务四　物流风险管理与控制

一、物流风险管理的意义

（一）物流风险的概念

风险是指在某一特定环境下，在某一特定时间段内，某种损失发生的可能性。风险是由风险因素、风险事故和风险损失等要素组成。

任何事情只要将来有可能出现不同的结果，这就是风险。现代物流风险可谓是体系庞大、纷繁复杂，它不仅包括了传统意义上的那些纯粹风险，还包括筹资风险、责任风险、人才缺乏流失风险、客户流失风险、合同风险、诉讼风险、外包风险、融资风险、信息化风险、财务风险等各个方面。物流作为高速发展的新型行业，其行业的特点和发展趋势决定了物流业比一般行业的风险种类更多、影响更大，物流风险具有以下特性：

1. 不确定性

风险的不确定性是指风险的发生及其造成的损失具有不确定性，即是否造成损失不确定、造成损失的原因不确定、造成损失的时间和地点不确定、损失的程度不确定。风险的不确定性增加了风险管理的难度和复杂程度，需要人们运用科学的方法对风险进行统计和预测分析。

2. 客观性

风险的客观性是指无论人们是否意识到，风险都是客观存在的，而且是时时刻刻存在的。例如仓库火灾、仓库装卸搬运中的事故、仓库中的有害物质污染等。

3. 损失性

风险的损失性是指客观存在的风险一旦发生以后，会给企业和人们造成财产损失和人身伤害。例如，烧毁仓库和库存货物、发生人身伤亡以及影响企业供应链的正常运行，甚至影响国家战略物资的供应。因此人们需要关心和研究风险。

（二）物流风险管理的意义

随着科技进步、技术创新、金融创新和市场竞争的日益激烈，物流企业无不面临着前所未有的风险管理的挑战，构建企业全面风险管理体系已成为 21 世纪物流企业管理发展的新趋势。另外，现代物流作为一个跨地区、跨行业、跨部门的开放系统，连接着国民经济的运输、仓储、包装、装卸搬运、流通加工、配送、信息等诸多环节，这使得物流企业的风险具有其特殊性，也就决定了现有以金融机构、工商企业为研究和应用对象的风险管理理论很难指导解决目前物流企业所面临的风险问题。此外，尽管风险管理的思想起源于国外、发展于国外，并且在不断创新，但因我国在经济体制、市场体制、国家制度、国家文化等方面独具特色，因此，应将外国的风险管理思想和理念结合我国的物流企业实际情况，加以丰富，并进行理论与实践创新，以形成具有本土企业风险管理理念及应对风险的管理战略与策略。

二、物流风险的类型

（一）按风险的性质划分

1. 纯风险

纯风险（pure risks）是指一种只有损失机会而无获利机会的风险。纯风险一旦发生，导致的后果只有两个：损失或者无损失，而没有任何获利的可能。例如仓库发生了火灾，要么大火烧毁了全部或部分仓库和货物，要么发现及时并扑救成功，没有造成损失，而经营者或货主不会从中获利。

2. 投机风险

投机风险（speculative risks）是指一种既存在损失可能，也存在获利可能的风险。投机风险一旦发生，导致的后果有三个：损失、无损失或者获利。例如投资仓库或投资库存，在一定时期内，仓库经营状态可能盈利，也可能亏损，还有可能盈亏平衡；库存资源的价格可能上涨，也可能下降，还有可能维持原价。区分纯风险和投机风险的目的在于采取不同的管理方法。如果想通过保险来分散风险，那么纯风险才具有可保性。

（二）按风险损害的对象划分

1. 人身风险

人身风险（personal risks）是指由于人的死亡、疾病、伤残、失业或年老等原因造成的经济收入减少和丧失收入来源而遭受损失的不确定状态。例如仓库生产过程中可能出现的事故对工作人员造成的人身伤害，或者仓库中有害物质污染对工作人员造成的人身伤害等。

2. 财产风险

财产风险（property risks）是指因财产发生毁损、灭失和贬值而使财产的所有者、使用者和责任者遭受损失的不确定状态。例如仓库中设施和设备在自然灾害和意外事故中被损坏。

3. 责任风险

责任风险（liability risks）是指因人们的过失或侵权行为造成他人财产毁损或人身伤亡时，依法必须承担的经济赔偿责任的不确定状态。例如营业性仓库与货主之间是通过委托仓储合同联系在一起的，仓库对库存的货物负有保管保护的责任。因此仓库要对在仓库管理范围内发生的货物损失负责，仓库的经营活动是具有责任风险的。

（三）按物流风险的来源划分

1. 自然风险

自然风险（natural risks）是指由于自然界的运动和变化给生命和财富造成伤亡和损失的现象。例如暴风雪、地震、暴雨、洪水等。

2. 社会风险

社会风险（social risks）是指由于集团和个人的某些违法行为、破坏行为造成的人员伤亡和财产损失。如偷盗、抢劫、暴乱等。

3. 政治风险

政治风险（political risks）是指由于国家政权变动、政治斗争、法律和政策的改变而造成的社会不安定以及人身伤亡和财产损失的风险。例如政变、战争、罢工等。

4. 经济风险

经济风险（economic risks）是指在生产、流通、交换、分配等领域的各种经济活动中，由于经营不善、信息不通、决策失误、市场变化等给经营者造成的收入减少、经营亏损、企业破产等的风险。例如，仓库开展增值服务，可能成功，也可能失败；再周密的装卸搬运作业方案，也会有发生意外的可能。

（四）物流经济风险

物流经济风险是常见的风险，主要包括以下几种。

1. 与托运人之间可能产生的风险

（1）货物灭损带来的赔偿风险。包括货物的灭失和损害。可能发生的环节主要有运输、仓储、装卸搬运和配送环节。发生的原因可能有客观因素，也可能有主观因素。客观因素主要有不可抗力、火灾、运输工具出险等，主观因素主要有野蛮装卸、偷盗等。

（2）延时配送带来的责任风险。在JIT原则的要求下，物流企业延时配送往往导致客户索赔。从实践中看，客户索赔的依据大多是物流服务协议。也就是说，此时第三方物流企业承担的是违约赔偿责任。

（3）错发错运带来的责任风险。有些时候，物流企业因种种原因导致分拨路径发生错误，致使货物错发错运，由此给客户带来损失。一般而言，错发错运往往是由于手工制单字迹模糊、信息系统程序出错、操作人员马虎等原因造成的，由此给客户带来的损失属于法律上的侵权责任。但同时，物流服务协议中往往还约定有"准确配送条款"，因此客户也可以依据该条款的约定提出索赔。此时便存在侵权责任和违约责任的竞合，中华人民共和国《民法典》规定当事人享有提起侵权责任之诉或违约责任之诉的选择权。

2. 与分包商之间可能产生的风险

（1）传递性风险。传递性风险是指第三方物流企业能否通过分包协议把全部风险有效传递给分包商的风险。例如第三方物流企业与客户签订的协议规定赔偿责任限额为每件500元，但第三方物流企业与分包商签订的协议却规定赔偿责任限额为每件100元，差额部分则由第三方物流企业买单。在这里，第三方物流企业对分包环节造成的货损并没有过错，但依据合同不得不承担差额部分的赔偿责任。由于目前铁路、民航、邮政普遍服务等公用企业对赔偿责任限额普遍规定较低，因此第三方物流企业选择由公用企业部门分包时将面临不能有效传递的风险。

（2）诈骗风险。资质差的分包商，尤其是一些缺乏诚实信用的个体户运输业者配载货物后，有时会发生因诈骗而致货物失踪的风险。

3. 与社会公众之间可能产生的责任风险

（1）环境污染风险。第三方物流活动中的环境污染主要表现为交通拥堵、机动车排放尾气、噪声等。根据环境保护法，污染者需要对不特定的社会公众承担相应的法律责任。

（2）交通肇事风险。运输司机在运输货物的过程中发生交通肇事，属于履行职务的行为，其民事责任应该由其所属的物流企业承担。

（3）危险品泄漏风险。危险品物流有泄漏的风险，随时会给社会公众的生命财产安全带来威胁，这一点值得从事危险品物流的企业警惕。

三、物流风险管理

（一）物流风险管理的概念

风险管理（risk management）是指对风险的识别、分析与衡量，采取损失控制措施，以最少的成本使风险引起的损失降到最低程度的一系列管理方法。它也可以被描述成一个组织或个人采取的降低风险成本，实现利润最大化的一系列决策和措施。

（二）物流风险管理的步骤

1. 制定物流风险管理的目标

风险管理的目标是选择最经济和最有效的措施使风险的成本最小、效率最高。

2. 风险的识别

物流管理者进行风险识别的方法主要有以下几种。

（1）财务报表分析法。运用财务报表分析法，可以根据仓库的资产负债表、财产目录、损益表等，联系仓库的财务预算，对固定资产和流动资产的分布及经营状况进行分析研究，确定仓库的潜在损失，发现潜在风险，包括资产本身可能遭遇的风险，以及遭受风险引起生产或供应业务中断可能出现的损失，甚至包括连带造成他人人身伤亡和财产毁损应负的法律赔偿责任。使用这种方法要求管理者掌握财会知识，以便熟练地进行分析。

（2）生产流程分析法。运用生产流程分析，例如可以把仓库以入库、储存、出库为中心的仓库作业流程顺序列上流程表，再对每个阶段逐项进行分析，从中发现潜在风险。使用这种方法要求管理者掌握仓库的作业流程、作业技术和作业规范。

（3）风险清单分析法。使用风险清单分析法，可以把即将面临的潜在损失用一览表的形式列出，然后进行风险分类，分析它们可能变化的方向和程度以及相互间的联系，为科学地进行风险估算提供依据。使用这种方法要求管理者具有丰富的经验，对仓库有全面系统的了解，对风险的类型、重要程度、风险估算和风险处理对策都非常熟悉。

损失一览表可以按损失进行编制：财产损失，包括事故、灾害发生给仓库造成的直接损失、间接损失和净收益损失；责任损失，包括库存货物被盗、作业方案错误等各种责任风险发生所导致的仓库收入减少额；人身风险，包括事故、灾害发生造成的人员伤亡带给仓库、受害人自身及其家庭的损失。

3. 物流风险的衡量

风险衡量是指衡量损失发生的潜在频率，估算潜在的损失规模以及损失对仓库产生的影响程度。风险衡量首先应该分析风险对仓库的影响程度。按照各种风险对仓库产生的影响，风险分为致命风险、重要风险和一般风险。

4. 制定物流风险管理措施

根据物流企业承担风险损失的能力以及风险影响的程度不同，物流企业管理者需要制订不同风险的管理措施和计划。风险管理的措施主要有如下几种。

（1）自担风险。自担风险就是物流企业自己承担风险造成的损失。

（2）风险转移。物流企业可以采用非保险法和保险法进行风险转移。在非保险法当中，可以通过与客户签订合同的方式进行，例如仓库与客户的货物完好率达成一致，就可以相应减少仓库在货物发生损耗时而承担的风险；在制订风险计划时要明确哪些风险要自留，哪些风险要转移。对于自留的风险，要采取什么样的防灾防损措施；对于要转移的风险，可以考虑采取什么样的非保险转移方法；对于采取保险转移的办法，可向保险公司投保，要制订详细的投保计划。

（3）回避风险。物流企业要回避风险，就可以不从事有风险的业务，例如，担心货物运输途中损坏，就可以不给客户送货。但这是一种比较消极的管理方法，因为在回避有风险的业务时，就面临没有收益的风险。

（4）损失控制。要控制损失，就要从控制损失的发生频率和损失的程度入手，一方面防止损失发生，另一方面减少损失的破坏程度。防损措施强调"防患于未然"，例如仓库中安装的火灾自动报警系统，为减少货车滑移使叉车发生倾覆事故而在货车上安装一系列锁车装置，以及为了减少差错而制定的各种作业规程。减损措施强调"快速反应"和"有效"。

5. 物流风险管理措施的评价

风险管理过程是一个动态的管理过程，在这个过程中，仓库管理者要定期或不定期地检查和评价各种措施和方法，及时发现问题并解决问题。

KPI

KPI（key performance indicator，关键绩效指标），是通过对组织内部流程的输入端、输出端的关键参数进行设置、取样、计算、分析，衡量流程绩效的一种目标式量化管理指标，是把企业的战略目标分解为可操作的工作目标的工具，是企业绩效管理的基础。

一、KPI 的用途

KPI 可以使部门主管明确部门的主要责任，并以此为基础，明确部门人员的业绩衡量指标。建立明确的切实可行的 KPI 体系是做好绩效管理的关键。KPI 是用于衡量工作人员工作绩效表现的量化指标，是绩效计划的重要组成部分。KPI 的具体用途如下：

（1）根据组织的发展规划/目标计划来确定部门/个人的业绩指标；

（2）监测与业绩目标有关的运作过程；

（3）及时发现潜在的问题，发现需要改进的领域，并反馈给相应部门/个人；

（4）KPI 输出是绩效评价的基础和依据。

二、KPI 考核

KPI 考核，是关键绩效指标考核法。按管理主题来划分，绩效管理可分为两大类，一类是激励型绩效管理，侧重于激发员工的工作积极性，比较适用于成长期的企业；另一类是管控型绩效管理，侧重于规范员工的工作行为，比较适用于成熟期的企业。但无论采用哪一种考核方式，其核心都应有利于提升企业的整体绩效。具体来说，KPI考核的实质如下。

（1）从管理目的来看，KPI考核旨在引导员工的注意力方向，将员工的精力从无关紧要的琐事中解脱出来，从而更加关注公司整体业绩指标、部门重要工作领域及个人关键工作任务。

（2）从管理成本来看，KPI考核可以有效地节省考核成本，减少主观考核的盲目性，缩减模糊考核的推敲时间，将企业有限的财力、物力、人力用于研发新的产品和开辟新的市场。

（3）从管理效用来看，KPI考核主要用来检测管理中存在的关键问题，并能够快速找到问题的症结所在，不至于被过多的旁枝末节所缠绕。企业绩效评估经常遇到的一个很实际的问题就是，很难确定客观、量化的绩效指标。其实，对所有的绩效指标进行量化并不现实，也没有必要这么做。通过行为性的指标体系，也同样可以衡量企业绩效。

京东商城物流成本控制措施

京东商城是中国B2C市场最大的3C网上购物专业平台，是中国电子商务领域最大的电脑、数码通信、家用电器网上购物商城，主要的销售渠道为B2C电子商务网站，客户可以通过在线订购或电话订购的方式来购买商品，并选择在线支付、货到付款和自提等方式支付货款并收到货物。

一、仓储成本的控制措施

在保证货物安全的情况下，京东应该提高仓库和设备的利用率，让每单位仓储面积、每个设备都做到物尽其用。这就需要在仓储内部加强信息化技术建设，比如引进光电识别系统、计算机监控系统等。在提高工作效率的同时，减少油料、电力等的消耗，降低仓储成本。

二、人员成本巨大的控制措施

人力成本的管控不是要减少人力成本的绝对值，因为绝对值必然随社会的进步逐步提高（最直观的就是最低工资标准的不断上涨）。京东是一家劳动密集型企业，在公司经营层面，人力成本管控上主要把握以下几点：

（1）做出准确的人员供需规划，标准化招聘流程，降低人员招聘成本。

（2）对各直接部门实施工时目标管理，对各间接部门实施加班目标管理，控制合理的人力使用成本。

（3）制定和完善标准化的培训程序，降低人员培训和开发成本。

此外，还可以通过机器人、自动化设备的导入提高生产效率，降低劳动分配率。

三、隐性成本的控制措施

隐性成本包括订单处理成本、获得顾客成本及留住顾客成本等，这里就简单先说订单处理成本的控制措施。京东的收入开始的第一步就是先要有订单，然后才对订单处理、拣货、配送等。对于获得顾客成本的控制措施来说，缩短销售周期可以降低这方面的成本，将商品信息分类更加细化，并方便顾客自己查找想要的东西，这种方法更加及时，成本也更少。它通过让顾客自选来增加顾客的自主性，加大顾客的满意度。

四、采购成本的控制措施

合理化的控制采购成本可以减少物流成本、提高物流效益，京东可以从以下几方面入手：建立职责明确的组织结构，建立一套完整的供应商认证程序，定期对供应商进行绩效考核，提高采购人员的素质。

五、运输成本的控制措施

1. 减少运输环节，节约成本

京东在采购商品时有时可以"就地取材"，尽可能地采用直运，减少中间环节，使物资不进入中转，越过不必要的环节，减少运输过程，节约大量的运输开支。

2. 通过合理装卸，降低运输成本

通过改善装载方式、提高装载水平、充分利用运输车辆的容积和载重量，可以使运输成本降低，最终减少总运输成本。

3. 科学预测顾客需求

商品无序的运输最为致命，京东可以构建信息库，对某一个商圈内顾客的消费进行记录，科学地预测出顾客的需求，这样可以减少商品无序运输的数量。通过让物品有组织、有管理、有序地流动，同时对销售高度精准的预测，来实现每个商品从工厂大门出来的时候，直接发到京东的库房，到了库房接着就到消费者家里去，整个搬运的距离是最短的，搬运效率是最快的，搬运成本也是最低的。

六、时间成本的控制措施

顾客不方便收货，那么配送员的效率就降低了。为了更好地解决这一问题，京东可以与一些社会力量合作，在一些高档社会、地铁等人流密集的地方建立一些自动取货柜，方便顾客随时过来取货。京东可以把货送到顾客家居民小区一层，就是书报箱的位置，就是自提柜，完全自动化的，到那里刷卡，刷完卡之后门弹开，取自己订购货物。

资料来源：https://wenku.baidu.com/view/ca189d02a1116c175f0e7cd184254b35effd1a00。

自我测试

一、单选题

1. 按时送货商品数目和当期发生送货商品总数之比，这个指标是（   ）。
   A. 质量合格率   B. 商品免检率   C. 准时送货率   D. 采购计划完成率

2. 依据物流系统运动的客观规律，为了满足顾客的服务需求，运用科学的管理方法的手段对物流过程的质量及其影响因素进行计划、组织、协调控制的活动过程是（   ）。
   A. 物流质量   B. 物流质量管理   C. 物流服务   D. 物流活动

3. 对商品的包装、储存、运输、配送、流通加工等过程进行全过程的质量管理是（   ）。
   A. 全员参与   B. 全程控制   C. 全面管理   D. 整体发展

4. （   ）是指企业在一定时期内利润总额与企业职工平均人数之间的比率。它表示在一定时期内平均每人实现的利润额。
   A. 单位销售额物流成本率   B. 单位营业费用物流成本率
   C. 人均利润率   D. 物流职能成本率

5. 将必要的零件以必要的数量在必要的时间送到生产线，并且只将所需要的零件、所

项目十 电子商务物流绩效评价及成本控制

需要的数量、在正好需要的时间送到生产，这种管理方式是（　　）。

　　A. 准时制物流　　B. 快速响应　　C. 目标管理方法　　D. 配送资源计划

6.（　　）是物料需求计划（material requirement planning，MRP）在流通领域的应用。在这种方式下，企业可以根据用户的需求计划制订订货计划，从而确定恰当的库存水平，有效地进行库存控制。

　　A. ERP　　B. MRPⅡ　　C. DRP　　D. JIT

7. 企业在物流服务过程中出现了错误就要敢于承认，积极听取客户意见并及时向客户道歉，关注服务过程中的错误对客户所造成的伤害，尽快采取服务补救措施和赔偿方法，这种方法是（　　）。

　　A. 服务承诺　　B. 服务补救　　C. 服务控制　　D. 服务沟通

8. 第三方物流活动主要表现为交通拥堵、机动车排放尾气、噪声等，污染者需要对不特定的社会公众承担相应的法律责任，这种物流风险是（　　）。

　　A. 传递性风险　　　　　　　　B. 诈骗风险
　　C. 环境污染风险　　　　　　　D. 危险品泄漏风险

9. 将面临的潜在物流风险损失用一览表的形式列出，然后进行风险分类，分析它们可能变化的方向和程度以及相互间的联系，为科学地进行风险估算提供依据，这种识别物流风险的方法属于（　　）。

　　A. 财务报表分析法　　　　　　B. 生产流程分析法
　　C. 风险清单分析法　　　　　　D. 自担风险

10. 某物流公司为企业运输重要物资，估计运输风险较大，向保险公司投保，这种物流风险属于（　　）。

　　A. 自担风险　　B. 风险转移　　C. 回避风险　　D. 损失控制

二、多选题

1. 物流服务包括（　　）三个要点。

　　A. 拥有顾客所期望的商品（备货保证）
　　B. 在顾客所期望的时间内传递商品（输送保证）
　　C. 符合顾客所期望的质量（品质保证）
　　D. 物流企业自己决定（无须保证）

2. 电商物流服务的特性有（　　）。

　　A. 物流服务的目的是为顾客服务
　　B. 物流服务的多样性和差异性
　　C. 物流服务的增值性
　　D. 物流服务的广泛性、网络性和可替代性

3. 电商物流增值服务的内容有（　　）。

　　A. 以客户为核心的增值服务　　B. 以促销为核心的增值服务
　　C. 以制造为核心的增值服务　　D. 以时间为核心的增值服务

4. 现代企业物流质量管理的主要内容有（　　）。

　　A. 物流商品质量管理　　　　　B. 物流服务质量管理
　　C. 物流工作质量管理　　　　　D. 物流工程质量管理

5. 按物流风险的来源划分,物流风险有(   )。
   A. 自然风险   B. 社会风险   C. 政治风险   D. 经济风险

三、问答题

1. 对电子商务物流的采购、仓储和配送运输进行物流绩效评价时可以设置哪些指标进行评价?
2. 电子商务物流服务的内容有哪些?电子商务物流服务有什么意义?
3. 请举例分析物流成本的"效益背反"理论。
4. 提高物流质量管理的途径有哪些?
5. 什么是物流风险?物流经济风险主要包括哪些内容?物流风险管理的措施主要有哪些?

项目实施

情境实训一 物流绩效评价指标计算

一、实训目的

通过本项目的实训,使学生掌握物流绩效评价的意义;学会设计物流绩效指标体系;并能结合物流实际运用绩效指标对物流进行成本及利润的分析计算。

二、实训步骤

(1)学习物流绩效指标。
(2)计算绩效指标。

三、实训任务

(1)某连锁采购总部要对上半年工作做一次绩效考核,连锁企业上半年完成产值3 700万元,采购部门获取的物资采购预算额度为产值的65%。预算包括所需物资成本和物资保管费,所需物资成本即合同金额,物资保管费按合同金额1.5%计。采购部门根据上半年报表显示,采购部共收到需求计划73份,所需物资品类共1 026种。采购根据需求计划和供应商签订了57份合同,包括物资品类1 015种,合同总金额为2 323万元。上半年,实际到货107批次,物资品类964种。公司共对所有物资抽检362种,其中355种合格,7种不合格。不合格的物资品类已经从供应商处得到及时补货,没有影响生产。请你根据资料对采购部绩效进行考核。

① 该公司采购部是否完成物资采购预算额度?
② 根据采购物资抽检数据,采购物资合格率为多少?
③ 按采购物资品类计算,采购部门采购计划完成率为多少?

(2)某连锁企业采购部门某种产品今年绩效考核指标相关的基本数据见表10-2。

表10-2 某企业年绩效考核指标表

指标名称	指标数值
年销售收入/万元	9 600

续表

指标名称	指标数值
年采购金额/万元	5 800
去年采购金额/万元	4 530
总计划采购量/万件	740
实际完成采购量/万件	620
供应商交货合格量/万件	593
供应商准时交货量/万件	568

请你根据资料计算以下绩效评估指标:
① 计算采购金额占销售收入的比率;
② 计算今年的采购金额比去年增减的比率;
③ 计算采购计划完成率;
④ 计算物料质量合格率;
⑤ 计算供应商准时交货率。

情境实训二 采购风险的防范与控制

一、实训目的
通过实训,使学生懂得采购有风险及产生采购风险的原因;掌握控制风险的措施;熟悉供应商欺诈的因素,提高采购人员的素质;学会杜绝商业贿赂的措施方法。

二、实训步骤
(1) 教师通过典型企业启发式案例教学。
(2) 学生分小组讨论以下问题,每个问题应怎样解决。
(3) 学生相互交流,找到防范采购风险的办法。

三、实训作业
某电商企业在采购过程中出现以下问题。
(1) 供应商供货不及时或货物不符合订单要求。
(2) 招标过程不完整,失去了利用大宗采购和获取其他好处的机会。
(3) 向采购申请人发出的报价,由于缺少采购知识,申请人可能会接受不优惠的价格和条款。
(4) 报价中含有诱导给予个人利益的内容,有不道德行为发生。
(5) 在填写采购申请单时缺少正规培训,采购申请填写出现错误。
(6) 批准的数量超过了审批人的授权范围,采购数量超过了经营所需。
(7) 货物直接送到采购申请人的办公室,采购了未经授权的货物。
(8) 采购了未经授权的货物,无法发现未经授权的行为职责。
(9) 因推迟记录收到的商品和服务,不能遵守供应商的支付条款,对商品发票的处理不正确。
(10) 让会计来输入商品发票,产生了职责分工不当问题(会计将随后检查和处理发票),

引发了犯罪、隐瞒、错误或不合规范。

（11）发票上的价格和支付条款预订单上的不同，因多付款、重复付款和失去折扣而使公司资金蒙受损失。

（12）未经授权便更新供应商的主控账。应付账款会计在供应商的主控账上输入了新的供应商，造成了不能发现未经授权的交易。

（13）在拥有适当授权的雇员不在的情况下，由他人在发票上签字，进行付款，使得采购数量超过了经营所需。

（14）所订购的商品未经批准的为个人需要进行采购。

请结合以上问题提出控制采购风险的措施。

情境实训三　学习著名电子商务企业家和物流企业家创业

一、实训目的

通过全课程内容的学习及电子商务企业家和物流企业家创业学习，增长社会实战经验，增强创新意识，学以致用；通过自己的创业规划，增加行业挑战的信心和欲望，可以实现自己的理想，证明自己的价值。

二、实训步骤

（1）教师系统总结课程，通过练习题等巩固所学知识，让学生写出学习本课程的体会。

（2）学习马云"阿里巴巴"创业、学习王卫"顺丰速运"创业、学习刘强东"京东商城"创业等。

（3）自我认知创业及科学规划创业。学习讨论自主创业应具备的素质及条件。如行业知识、胆识和魄力、团队管理、信息管理、目标管理、谈判能力及策略、处理突发事件能力、社会交往能力、心理素质及身体健康等各方面的内容。

三、实训任务

（1）通过一个学期的电子商务物流管理课程的学习，你有什么体会。

（2）上网查找马云"阿里巴巴"、王卫"顺丰速运"、刘强东"京东商城"等电商和物流企业的创立、发展，国内外电商及物流网络的建设，物流服务项目等各方面的内容，并记录下来。

（3）学习企业家的创业历程对你有什么启发。（包括自主创业的意义，你对自主创业加入物流行列或其他行业有没有兴趣，对现在物流行业简单分析，你认为毕业后创业加入快递行业有没有发展前景，自主创业应具备怎样的素质和条件及应怎样做等）。

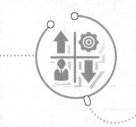

附录 A

部分参考答案

项目一 电子商务与现代物流认知

一、单选题

1	2	3	4	5	6	7	8	9	10
A	B	A	B	C	B	D	C	A	A

二、多选题

1	2	3	4	5
ABCD	BCD	ABCD	ABCD	ABCD

项目二 电子商务物流运作模式

一、单选题

1	2	3	4	5	6	7	8	9	10
C	C	D	A	C	A	A	C	C	C

二、多选题

1	2	3	4	5
ABC	ABCD	ABC	ABCD	ABCD

项目三 电子商务物流信息技术

一、单选题

1	2	3	4	5	6	7	8	9	10
C	B	B	C	A	D	A	A	C	B

二、多选题

1	2	3	4	5
ABCD	ABCD	ABCD	ABCD	ABCD

项目四 电子商务采购与供应管理

一、单选题

1	2	3	4	5	6	7	8	9	10
A	A	B	B	B	A	C	C	C	A

二、多选题

1	2	3	4	5
ABCD	ABCD	ABCD	ABC	ABCD

项目五 电子商务仓储与库存管理

一、单选题

1	2	3	4	5	6	7	8	9	10
B	B	D	B	A	B	B	B	B	D

二、多选题

1	2	3	4	5
ABC	ABCD	ABCD	ABD	BC

情境实训二 库存控制计算

四、作业题

2. 根据以下资料计算企业的最佳订购批量。

（1）经济订货批量

$$EOQ = \sqrt{\frac{2CD}{PF}} = \sqrt{\frac{2 \times 2\,100 \times 8\,870 \times 12}{42 \times 18\%}} = 7\,690\text{（万件）}$$

（2）下单数量

下单数量=经济订货批量+安全库存=7 690+1=7 691（万件）

（3）供应商 6 月份的剩余订单容量

总体订单容量=7 500+4 600=12 100（万件）

以承接订单容量=2 300+1 700=4 000（万件）

剩余订单容量=12 100-4 000=8 100（万件）

剩余订单容量（8 100）大于连锁企业订单数量（7 691），所以能满足订货量。

3. 在批量折扣条件下，计算商品的最佳经济订货批量

已知：D=30 000 个，P=20 元，C=240 元，H=10 元，$F=H/P$=10/20=0.5

（1）计算折扣区间 2 的经济批量：

$$经济批量 Q_{2*} = \sqrt{\frac{2CD}{PF}} = \sqrt{\frac{2 \times 240 \times 30\,000}{16 \times 0.5}} = 1\,342（个）$$

因为 1 342＜1 500，所以继续下一步

（2）计算折扣区间 1 的经济批量：

$$经济批量 Q_{1*} = \sqrt{\frac{2CD}{PF}} = \sqrt{\frac{2 \times 240 \times 30\,000}{18 \times 0.5}} = 1\,265（个）$$

因为 1 000＜1 265＜1 500

所以还需计算 TC_{1*} 和 TC_2 对应的年总库存成本

$TC_{1*}=DP+H\,Q_{1*}$=30 000×18+18×0.5×1 265=551 385（元）

$TC_{2*}=DP_2+DC/Q_2+Q_2PF/2$

　　　=30 000×16+30 000×240/1 500+1 500×16×0.5/2=490 800（元）

由于 $TC_{2*}＜TC_{1*}$，所以在批量折扣的条件下，最佳订购批量 $Q*$ 为 1 500 个。

项目六　电子商务流通加工与包装管理

一、单选题

1	2	3	4	5	6	7	8	9	10
C	C	B	A	C	D	B	B	B	B

二、多选题

1	2	3	4	5
ABCD	ABCD	ABCD	ABCD	ABC

项目七　电子商务物流配送与运输管理

一、单选题

1	2	3	4	5	6	7	8	9	10
C	C	C	A	B	B	B	D	C	D

二、多选题

1	2	3	4	5
ABCD	ABCD	ABCD	ABCD	ABCD

项目八 跨境电子商务与国际物流管理

一、单选题

1	2	3	4	5	6	7	8	9	10
B	B	C	A	B	A	A	C	C	C

二、多选题

1	2	3	4	5
ABCD	ABCD	AB	ABCD	ABCD

项目九 电子商务物流供应链管理

一、单选题

1	2	3	4	5	6	7	8	9	10
C	A	B	C	C	B	A	C	B	C

二、多选题

1	2	3	4	5
ABCD	ABCD	ABCD	ABCD	ABCD

项目十 电子商务物流绩效评价与成本控制

一、单选题

1	2	3	4	5	6	7	8	9	10
C	B	B	C	A	C	B	C	C	B

二、多选题

1	2	3	4	5
ABC	ABCD	ABCD	ABCD	ABCD

情境实训一 物流绩效评价指标计算

（一）题答案

1. 该公司采购部是否完成物资采购预算额度？

物料采购预算额度=3 700×65%=2 405（万元）

物资采购实际发生费用=2 323+2 323×1.5%=2 358（万元）

因此，采购部完成了物资采购预算目标，并节约了采购费用。

2. 根据采购物资抽检数据，采购物资合格率为多少？

合格率=355/362=98%

3. 按采购物资品类计算，采购部门采购计划完成率为多少？

采购计划完成率=964/1 026=94%

（二）题答案

1. 采购金额占销售收入比率

$$采购金额占销售收入的比率 = \frac{实际采购金额}{销售收入} \times 100\% = \frac{5\,800}{9\,600} \times 100\% = 60.42\%$$

2. 今年的采购金额比去年增减的比率

$$采购金额增长速度 = \frac{今年的采购金额 - 去年的采购金额}{去年的采购金额} \times 100\%$$

$$= \frac{5\,800 - 4\,530}{4\,530} \times 100\% = 28.04\%$$

3. 采购计划完成率

$$采购计划完成（\%） = \frac{实际采购量}{计划采购量} \times 100\% = \frac{620}{740} \times 100\% = 83.78\%$$

4. 采购质量合格率

$$物料质量合格率 = \frac{合格批的数量}{来料总数量} \times 100\% = \frac{593}{620} \times 100\% = 95.65\%$$

5. 供应商准时交货比率

$$供应商准时交货率 = \frac{供应商准时交货量}{实际采购钽} \times 100\% = \frac{568}{620} \times 100\% = 91.61\%$$